开发头脑益智游戏系列

让孩子更聪明的 科学游戏

主　编：陶红亮

编　委：郝言言　苏文涛　薛英祥　薛翠萍　唐传皓
　　　　唐文俊　王春晓　史　霞　马牧晨　张宁宁
　　　　白　兰　赵　杨　马方超　张　霞　李　伟

绘　图：李　权

四川科学技术出版社

图书在版编目（CIP）数据

让孩子更聪明的科学游戏／陶红亮主编. —成都：四川科学技术出版社，2016.9(2017.8 重印)

ISBN 978－7－5364－8437－5

Ⅰ.①让… Ⅱ.①陶… Ⅲ.①智力游戏－儿童读物 Ⅳ.①G898.2

中国版本图书馆 CIP 数据核字(2016)第 215212 号

让孩子更聪明的科学游戏

RANG HAIZI GENG CONGMING DE KEXUE YOUXI

出 品 人　钱丹凝

主　　编　陶红亮

责任编辑　谢 伟

封面设计　冰河文化工作室

责任出版　欧晓春

出版发行　四川科学技术出版社

　　　　　成都市槐树街 2 号　邮政编码 610031

　　　　　官方微博:http://e.weibo.com/sckjcbs

　　　　　官方微信公众号:sckjcbs

　　　　　传真:028－87734035

成品尺寸　169mm×240mm

　　　　　印张 12.75　字数 280 千

印　　刷　四川华龙印务有限公司

版　　次　2016 年 9 月第一版

印　　次　2017 年 8 月第二次印刷

定　　价　28.00 元

ISBN 978－7－5364－8437－5

前 言

　　父母都希望自己的孩子在学校能成为优秀的学生，那么，什么是优秀的学生呢？随着社会发展、时代变迁，认真听课、成绩优异、思想品德良好等已经不再是优秀学生的全部内容。快速发展的现代社会，要求学生多方面发展，并且要具备不同的能力，以此迎接未来的挑战。单一的课堂学习、书本学习，已经不能满足社会发展的需要。

　　对孩子来说，玩是天性，有些孩子可能不喜欢学习，但是很少有孩子不喜欢游戏。通过游戏获取知识，这是一件很美妙的事情。在轻松愉快的游戏中锻炼自己多方面的能力，把抽象和深奥的说教变成简单、直白的场景画面，应用自己所学的知识分析问题，最终找出答案，从而达到了学习的目的。

　　如果把人类全部的能力比喻成一块良田的话，我们所开垦的仅仅是良田的一角。如果我们能开垦出更多的良田，无疑会让我们得到更大提升。要构造自己的思维大厦，只有全身心投入观察和思考中，才能发现隐藏在面纱下的真面目，而这个过程会让你受益无穷。思维游戏会让我们的头脑越来越聪明。在思维游戏中需要的发散思维、形象思维、创新思维、逆向思维等，是现代学生所必须具备的能力。

　　在启发思维的过程中，侦探推理有非常重要的作用，因为侦探推理能开启人的心灵、拓宽人的视野、启发人的智慧，有目的地培养人的观察能力、推理能力、分析能力、创造能力和想象能力，对锻炼人的思维有很大好处。更能锻炼人侦探能力的就是侦探游戏，它是一种刺激性、挑战性兼备的游戏，它会让我们在侦破案件的过程中展露出超强的推理、分析能力。面对书中虚拟的扑朔迷离的案件，通过正确的推理，再加上对知识、常识的了解，一瞬间豁然开朗。

　　如今，逻辑能力越来越受到人们的重视。在世界著名公司的招聘面试中，有关逻辑能力的题目是必考的内容。逻辑能力之所以备受重视，主要原因在于逻辑能力较强的人，其思维也非常活跃。逻辑思维是人的一种潜在能力。通常来说，每个人的逻辑能力并非一成不变，它如同一个永远都挖不尽的宝藏，只要懂得基本规则和技巧，就能获得提升。逻辑游戏能最大限度激发推理潜能，拓展想象能力。

我们在做游戏的过程中，不但动手，而且动脑。在做游戏时，我们可以把课堂、书本上所学的知识应用在实际操作中，学以致用，提高认知能力，增强学习兴趣，从而激发创造能力、想象能力。在科学游戏中，集中了自然地理、水、光、电、磁和动植物等，同时也涉及生活中的方方面面，通过游戏揭示了日常的各种奇异现象，让我们进一步了解这个神秘的世界。

游戏的世界是充满想象的，游戏的世界是充满好奇的，游戏的世界是神秘的，这就需要我们开动脑筋、动手尝试。书中的游戏以简便、形象、直观的形式呈现在读者面前，不仅包罗万象，而且趣味横生，融知识性、趣味性于一体。本书从不同角度，力求面面俱到，最大限度地提高读者的综合能力，让读者在游戏中获得知识，在游戏中收获快乐。

游戏能让人的心情愉悦，思考能让人充满智慧。在游戏中思考，在游戏中动手，在

动手中感受知识带给我们的神秘魅力。从现在开始，走进本书，畅游在游戏的世界中，在过程中发展、提升我们的各项能力，让我们一起发展、一起进步、一起领略这个多姿多彩的世界。

［温馨提示：书中（P××）为答疑解惑所在页码］

目 录

第一章　自然地理，破解神秘的自然现象

让孩子更聪明的科学游戏

第二章　力和运动，游戏中的博弈

第三章　神奇电磁，引爆大脑的潜能

第四章　奇妙光学，走进色彩斑斓的世界

让孩子更聪明的科学游戏

第五章　妙趣尽享，好玩的声音与振动

第六章　日常现象，我们身边的冷与热

让孩子更聪明的科学游戏

第七章　化学天地，揭秘生活中的各色现象

第八章　生物百态，你不知道的另一个世界

让孩子更聪明的科学游戏

第九章　顽皮气体，一起和空气做游戏

第十章　水的乐园，在游戏中尽情畅游

让孩子更聪明的科学游戏

自然地理，破解神秘的自然现象

黑洞的厉害

大家都知道"黑洞"，它有着很强的磁场和引力。通过下面的游戏，来看一下它的形成。需要准备的物品有：塑料瓶、剪刀、气球、冰箱。

第一步，用剪刀把两个塑料瓶从中间截断，保留有底的部分。第二步，气球口朝上，装进瓶内后给气球吹气，吹足气后扎好气球口。第三步，将一个瓶子放到冰箱内，另一个瓶子放到室内的桌上。第四步，半小时后，把瓶子从冰箱内拿出，当然在冰箱内放得越久，效果越好。观察发现，桌上的气球没有变化，但冰箱内的气球因为收缩进到瓶子内了。

这是怎么回事？（P134）

远距离看月亮

月亮上真的有亭台楼阁吗？没有的话，那些图案是如何产生的？需要准备的物品有：厚卡纸、墨汁、小刷子、铅笔、圆规、剪刀、双筒望远镜、深色背景的大纸。

第一步，把厚卡纸铺好，用小刷子蘸些墨汁慢慢甩到纸上。第二步，等墨点干了后，用铅笔在纸上淡淡地画上对角线，以交叉点为圆心，用圆规画一个圆，剪下来固定在深色背景的大纸上，并粘到墙上，"月亮"就做成了。第三步，在3米远的地方站好，闭上一只眼睛，观察圆纸上的墨点，发现它会变成一些图案。用双筒望远镜进行观察，会发现图案不见了。（P134）

怎么测降雨量

降雨量是怎么回事，你知道吗？需要准备的物品有：塑料碗、锥子、铁罐、玻璃瓶。

第一步，在口径为20厘米的塑料碗底钻一个比玉米粒大的孔。第二步，把碗放在一个无盖子的铁罐上。第三步，把玻璃瓶放到罐内，瓶口与碗底的孔相连，一个简易的雨量筒就做好了。第四步，把雨量筒放在筒口距离地面70厘米的高处，准备接雨水。雨停后，用秤称出瓶中水的重量，30克水相当于1厘米的降雨量。（P134）

深浅不一的坑

作为地球外的宇宙流星，陨石脱离原来的运行轨道成碎块散落到地球上。它是从宇宙空间落到某个地方的天然固体，具有很强的破坏力。需要准备的物品有：脸盆、细沙、玻璃球。

第一步，在脸盆内倒入细沙，均匀地平铺好。第二步，对准脸盆中央，往细沙上投掷玻璃球，观察被砸出坑的大小。把细沙弄平后，走到较远的地方换几个角度投几次。这样就会发现，玻璃球投掷的距离越远、速度越快，砸在细沙上的坑就越深。

这说明了什么问题呢？（P134）

天气多变巧知道

天空总是多变，一会儿晴朗，一会儿刮风下雨，没有一个固定的规律。下面我们就来做一个测量天气的工具。需要准备的物品有：粉红色纸、浓盐水、花盆、剪刀。

第一步，将一张粉红色的纸剪成一朵纸花，在花瓣上涂上浓盐水。第二步，把纸花插到花盆里。接下来，观察纸花的颜色就可以知道天气的变化：纸花颜色变淡，天气会放晴；纸花颜色变深，会出现阴天或雨天。

这是什么原因？（P134）

出现了日食

日食是一种天文现象，接下来就来模拟一下这种现象。需要准备的物品有：乒乓球、厚纸板、小刀、台灯。

第一步，在厚纸板上刻一个乒乓球大小的孔。第二步，打开台灯，将室内的其他电源关掉，把厚纸板盖在台灯上，这样灯光可以透过圆洞。第三步，拿着乒乓球从圆洞前缓慢滑过，将圆洞射出的光线挡住，这时就好像发生日食一样。（P134）

白天和黑夜

为什么有白天和黑夜？通过下面的游戏，我们来了解一下。需要准备的物品有：手电筒、柚子、细长木棍。

第一步，从柚子中心穿过细长木棍，作为柚子的轴。第二步，在一个漆黑的房间，打开手电筒，使光照在柚子上。接下来，慢慢转动木棍，带动柚子转起来。观察发现，手电筒发出的光只能照到柚子的一部分，并且是明暗不断变换的。（P134）

上下左右晃动

在地震发生时，上下晃动后再左右摇摆。为什么会这样？需要准备的物品有：若干书。先把书摞起来放到桌子上，用力左右摇晃桌子，书马上就晃倒了。接下来，和小伙伴一起上下移动桌子，发现书会发生歪斜，但不容易倒。（P134）

空气中的脏东西

你知道空气污染是怎么回事吗？通过下面的游戏，我们来了解一下。需要准备的物品有：硬纸板、凡士林、锥子、放大镜、刷子。

第一步，在硬纸板的边缘用锥子扎一个孔，把细绳从孔中穿过去，打结系牢。第二步，在硬纸板上用刷子涂薄薄一层凡士林。第三步，把纸板系在路边的大树上，一天后取下纸板。先用肉眼观察，再用放大镜观察，看纸板上沾染了多少脏东西。（P135）

多变的月亮

月亮的形状并不是固定的，有很多变化。你知道，这是什么原因吗？需要准备的物品有：台灯、小皮球、铅笔。

第一步，在小皮球的缝隙中插上铅笔的笔尖。第二步，打开台灯，在距离台灯半米远的地方，用铅笔将皮球举起，慢慢移动皮球，使它旋转一周。随着皮球的转动，它的阴影在不断发生着变化。（P135）

无数个星星

我们来模拟一下天上的星星。需要准备的物品有：手电筒、黑纸、剪刀、笔、玻璃。

第一步，用黑纸将手电筒前的玻璃糊上，中间剪一个黄豆粒大小的孔，把手电筒固定在桌子上，手电筒斜对着白墙。第二步，把手电筒开关打开，在手电光照射的墙上用笔做好标记。将一块玻璃立在桌子上，使它与墙平行，使手电光穿过玻璃照到墙上，做好标记。接下来，比较两次光照的位置，可以发现它们并不是同一个点，也就是说通过玻璃后，光"拐弯"了。把几块玻璃叠合在一起，会发现通过的玻璃越多，光拐弯越大。

这是怎么回事呢？（P135）

春天来迟了

相同纬度的地区，有的春天来得早，有的来得晚。为什么春天会晚到呢？需要准备的物品有：玻璃盘、没有灯罩的灯、铅笔、纸、温度计、深色土、浅色沙。

第一步，把玻璃盘放在灯的旁边，盘子内一半装深色的土，另一半装浅色的沙。第二步，盘子内的土和沙上各插一支温度计，记下各自的温度。第三步，打开灯，照射盘子半小时，比较所测温度和开始时的温度。比较后发现，深色土比浅色沙温度高。

这是为什么呢?(P135)

固体的岩滴

地球表面有大量岩石,有没有想过这些岩石怎么来的?需要准备的物品有:可乐瓶、空胶卷盒、大头针、小刀、圆规、水、油。

第一步,拿小刀把可乐瓶从中间切断,留下有底的部分,并加一半水。第二步,把油灌到胶卷盒中,用圆规在盒上扎几个洞。第三步,把大头针插入胶卷盒的盖子,捏着大头针,把胶卷盒推到可乐瓶底部。这时,油从胶卷盒的洞口冒出来,漂浮在可乐瓶的水面上。

这说明什么呢?(P135)

出现了白霜

深秋时节,屋外的植被上会被一层白色的物体笼罩着,那就是霜。它是如何形成的,你知道吗?我们一起来做这个游戏吧。需要准备的物品有:玻璃瓶、冰块、盐、温度计、湿布、筷子。

第一步,把冰块放到玻璃瓶内,再加些盐,用筷子搅拌使它们混合均匀。第二步,打开湿布,放一双筷子在上面,调整筷子的位置,使玻璃瓶稳稳地放在筷子上。第三步,用温度计量一下玻璃瓶中冰盐混合物的温度在零度以下。不一会儿,在玻璃瓶外壁上,就出现了白色的霜。(P135)

酸雨的形成

通过下面的游戏,我们来了解一下酸雨。需要准备的物品有:玻璃杯、清水、柠檬汁、汤勺、粉笔、针。

第一步,在一个玻璃杯内加大半杯清水和一勺柠檬汁,均匀搅拌后,在另一个杯子内放入清水。第二步,用针在两根粉笔上分别标上"A"和"B",分别放到两个玻璃杯中,注意要放好。24小时后,把溶液倒出来,比较一下两根粉笔。可以明显地看到,柠檬汁内的粉笔变软,使得上面的字迹变得模糊不清,而清水中的粉笔上的字迹很清晰。(P135)

地球的保护膜

作为地球的一层保护膜,臭氧层担负着保护地球生物的重要使命。通过下面的游戏,我们来了解一下它是怎么被破坏的。需要准备的物品有:口香糖、玻璃瓶、热水。

第一步,把口香糖放在嘴里充分咀嚼软化,取出后把它捏成圆形。第二步,在玻璃瓶中加入热水,用口香糖盖住瓶口,注意不要留缝隙。第三步,稍微倾斜玻璃瓶,让热水接触到口香糖。通过放大镜可以看到,口香糖接触热水后渐渐失去弹性,形成破洞并分裂开。

请问,这说明了什么呢?(P135)

厄尔尼诺是什么

厄尔尼诺极具破坏性,它是影响范围极广的反常气象。你知道它是怎么形成的吗?需要准备的物品有:长方形玻璃缸、热水、红墨水、杯子、滴管。

第一步,向玻璃缸内注满水。第二步,在装有热水的杯子内加入红墨水,这时水变成了红色。第三步,用滴管把染成红色的热水滴在玻璃缸的水面上,对水面吹气。几分钟后停止吹气,在玻璃缸内出现了两种不同的水层。(P136)

高耸入云的山脉

地球上有很多山脉,你知道它们是怎么形成的吗?接下来,我们就测试一下。需要准备的物品有:塑料花盆、土、小刀。

用塑料花盆盛半盆土,浇水后放到阳光下暴晒。过一段时间,花盆表面的土便干成一层硬块,从中间用小刀把硬块划一道口,在塑料花盆两侧用双手轻轻挤压,发现两个硬块接触的部分隆了起来。

这是怎么回事?(P136)

来回移动的岩浆

岩浆是岩石熔化后积在地下的热液体。随着地壳的活动,岩浆会移动到地壳的不同深处,再冷凝成结晶,也可能喷溢到地表冷凝固结。通过下面的游戏,我们来了解一下岩浆喷发的过程。需要准备的物品有:牙膏、锥子。

第一步,用手指压一下盖着盖子的软管牙膏,挤出了牙膏,周围有发胀。第二步,靠近盖子的地方用锥子钻一个孔,用力把牙膏往上挤压。第三步,如果钻孔后用手指推压,牙膏通过孔挤出来又沿侧面流下了。(P136)

大冰块滑行

冰河解冻是什么样?通过游戏来了解一下吧。需要准备的物品有:玻璃杯、沙子、水、冰箱、长木板、长钉子、橡皮筋、石块。

第一步,在玻璃杯内放入沙子和少许石块,大约2.5厘米高,再加入5厘米深的水。第二步,把玻璃杯放到冰箱中,"河水"结冰后取出来。加入同样多的水,再放入冰箱中结冰,反复几次直到杯满为止。第三步,在长木板的一端钉半截长钉子,反转放在地上，使长木板形成斜坡。第四步，把做好的冰河模型放到温水中微微加热，脱离玻璃杯后倒出。接下来，用橡皮筋把冰河模型套好，橡皮筋在木板上固定好。在室温下，冰河模型开始融化。里面的石头和沙子掉了出来，落在木板上。

这种壮观的景象是如何形成的呢？（P136）

危险的流沙

沙子和水的糊状混合物就是流沙，看起来很坚固，实际上流沙支撑不了太大的重量。因此，流沙很危险，可能会带来意想不到的灾难。通过下面的游戏，我们来了解一下。需要准备的物品有：报纸、玉米淀粉、水、搅拌匙、咖啡粉。

由于这个游戏会弄得四处凌乱，最好先在报纸上把玉米淀粉和水混合好。混合时，要不停地用搅拌匙搅拌，直到混合物呈糊状。搅拌好后，把咖啡粉轻轻地均匀撒在玉米淀粉糊表面，使表面看起来干燥、平整。

做好这些后，用拳头猛击玉米淀粉糊，这时只打在表面，不能再深入。然后，用手指轻轻按压玉米淀粉糊，这时手指很容易陷进去。（P136）

沙滩的新轮廓

海水侵蚀了沙滩，勾画出新的沙滩轮廓。通过下面的游戏，可以看到泥土是怎么被带走的，以及地表形态是怎么变化的。需要准备的物品有：烘烤盘、水、沙子。

第一步，把准备好的沙子堆在烘烤盘一侧，将它们压实，这些沙子代表海边的沙滩。第二步，往烘烤盘内倒水，淹没一部分沙子。第三步，前后晃动烘烤盘，直到盘内的水形成了"小波浪"。注意，开始动作慢一些，渐渐加速，使"小波浪"向前翻滚，冲到"沙滩"上，使沙子移动。此时，沙子卷到了水中，"沙滩"的轮廓发生了变化。

这是怎么回事？（P136）

春夏秋冬的变化

四季的温度为什么不同，和什么有关？需要准备的物品有：温度计、纸、铅笔、手电筒、手表、金属罐。

第一步，把温度计的示数记下来。把温度计靠在手电筒的灯头上，有玻璃珠的一面朝外，3分钟后记录上面的示数。第二步，把温度计放到冷水中，直到示数回到第一次实验前的数字。第三步，把温度计靠在金属罐上立好，用手电筒照射温度计（两者相距大约30厘米），3分钟后，记录温度计上的数字。记录显示，靠在手电筒上的温度计示数升高几度，手电筒照射温度计时，它的示数没有明显变化。

这是什么原因呢？（P136）

白热化的流星

你知道流星是怎么发生的吗？下面就来模拟一下。需要准备的物品有：半个泡腾片、装满水的瓶子。

把泡腾片放在装满水的瓶子内，仔细观察。在下沉的过程中，可以看见药片溶解变成了很多小块，并渐渐消失。

这是怎么回事？（P136）

制作简易日晷

我们来做一个简易的日晷。需要准备的物品有：棍子、铅笔、纸、小石块。

第一步，在院子里找一个有阳光的地方，把棍子插在那里。第二步，在某正点时刻，把小石块放在棍子投影的顶端，在纸上记录下时间。1小时后，再取一块小石块，放在棍子投影的顶端，记录下时间。不断重复这一步骤，直到得到一个有刻度的日晷。太阳在天空移动时，棍子的投影也会跟着移动，长度也会发生变化。

这是什么原因？（P136）

改变岩石的方式

地球内的岩石发生变化，与地球内部的压力和褶皱作用有关。通过下面的游戏，我们来了解一下。需要准备的物品有：金属衣架和蜡烛。这个游戏需要家长帮忙。

第一步，请家长帮忙解开金属衣架。第二步，拿起衣架，在同一位置来回弯折30~50次。第三步，使弯折处和蜡烛相接触，由于弯折处变热了，手千万不要触摸那里。蜡烛与衣架的弯折处接触后，蜡烛便熔化出一个沟槽。（P137）

土壤表面的气泡

土壤中有空气吗？一起来观察吧。需要准备的物品有：广口瓶、凉开水、放大镜、土壤样品。

把土壤样品放到广口瓶中，向里面慢慢倒入凉开水。用放大镜观察发现，出现了气泡，它们聚集在土壤的表面。

你知道这是怎么回事吗？（P137）

带来温暖的太阳

在室外，靠什么提供光和热呢？找一扇向阳的窗户，就可以开始了。在晴朗的日子里，拉上窗帘，把手放在窗户边。之后，打开窗帘，再把手放到窗边。这时，手立刻感到了温暖。

这是什么原因呢？（P137）

日照的时间

准备好黑色美术纸,下面就来做这个游戏。把黑色美术纸放在阳光下,1分钟后摸一下;然后,再把它放到阳光下,5分钟后再摸一下。触觉告诉我们,纸在太阳下的时间越长就越热。

这是为什么呢?(P137)

土壤中的水分

尽管都是土壤,但有很大差别。通过土壤水分的多少,我们来了解一下。需要准备的物品有:钉子、水、量杯,以及土壤样本(比如,黏土、盆栽土、肥沃的园土)、纸杯、小容器。

第一步,用钉子在4个纸杯底部钻6个孔,分别向每个纸杯倒入不同的土壤样本,装半杯即可,再倒入半杯水。第二步,在每个纸杯下各放1个小容器,用来接流出的水。过一段时间,把4个小容器内的水倒入量杯称量。观察可见,有的容器中土壤和水的量明显多一些,水在不同土壤中流的速度也不同。

这是为什么呢?(P137)

传到地球的热量

太阳的热量是怎么到达地球的?需要准备的物品有:20厘米长的丝带。

拿着丝带的一端,不断晃动。看起来,整根丝带就像波浪一样。(P137)

绕椅子转圈

我们都知道,地球是围绕太阳转动的。我们一起来做一下这个游戏吧。需要准备的物品有:椅子。

第一步,把椅子放在房间中央。接下来,请绕着椅子转圈。在这个过程中,椅子和你分别与房间内的不同物体处在同一条直线上。

这给我们什么启示?(P137)

白垩状的物质

有一种石灰岩是白垩,它的主要成分是碳酸钙。由于贝壳中也含有碳酸钙,我们以此来代替、来了解一下它们被腐蚀的情况。需要准备的物品有:贝壳、小玻璃罐、白醋、水、报纸、金属汤勺。

第一步,把白醋倒在一个小罐中,水倒入另一个小罐里。第二步,在两个小罐内分别放一些贝壳。4天后,从两个小罐中取出贝壳,放在铺有报纸的工作台上。第三步,用金属汤勺轻轻敲击贝壳。水中的贝壳没有变化,和以前一样坚硬;白醋中的贝壳非常容易破裂,表面覆盖一层白垩状的物质(即碳酸钙)。

为什么会出现这种情况呢？（P137）

地球上的盖子

你知道什么是温室吗？做这个游戏，需要准备的物品有：水、有盖子的广口瓶。

第一步，把水倒入广口瓶内，盖好盖子，确保没有气体从瓶内逃出。第二步，把广口瓶放到室外有阳光的地方，1小时后，瓶子内壁上出现了小水珠。

这是怎么回事？（P137）

收集太阳的热量

下面我们来做一个太阳能加热器。需要准备的物品有：长265厘米的鱼缸专用气管、橡皮筋、广口瓶、铝箔、烘烤盘、大汽水瓶、水。需要说明的是，这个实验在室外阳光充足的地方进行最好，开始前要将自制的太阳能在太阳下预热半小时到1小时。

第一步，把鱼缸专用管中间的一段折起来，两端分别留下大约48厘米的一段不折。第二步，用橡皮筋把中间折起来的部分绑住，将这部分放到广口瓶中。第三步，用铝箔包裹广口瓶，封住广口瓶的瓶口。第四步，把烘烤盘放在室外的桌子上，把包好的广口瓶放在烘烤盘内，1小时后开始预热。第五步，往大汽水瓶中倒水，把它放在广口瓶旁边，将管子的一端插到汽水瓶中，另一端自然下垂。

为了让水流过广口瓶内的那一段管子从另一端流出，需要将管子自然下垂的一段放到嘴里，轻轻地吸。这样，水就会进入管子。这时可以感到，从管子中流出的水更暖和一些。（P137）

巨大的海浪

你了解海啸吗？一起来做这个游戏吧。需要准备的物品有：平底锅、水、木块。

第一步，向平底锅内倒水，把两块木块放到水中，水要把木块完全淹没。第二步，手拿两块木块，让它们迅速碰撞，挤压它们之间的水。不断重复这一动作，直到木块不能再挤压水为止。观察发现，两块木块在水里迅速碰撞的时候，使得它们之间的水向上涌，形成了波浪，它们拍打着平底锅的边缘。（P137）

井里有水了

做这个游戏，需要准备的物品有：硬纸筒、罐子、沙子、碎石子、水。

第一步，把硬纸筒竖直放到准备好的罐子中央。第二步，用手抓住纸筒，把碎石子倒在纸筒周围，大约4厘米高就可以了。第三步，在碎石子上铺一层沙子，往沙子上慢慢倒水，直到水面和沙子表面齐平。观察纸筒里面，可以看到有水出现，并渐渐增多。

这是为什么呢?（P138）

一点儿都不咸

从盐水中怎么把盐分离出来，一起动手试试吧。需要准备的物品有：水、食盐、量杯、量匙、大碗、小茶杯、保鲜膜、小石块。

第一步，往大碗中加3量匙食盐和2小杯水，等盐充分溶解后，用勺子盛一点盐水尝尝味道。第二步，把小茶杯放到大碗中央，用保鲜膜把碗口蒙住。第三步，小石块放在正对茶杯的保鲜膜上，此处的保鲜膜略微凹陷。第四步，把大碗小心地挪到太阳下晒几个小时，注意挪的时候尽量让石块待在原处。不一会儿，保鲜膜内壁上出现了小水珠，又慢慢滴到茶杯中。再过一会儿，拿掉保鲜膜，尝一下茶杯内水的味道，发现一点儿都不咸了。

这是怎么回事?（P138）

瓶内的海洋

下面我们来做个有趣的游戏。需要准备的物品有：食用油、水、蓝色的食用色素、干净的塑料瓶。

第一步，把食用油倒在塑料瓶内，油面到瓶身的1/3即可。第二步，往塑料瓶内倒水，直到瓶满。第三步，将几滴蓝色的食用色素滴到塑料瓶中。接下来，拧紧瓶盖，把塑料瓶平放在地上。这时，用手前后推瓶子。可见瓶内的液体不断翻滚，好像大海的波浪一样。

这是为什么呢?（P138）

土壤的层次

土壤分为不同的层次，下面就来了解一下。需要准备的物品有：小铲子、放大镜、卷尺、铅笔、纸、白纸、可密封的小塑料袋。

第一步，找一块能挖洞的土地，用小铲子挖一个大约60厘米深的洞。第二步，观察洞内不同土壤层的颜色，用卷尺测量每一个土壤层到地面的距离，把结果记录下来。第三步，采集每一层土壤的标本，分别装在塑料袋中。把洞填好，带上这些标本回家。第四步，分别取出一些土壤放在白纸上，用放大镜观察。在土壤中，可以看到一种或多种颜色。土壤中具体的颜色，要根据生活的地方和挖的深度来定。（P138）

引起火山喷发

下面来制造一座"火山"。需要准备的物品有：薄纸板（8厘米×20厘米）、小容器、剪刀、胶带、平底托盘、快速发酵酵母、过氧化氢、勺子。

第一步，把薄纸板卷成圆锥体，要能罩住小容器，用胶带粘牢。第二步，把圆锥体以下多余的部分剪去，使其立在平底托盘内。第三步，把小容器放在平底托盘内，用圆锥体罩住小容器。第四步，把过氧化氢从圆锥体顶部的小洞倒进小容器，加入酵母，不停搅拌。这时，引起薄纸板"火山"喷发，伴有嘶嘶声。（P138）

看到一个冰球

请家长做一些碎的刨冰，冬季直接用雪就可以，然后来做这个实验。

第一步，把刨冰大致团成球形，让雪球融化一点儿。然后，把它放置在冰柜中半小时。取出后，将表面的雪擦去，就可以看到一个冰球。

这说明什么问题呢？（P138）

岩石会吹泡吗

做这个游戏，需要准备的物品有：多孔的岩石、烘烤盘、水、放大镜。

先把岩石放到烘烤盘中，倒入足够的水将岩石淹没。用放大镜可以观察到，在烘烤盘中出现了一连串的气泡。

这是为什么呢？（P138）

直射的阳光

为什么赤道热呢？让我们一起来了解一下吧。需要准备的物品有：手电筒和纸。

第一步，把手电筒的光垂直照在纸上，光在纸上形成一个小的圆形光圈。然后，将手电筒倾斜，使光斜射在纸上，可见纸上的光圈更大，呈椭圆形，看起来也暗一些。（P138）

星星在移动

晴朗的夜晚，搬一把椅子到室外，坐下来面向南方。注意，从右侧要能看到房子的一角。盯着天空中距离房子最近的一颗星星，慢慢地星星就躲到房子后面了。

这是怎么回事？（P138）

科里奥利效应

地球自转对风的方向会产生影响吗？我们来做下面的游戏。需要准备的物品有：小玻璃球和电唱机。

第一步，让小玻璃球从电唱机转盘中心滚到边沿，可见小球沿直线运动。第二步, 让电唱机转盘转起来, 重新让小球滚到边沿, 可见小球在沿曲线滚动。

这是怎么回事? (P138)

一口气吹倒瓶子

我们经常能看到魔术师搓一搓手心, 吹一口 "仙气" 后就把桌子上摆放的物体全都吹倒, 看上去很神奇, 但要学起来也并不难。需要准备的物品有: 一个圆柱形的瓶子, 放在桌面上。现在就教你一招如何变魔术: 一口气吹倒瓶子。

拿一个结实的信封放在桌子上, 使开口的那边悬在桌边。接着, 把瓶子放在信封的另一边。往信封里吹气, 但信封要紧贴嘴巴, 保证不漏气。用劲吹两下, 瓶子就会倾斜并翻倒。(P138)

吸走瓶内的空气

龙卷风大部分是大气旋转形成的, 但低气压也可能造成很多损失。请找一个空塑料瓶。然后, 把里面的空气吸走, 可见塑料瓶变形了。

这是怎么回事? (P138)

沙子的颜色

通过下面的游戏, 我们来欣赏一下沙子的波纹。需要准备的物品有: 有盖子的容器、沙子、食用色素、勺子、干净的有盖宽口罐、长钉子。

第一步, 把沙子倒进容器中, 不要装满并把沙子摇匀。第二步, 在沙子内滴10滴食用色素, 盖上盖子摇晃, 使它们均匀地附着在沙子上。第三步, 在宽口罐底部用勺子铺一层有颜色的沙子, 上面铺另一种颜色的沙子, 再铺下一层, 直到铺到罐口为止。第四步, 把长钉子轻轻地从宽口罐的一边插到沙子中, 再慢慢拿出来, 向旁边移动一点再插入。这时沙层会渐渐混合在一层, 并形成有趣的彩色波纹图案。(P139)

太阳系图案

一直以来, 人们对太阳、月亮和星星有着极大的兴趣, 所以它们也成为很受欢迎的艺术图案。下面我们也来做一些太阳系图案。需要准备的物品有: 包装纸、海绵、颜料、盘子、剪刀。

第一步, 在几块海绵上分别画好太阳、月亮和星星, 用剪刀剪下来。第二步, 往几个盘子内分别倒一种颜料。用海绵蘸上颜料, 在包装纸的不同地方按几下, 可以随意选择颜料。这样就形成了好看的太阳系图案。(P139)

从天而降的雨

为什么天空会下雨? 通过下面的游戏, 我们来了解一下。需要准备的物品有: 盘

子、水壶、清水、燃气灶。

第一步，把一个没有水的盘子放到冰箱中冷却。第二步，用燃气灶烧一壶热水，当水沸腾时，取出冰箱内的盘子。第三步，把盘子放在壶嘴上方10~15厘米处。过一会儿，可以看到盘子底部凝结了很多小水滴，越来越多。（P139）

月晕是什么

你知道月晕吗? 月亮周围的大光环，就是月晕。通过下面的游戏，我们来了解一下它的形成。需要准备的物品有: 水和六角形蜂蜜瓶。游戏要在能看到月亮的夜晚进行。

第一步，向瓶内装满水，把瓶子的一边对准月亮。第二步，认真观察瓶子，可以看到像冰凌一样的六角形体，瓶子内的一面上有月亮的全部反射。

这是怎么回事? （P139）

彗星的尾巴

彗星为什么带尾巴，你知道吗? 下面我们就来做这个游戏。需要准备的物品有: 乒乓球、筷子、毛线、小刀、电风扇、胶带。

第一步，用小刀在乒乓球上挖一个孔，把筷子插进去，用胶带粘牢。第二步，用胶带把几束毛线粘在乒乓球上。打开电风扇，把乒乓球举到电风扇前，可见毛线飘了起来。

这和彗星有关吗? （P139）

地壳的运动

我们都知道地壳在不断运动，有时地壳不规律的运动会带来地震，而地震又带给人们极大伤害。那么，地壳的运动是如何产生的呢? 我们可以通过下面的游戏来解释地壳运动的秘密。需要准备的物品有: 剪刀、纸张、鞋盒、黏土。

第一步，用剪刀把纸张剪成长60厘米、宽30厘米。第二步，在鞋盒底中央位置开一个宽为2厘米、长8厘米的口子，在鞋盒侧面开一个洞，大小能伸进一只手，把盒子反过来放，盒底朝天。第三步，把剪好的纸条折成一半，并从底部的开口处插进去，再向上拉出两端，拉出长度为8厘米。第四步，在纸条的两端各放铅笔粗细的黏土，然后用两手指夹住盒内的纸条慢慢往上拉。这时就会发现，向上拉纸条的时候，黏土随着纸条向两边移动，纸条被拉得越高，黏土之间就会离得越远。（P139）

2

第二章

力和运动，游戏中的博弈

纸卷上的书

你相信一张纸能把一本书举起来吗？

验证这一点并不难。需要准备的物品有：纸、胶带、书。

第一步，把找好的纸折成一个纸卷，并用胶带将纸的边缘处粘好。第二步，将纸卷立起来，在它的上面放一本书。这时候，你就可以看到想要的效果了——书稳稳地平放在纸卷上。

这是什么道理呢？（P139）

哪个弹跳强

如果我们来比较圆珠笔和实心皮球的弹跳力，你会觉得哪个跳得更好更高？毫无疑问，会是皮球。但如果将它们合起来会是什么效果，你想过吗？需要准备的物品有：圆珠笔和实心皮球。

第一步，把笔插到皮球里。做这些的时候，注意圆珠笔要插得足够深，但又不能把整个笔头都插进去，要求手拿着笔的时候，皮球掉不下来就行。第二步，一只手拿着笔，手臂伸直，插着笔的皮球朝下放着，准备好后松手。第三步，皮球着地后，圆珠笔就会像射箭一样从皮球里弹出来。

如果你是在室内做这个游戏，那圆珠笔很可能会一下弹到天花板上。与圆珠笔如此活跃的状态不同的是，实心皮球根本不会跳，或者比平时跳得要低很多。（P139）

一根筷子的力量

如果告诉你，一根筷子可以把装满米的瓶子吊起来，可能很多人都会半信半疑，一根筷子有那么大的力量吗？我们不妨试试看。需要准备的物品有：筷子、玻璃瓶和大米。

第一步，在一个瓶口较窄的玻璃瓶内装满大米。第二步，把一根筷子深深插到大米中，并将筷子周围的大米向下用力压实。第三步，往上提筷子，这时你会发现筷子并没有被抽出来，反倒是装满米的玻璃瓶被吊了起来。

睁大双眼、微张嘴巴，或许你会不由发出一声赞叹：太神奇了，太不可思议了。

这是为什么呢?（P140）

水珠飞溅的韵律

你见过在脸盆中跳舞的水珠吗? 其实, 这个很容易实现。要完成这个效果, 需要准备的物品只有搪瓷脸盆和水。

第一步, 把洗净的搪瓷脸盆放在平稳的桌面上, 并加入九成的水。第二步, 把手洗干净, 保持双手干燥。第三步, 沿着搪瓷脸盆边沿对称的两侧, 用两个大拇指来回用力地进行有节奏的摩擦。第四步, 随着摩擦节奏的变换和力度的加大, 脸盆内的水珠就会向上飞溅, 水珠最高可达10厘米上下。

看到了预期的效果, 相信你一定非常开心。那么, 这其中隐藏着什么奥秘呢? (P140)

重叠的毛巾褶皱

有这样两条毛巾, 它们没有打结也没有用线缝在一起, 但怎么拉都拉不开。你见过这样的毛巾吗? 不信的话, 我们一起来做一下。

第一步, 将准备好的两条毛巾平摊在桌子上, 其边缘互相重叠2厘米。第二步, 将重叠的部分折成像手风琴一样的褶皱, 用拇指和食指捏住有褶皱的地方, 这样毛巾看起来就好像领结一样。

做好前两步后, 让你的朋友一人抓住毛巾的一端, 向两端用力拉扯。结果是尽管你只用了两根手指, 但却怎么拉也拉不开两条毛巾。

这是什么原因呢? (P140)

不怕压的生鸡蛋

谁都知道生鸡蛋怕磕怕碰, 稍不小心就会破裂。可有人却说, 即便坐在生鸡蛋上, 它也不会被压坏。真有这种可能吗? 需要准备的物品有: 小木板、厚书、生鸡蛋、橡皮泥。

第一步, 将橡皮泥分成4小团后, 把4个直立的生鸡蛋分别放在上面。第二步, 把小木板放在4个直立的生鸡蛋上, 并把几本厚书放在小木板上。

一旁观看的朋友, 无不悬着一颗心。结果木板下的生鸡蛋没有破。

你知道这是为什么吗? (P140)

方糖的形状变了

海边漂亮的鹅卵石是从哪来的呢? 需要准备的物品有: 广口瓶和方糖。

第一步,在盛着冷水的广口瓶内,把方糖放进去并盖上盖子。第二步,用力摇一摇。不久就会发现方糖变小了,而且形状也变了,它由原来的方形变成了现在的椭圆形。(P140)

不沾水现象

雨伞也是由布或者丝绸做成的,它却不怕雨水淋湿。为了解开这个谜团,做一做实验。找一件普通的衣服和雨伞做对比,并准备好杯子和凉水。

把半杯水倒在普通的衣服上,水很快就渗透到衣服中;然后,又把剩下的半杯水倒在雨伞上,只见水顺着雨伞滑落下来,并没有渗到里面。

这是为什么呢?(P140)

铁轨的形状

铁轨是"工"字形的,这样的形状怎么可能承受得了那么重的列车。

椅子、砖头、木板和绳子构成了铁轨游戏的全部材料。

第一步,将两把椅子背对背分开大约60厘米,要注意放在一条直线上。第二步,把木板平放在椅背上。第三步,用绳子系上砖头,并把它吊在木板上。第四步,观察木板被砖头拉弯的程度。

取下砖头后,将木板翻转90度,使它侧立在椅背上,重新系上同一块砖头,观察木板被拉弯的情况。通过铁轨游戏,可以看到木板平放时,砖头将其拉弯了;当木板立放时,砖头不能将木板拉弯。(P140)

上宽下窄的旋转带

在内陆生活的人,对龙卷风大多是通过书本、电视上的认识。对它的形成以及会造成的影响,很多人并不是很清楚。对此,可以通过一个小实验,来模拟一下龙卷风。需要准备的物品有:玻璃杯、食盐、小勺、碳酸饮料。

第一步,在玻璃杯中倒入大半杯碳酸饮料。第二步,用小勺在杯子中用力搅动,并加入一勺食盐。这时候从杯底沿着垂直方向,你可以清楚地看到一根上宽下窄的旋转带正快速升起,就好像高速旋转的龙卷风。

这个小游戏利用的是什么原理?(P140)

吹泡泡

肥皂水吹泡泡,这是很多人都玩过的一个游戏。虚渺又真实,是它带给每个游戏者的奇妙感受。但不是所有的肥皂水都可以吹出泡泡,只要稍微加点材料,比如醋,就吹不出泡泡了。下面我们就试验一下吧。需要准备的物品有:肥皂、清水、杯子、醋、细铁丝、筷子,以及小刀。

第一步,用小刀切一小块肥皂放到杯子里,倒入少量的清水。第二步,用筷子搅拌，直到水中的肥皂溶解。第三步，把细铁丝做成一个带长把的小铁圈，在水杯内的肥皂水中蘸一下。对着铁丝的小圈慢慢一吹，泡泡就一个个出来了。

前面的步骤是很多人都知道的。在吹出很多泡泡后，往杯子中倒入一些醋，并用筷子搅拌均匀。这时用细铁丝做成的小圈蘸一下，结果不管再怎么使劲吹也没有泡泡了。（P140）

挤跑空气的水滴

生活中，我们会有这样的经验：两块玻璃被水粘起来后，怎么弄都弄不开，好似比胶粘得还要牢固。这样看来，水和玻璃有着奇怪的粘连关系。平时放在一起的两块玻璃，不管是横着放还是竖着放，都会很不放心地用手扶好。这种情况下，只要一松手，两块玻璃很快就会分开。

换一个思路，如果把两块玻璃擦干净，倒上少量的水使它们重合在一起，这时候，用手垂直方向拉这两块玻璃，几乎没有拉开的可能。（P141）

怎么都倒不了

我们都玩过不倒翁，不管怎么弄，它就是不倒。想起来也挺稀奇的，它怎么就不倒呢？好奇心强的同学，大概会将其大卸八块，一探究竟。其实不如从源头入手，我们一起来破解一下不倒翁的制胜秘诀。需要准备的物品有：锥子、蜡烛、生鸡蛋、水、针管、沙子、胶带。

第一步，在鸡蛋较尖的那端，用锥子轻轻戳个小洞。之后，将针管伸进鸡蛋里面，把里面的蛋黄和蛋清全吸出来，用清水洗净蛋壳并晾干。两个鸡蛋都要做相同的处理。第二步，在一个蛋壳内加一些沙子，用胶带将蛋壳上的小洞封住；在另一个鸡蛋壳内装上一些蜡烛屑，封上小洞后把鸡蛋壳放在热水中加热。估计里面的蜡快熔化时，将蛋壳拿出来冷却。第三步，在两个鸡蛋壳的外面分别画上不倒翁的形象，把它们放在桌上检验，就会发现装有蜡屑的不倒翁真的怎么都倒不了。（P141）

甩一下就好

如果有人问你："晚上才洗的一件衣服，明天早上就要穿，我该怎么办？"相信多数情况下，人们会回答："在洗衣机里甩一下。"

还真是，甩一下真是很奇妙。那么，你知道洗衣机是如何把衣服甩干的吗？它的原理是什么呢？现在我们就来模拟一下。需要准备的物品有：厚纸板、塑料眼药水瓶、牙签、剪刀、水、圆规。

第一步，用圆规在厚纸板上画一个直径5厘米的圆，把这个圆剪下来，用牙签穿过圆心。第二

步,将眼药水瓶装满水。第三步,用手转动牙签使圆纸片转起来,同时用眼药水瓶往转动的圆纸片上滴水。这时候,你就会发现水滴被不断地甩出。(P141)

接触面与摩擦力

雄伟的万里长城连接着古老和现代,长城上的每一块砖都是历史的见证。孟姜女哭长城的传说,似乎在向人们倾诉着修长城的艰难。在没有任何机械化手段的情况下,长城上的砖石是如何运输的,更不要说由巨石铺设的长城地基。我们现在就来探究一下前人运输巨石的秘密。需要准备的物品有:纸、弹簧、木块、直尺,以及圆形铅笔。

第一步,用弹簧匀速地拉动平放在桌面上的木块,用直尺测量弹簧的长度并记录下来。第二步,把事先准备好的几支圆形铅笔整齐地排列好,将木块放在这些铅笔上。第三步,用弹簧匀速地拉动放在铅笔上的木块,用直尺测量弹簧的长度并记录下来。你会发现,垫有圆形铅笔的木块拉起来要省力得多。(P141)

没有尾巴的风筝

春暖花开,街上放风筝的人渐渐多了。但不知大家注意没有,所有的风筝都有尾巴。如果风筝没有尾巴,会是什么情况呢? 带着这份好奇,做一个小试验。需要准备的物品有: 彩色纸、透明胶带、剪刀,还有棉线。

第一步,用剪刀把彩色纸剪成15厘米×25厘米大小的长条,之后用透明胶带把棉线粘在彩色纸一端的中央,这样一个没有尾巴的风筝就完成了。当拽着棉线往前跑时,风筝总是上下摇摆不定。第二步,用剪刀剪了两条长约30厘米、宽约3厘米的细长条,把它们用透明胶带固定在风筝的末端。这时再拽动风筝,风筝摆动着尾巴平稳地飞起来了。(P141)

满杯中的食指

在平衡尺上,有两个装满水的玻璃杯。按正常理解来说,只要在哪个水杯里填一点东西,平衡尺都会发生倾斜。但奇怪的是,把食指伸到其中一个水杯后,没有发现任何预想的倾斜,完好如初。为了解开这个谜团,实验老师准备出木尺、有棱角的铅笔、玻璃杯和水。

第一步,把木尺作为天平,放在一支有棱角的铅笔上。然后,将两个装满水的玻璃杯放在木尺的两端,并保持两杯水平衡。第二步,将手指伸到其中一个玻璃杯中,要保证手部接触玻璃杯。结果两杯水依然是平衡的。(P141)

瓶子吹气球

如果我说瓶子可以把气球吹起来,你相信吗?不信的话,就来做这样一个游戏吧。需要准备的物品有：醋、玻璃瓶、小勺、小苏打、气球和纸。

第一步，用力拉几下气球，使它不要太紧。第二步，用漏斗向瓶子里装两勺小苏打，再往瓶内倒一杯醋。第三步，将气球的吹气口套在玻璃瓶的瓶口上，然后轻轻地摇晃玻璃瓶。注意了，这时瓶口上的气球就会慢慢被吹起来了。（P141）

旋转的鸡蛋

面前有两个鸡蛋：一个是熟鸡蛋，一个是生鸡蛋。但它们混在一起，有点分不清。你能顺利地将它们分别开吗？

要想很好地区分，可以这样做：把两个鸡蛋放在桌面上，然后分别往同一个方向旋转。在旋转的时候，晃动慢并且转速也慢的就是生鸡蛋；相对的，好似陀螺一样能平稳旋转好几圈的就是熟鸡蛋。（P141）

没有履带行不行

只要是坦克，必然有履带。那么履带究竟有什么作用呢？现在我们就验证一下。需要准备的物品有：细沙、厚纸板、铁钉、剪刀和胶水。

第一步，剪出相同的4块方形纸板，其中一块纸板的4个角上钉4个铁钉，另一块纸板上均匀地钉上20个铁钉。第二步，用胶水在2块纸板有钉帽的一面分别粘上一块纸板，这样纸板上的铁钉就能够固定住了。第三步，另取一块纸板，大小至少可以平铺2块上述方法做成的纸板，并在上面均匀地铺上一层厚厚的细沙。

这样做好后，将2块钉好铁钉的纸板放到沙盘中，让纸板的铁钉朝下。结果显示，装了4个铁钉的纸板比装了20个铁钉的纸板陷得更深。（P141）

摔不破的灯泡

日常我们见到的灯泡，要是掉在地上一定会摔破。但按照下面游戏的方法，却怎么都摔不破。站在硬地面上，手拿一只旧灯泡。注意把灯泡的金属部分朝下，松手后就会发现掉落的灯泡没有摔破。（P141）

当紧急刹车时

在坐汽车的时候，当司机紧急刹车时，人的身体会向前倾倒。现在我们就来做这样一个小游戏。需要准备的物品有：橡皮泥、一端有孔的木板、玩具车、厚书、铅笔。

第一步，将几本厚书叠好放在桌上，将木板没有孔的一端放在书上，从而构成一个斜面。同时，要把铅笔插到斜面下端的小孔内。第二步，用橡皮泥捏成一个小人儿，要把橡皮泥的底部弄平。第三步，把小人儿放在玩具车上，并把玩具车放到木板上端正中间的位置，然后松手让玩具车冲下斜面。当向下行驶的玩具车撞到铅笔时，车会戛然而止，但小人儿会继续向前冲。这是为什么呢？（P142）

沉在水底的木板

在水中放一块木板，因为木板的密度比水的密度要小，所以木板会浮起来。但奇怪的是，有时在水中的小木板就是浮不起来。现在我们模拟一下游戏。需要准备的物品有：木板、脸盆、砂纸和水。

第一步，在底面光滑的脸盆中倒入大约2/3的水。第二步，将用砂纸打磨光滑后的木板用力压到盆底。过一会儿松开手，会发现木板仍然在盆底，并没有浮起来。

你知道这是为什么吗？（P142）

小石子的作用

俗话说：人往高处走，水往低处流。按一般规律来说，物体都是向低处滚动的。但下面游戏中的盒子却自动往高处滚动，你也来试试看。需要准备的物品有：书、笔、黏土、小石子、有盖子的圆盒子、长木板。

第一步，把小石子用黏土固定在圆盒子内部的边缘，并在盒外做标记，并盖上盒盖。第二步，在长木板下垫一本书构成一个不太大的斜面。第三步，将圆盒子放在斜面的底部，把有标记的位置放在略靠前的位置，并松开手。这时，你会发现一个奇怪的现象，沿着斜坡，圆盒子居然向上滚动。（P142）

码书的艺术

为了给读者更好的阅读体验，书店店员常常会把书码放得很有特色。虽然最上边的书比最下边的书伸出来很多，但书并没有倒。

你是不是觉得不太可能，那我们一起来试验一下。准备好8本一模一样的书，一本一本往上摞。需要注意的是，最上边的书比它下面的书伸出半个书本的长度，从上往下数的第二本书要比第三本书伸出1/4的长度。以此类推，从上往下数第三本书比第四本书多出1/6长度，使得上边的书本比下边的书本多出1/8，1/10，1/12，1/14的长度。到最后，最上边的书会比最下边的书多出一本书的长度。实际操作可能要短一些。

你知道为什么要这么做吗？（P142）

折叠纸张有力量

一张纸的力量是非常薄弱的，它能当桥吗？现在我们就来做这样一个游戏。需要准备的物品有: 杯子和手工纸。

第一步, 把纸对折, 并架在两个杯子之间。第二步, 把第三个杯子放在折好的纸上面。这时, 你就发现纸张像桥一样支撑着上面的杯子。

这是什么道理呢?(P142)

两个稳稳的碗

准备好两个大碗和一根卫生筷子, 我们来做这样一个游戏。

第一步, 把两个大碗放在桌子上, 并分别盛满凉水。把一根干燥的卫生筷子横跨在两个大碗上, 然后用手或者别的物品从中央劈去。这时, 映入我们眼帘的是, 筷子立刻断成了两截, 但两个碗却稳稳地立着。

你知道这是为什么吗?(P142)

紧密黏合的两本书

有这样一个现象, 两本一样的书没有用胶水粘起来, 但却紧密地粘在一起。

我们动手做一下。找出两本开本和页数完全一样的新书, 将这两本新书每个两三页相互交叉重叠在一起。然后沿着水平方向, 试着将这两本新书分开。结果怎么都拉不开。(P142)

巧手做"直升机"

直升机总是那么神奇, 就算不能亲自去做, 如果能有个模型也好。你是不是曾经有过这样的想法, 有没有想过自己动手做一个直升机模型呢? 需要准备的物品有: 牛奶盒、剪刀、卫生筷子、透明胶带和订书机。

第一步, 从牛奶盒上剪下两张长20厘米、宽3厘米的纸片, 交叉成十字后, 用订书机订好。这样"直升机"的机翼就做成了, 要记得在机翼前端缠上胶带。第二步, 在十字机翼的中心打一个孔, 插入卫生筷子, 并用透明胶带固定好。将十字机翼靠近交叉点的地方沿纸片的交叠线剪开, 并折压机翼使中央略微向上凸起。

完成了上面两步后, 只需要双手合掌将卫生筷子夹住, 并搓手心使筷子旋转起来, 放开"直升机", 瞧, 它飞起来了。(P142)

苹果自动分两半

做这个小游戏, 大家要注意安全。需要准备的物品有: 苹果、水果刀。

第一步, 用刀切入苹果肉中, 使苹果能够留在刀面上。第二步, 用另一把刀的刀背敲一下切中苹果的刀。这样敲几下, 苹果就会自动分成两半。

你知道这是为什么吗?(P142)

第二章 力和运动, 游戏中的博弈

越拖越重的水管

夏天天气炎热，为了蔬菜更好地生长，需要及时浇灌。有一个很大的菜园，在浇灌的时候需要挪动水管，但水管会越拖越重。现在我们就来做一下实验。

第一步，把水管接到水龙头上，浇比较近的草坪。第二步，把水管拉到草坪另一端。在这个过程中，开始会觉得拉动水管很轻松，之后每走一步都要使出更大的力气，到最后一点都拉不动了。（P143）

安全帽和鸡蛋

有一个生鸡蛋和两个核桃。如果用一只手捏它们，你觉得两个核桃容易碎还是一个生鸡蛋容易碎？

第一步，把两个核桃握在手里并用力捏，这时核桃的外壳就会破裂。第二步，把鸡蛋握入手中。为了避免迸溅，可以把手放到塑料袋中，然后用最大的力气去捏这个鸡蛋。这时，你会发现无论怎么用力，鸡蛋就是不会坏。（P143）

金属的弹性扩张

受外力冲击，金属也会产生收缩变形。虽然肉眼看不到，但这种变形确实存在。我们可以演示一下。需要准备的物品有：硬币。

第一步，将3枚硬币在桌子上排成一排，并让前两枚碰在一起。第二步，用拇指按住中间的一枚，并把稍远一点的硬币向它们弹过去。这时，就会发现尽管拇指按住的硬币没有动，但与它相接触的那枚硬币却弹了出去。

你能解释其中的原理吗？（P143）

难以弄破的纸巾

一般来说，纸巾都是很薄很软的，很容易被捅破。但有时纸巾却捅不破。需要准备的物品有：普通纸巾、橡皮筋、硬纸做的圆筒（卫生纸里面的轴就可以）、棍子、细沙。

用纸巾将圆筒的一头包住，并用橡皮筋固定好，然后往圆筒中倒入8厘米的细沙。一手握住圆筒，另一手握住棍子。把棍子插入装有细沙的圆筒内，并向下撞击细沙。这时就会发现，虽然只是一张很普通的纸巾，但不管怎么使劲，都无法弄坏这张薄纸巾。（P143）

平衡加平衡

不知道你是否想过这个问题：平衡加平衡等于什么？有人说，应该还是平衡。想想也应该是这样的答案，但答案并不是唯一。需要准备的物品有：胡萝卜、玻璃瓶和尺子，我们来做一个小游戏。

第一步，先把胡萝卜放在玻璃瓶上，轻微调整使之平衡。在平衡点做一个记号，然后从记号处切开胡萝卜。第二步,将尺子平衡地放在玻璃瓶上,并把切成两半的胡萝卜放在尺子的两端。让人惊讶的是,尺子没法保持平衡。

对于这种状况,该怎么理解呢?（P143）

弹出一枚硬币

如果从骰子搭成的小塔里,取走投进的硬币,是不是会很好玩?来试验一下吧。需要准备的物品有:塑料骰子、硬币和弹簧圆珠笔。

用6枚骰子搭起一座小塔,并在它们中间放一枚硬币。这时,用圆珠笔靠近小塔,要保持一段距离,用手指按住笔上的弹簧,松开后弹簧会把硬币从塔中间弹出去。小塔虽然摇摇晃晃,但没有倒塌。

你知道这是什么原因吗?（P143）

牙签船

如果让你用牙签做一艘小船,估计你会觉得很不现实。其实用材很简单:牙签、水和洗发液。你会不会嘴巴张得好大,难以置信是吗?那就动手来做吧。

第一步,在牙签较粗的一段,蘸上一点洗发液。第二步,把牙签轻轻地放在水面上。这时牙签就会朝着没有蘸洗发液的一头前进了。看着牙签船奋勇前进的样子,是不是很有成就感?

你知道这其中隐藏的道理吗?（P143）

向前行驶的纸杯

我们都知道牛顿第三定律,它的内容是"两个物体间的作用力和反作用力,在同一条直线上大小相等,方向相反"。通过水的反作用力,我们来改变水杯的行驶方向。需要准备的物品有:纸杯、吸管、双面胶带、透明胶带、薄塑料板、装水的水盆。

第一步,在纸杯下面的杯壁上钻好小孔,然后把吸管插进去,并用透明胶带密封好。第二步,用双面胶带粘贴纸杯的底部,把纸杯固定在塑料板中间,放到水盆内。第三步,不断往纸杯里倒水,使吸管流出的水可以直接流到水盆内。这时就会看到,水杯在自动向前移动。（P143）

线上硬币

"现在请演员入场,他要表演的节目是《线上硬币》。"报幕员清脆的声音,传到了台下每一位观众的耳朵里。顿时,掌声和口哨声响成一片。走到台前,演员向大家致意。然后，他从口袋里拿出一张崭新的百元纸币，还有一枚硬币。

大厅内静悄悄的，所有人都在注视着演员。他先将纸币对折，角度保持在90度，并在对折处上方放上硬币。然后，他小心捏住纸币两端，慢慢向两边拉开。人们注意到，在拉纸币的过程中，其上的硬币会稍稍晃动。但当他把纸币拉成一条直线时，硬币并没有掉下来。几秒钟的沉寂后，掌声和口哨声再次响起。

你知道硬币为什么没有掉下来吗？（P144）

转起你的扇子来

只用一根筷子，就可以使扇子或者不规则的物体旋转起来。需要的材料：扇子、可乐瓶盖、筷子、双面胶带。

先用一个手指支撑住扇子，以便寻找重心的位置。然后，用双面胶带把可乐瓶的瓶盖粘到重心上。最后，用筷子较细的一端支在瓶盖中。一切妥当，拨动扇子，扇子就好像转盘一样不停地转起来。同学们看了都很吃惊，纷纷问为什么。

你知道什么原因吗？（P144）

转回来的飞镖

玩飞镖的时候，投掷后通常不会再飞回来。如果能转回来，会不会更有趣？下面我们来试一下。需要准备的物品有：硬纸板、铅笔、砂纸和剪刀。

第一步，用铅笔在硬纸板上画出"V"形飞镖的形状，两端的拐臂大约20厘米。第二步，用剪刀沿着所画的线剪下来，并用砂纸把边角磨圆。第三步，用拇指和食指夹住飞镖的一端，另一端对着自己。这些都完成后，我们就要看结果了。把飞镖朝一个小小的斜度抛出去，在空中划出一条曲线后，它会飞回你的身边。（P144）

略微下蹲不会倒

在郊外，父子俩在玩力量游戏。只见儿子用力冲向爸爸，但他并没有倒下。玩这个游戏的时候，父子俩要穿上厚衣服。另外，不要在容易滑倒的地方进行。

游戏开始，爸爸要略微下蹲，脚掌用力踩稳。爸爸准备好后，让孩子用力冲向自己。就算孩子助跑后冲过来，爸爸也可以稳如泰山，抱住孩子，一动不动。

你知道这是为什么吗？（P144）

寻找物体的重心

面对不规则的物体，该怎么找到它们的重心呢？准备好挂历纸和胶带，跟我们一起来寻找吧。

第一步，把挂历纸卷成几个圆锥状的纸筒，并将它们一个接一个套成一根长纸棍，用胶带固定好。第二步，用双手的食指撑住纸棍的两端，交替手指慢慢往中间移动。两根手指碰到一起的那个点，就是纸棍的重心，即纸棍平衡的支撑点。

你知道为什么会这样吗？（P144）

谁的速度最快

在同样一个斜面上，放上不同形状的圆形物体，它们包括圆杯、圆盘、玻璃弹珠、空心球。同时松手，你认为它们哪个最先滑下？需要准备的物品有：圆形物体（圆杯、圆盘、玻璃弹珠、空心球）、木块、长木板、直尺和铅笔。

第一步，用直尺和铅笔在木板边上画一条线，用木块将木板有线的一端垫起。第二步，把圆形物体、玻璃弹珠、空心球都放在木板的线上，同时松手。这时会发现最先滑下的是玻璃弹珠。（P144）

旋转的玻璃小球

这个小游戏用的材料只有玻璃小球和杯子。

先把玻璃小球放入杯子中。然后，拿着杯子底部将它快速转动。这时，玻璃小球转起来并沿着杯壁向上爬。这是为什么呢？当继续转动杯子时，玻璃小球便从杯口沿直线飞了出去。

你知道这是什么原理吗？（P144）

侧面接触桌面

在平常的生活中，有很多圆柱形的物体。现在我们来玩一个游戏，来比较一下怎么更省力。需要准备的物品有：圆柱状的桶。

第一种方法，把桶立在桌子一端，用手指推它几次，直到把它推到桌子尽头。第二种方法，将桶放在桌子一端，让桶的侧面接触桌面，用手指推它直到桌子尽头。比较发现，当桶立着放置的时候，推它的次数要比侧放时推的次数多；当它倒下，用桶的侧面在平面上滚动时，每推它一下，它就会移动很大一段距离。

你知道这是为什么吗？（P144）

突然剧烈的加速

每次上体育课，老师都会带学生先跑两圈，然后再做准备活动。这和运动员在比赛前的热身运动是一样的，都是为了防止由于突然剧烈的运动对身体造成伤害。下面我们就用一个小实验来模拟一下这种情况。需要准备的物品有：500克的砝码、细线和小木棍。

将细线的一头系住砝码，另一端绑在小木棍上，这时细线并没有断。然后握住小木棍慢慢把砝码提起来。如果继续用力加速向上提，那么细线就会突然崩断。

这是为什么呢？（P145）

特殊的椅子

这是一个可以多人参与的游戏,玩起来会非常有意思。十多个个头相当的同学站成一圈,一个人站在另一个人的身后,并指定其中一个发布口令。在同一个精确的时刻,所有人一起屈腿坐在后一个人的腿上。在大家的欢声笑语中,不仅没有人摔倒,而且还共同构建了一个稳定的结构。

你知道这是什么道理吗?(P145)

听话的弹珠串

想使弹珠串变得听话吗?按下面的方法试验一下吧。需要准备的物品有:弹珠、厚书、纸。

把纸搭在2本书之间,并把7颗弹珠放到纸形成的凹槽中,排成一排相互紧贴着。然后用剩下的1颗弹珠去撞击这一排弹珠,并试验用2颗同时撞击和3颗同时撞击的情况。这时,就会发现用1颗弹珠撞击时,排尾的一颗被弹开;用2颗同时撞击的时候,就有2颗被弹开,以此类推。你知道这是什么原因吗?(P145)

弹性卡片

弯弓射箭,相信很多人都玩过。下面我们来做一个类似的弹性卡片。需要准备的物品有:硬纸板、橡皮筋和剪刀。

第一步,将硬纸板剪成两倍名片大小的卡片。然后对折使折痕清晰。第二步,在卡片的两端各剪两个缝缺,在缝缺上套一条橡皮筋。第三步,把卡片摊开压平,松开手指。这时,卡片"啪"的一下跳起来了。

这是为什么呢?(P145)

你会撕纸吗

用铅笔和直尺能够很容易地画出两条相互垂直的直线,如果在纸上撕出两个互相垂直的裂口,你能做到吗?下面我们就来试验一下。取出一张纸手帕,从上到下先撕出一个成直线的小口,然后再从左边到右边撕出一个口子。

这样你会发现,虽然纸手帕很容易被撕破,但要想撕出一个与上下直线相垂直的裂口很难。(P145)

给我一个支点

阿基米德曾有这样一句名言:给我一个支点,我能撬动地球。对于这一点,比较不容易实现。不妨咱们先从撬起一本厚书开始吧。需要准备的物品有:三棱柱、长60厘米的木尺和厚重的书。

第一步,把三棱柱放在桌子上,并把尺子放在三棱柱上,使它正好位于尺子的中

间。第二步，把书放在尺子一端，用手压住另一端。这时，放着书的一端没有动，用手压另一端很难把它撬起来。当把书和木尺移到距离三棱柱很近的地方，再用手压木尺的另一端，会发现没有费劲就把厚书撬起来了。（P145）

塑料梳子的重心

你想把一个物体的重心找出来吗？听起来似乎很难，其实非常简单。需要选择好不会碎的物体，比如塑料梳子等。

将准备好的物体放在桌子边沿，然后慢慢往外推。最终，它会落在地面上。通过多次的尝试，就可以找到物体的重心。

你知道其中的原理吗？（P145）

小球的曲线运动

为安全起见，请选择又软又轻的小球。还可以考虑选择一名助手，协助你扔球和接球。通过扔出小球，我们来观察它的运动轨迹。每次都要改变投掷的速度。开始的时候，投掷速度逐渐变慢，之后逐渐加快。

每次被抛出后，小球的运动轨迹都是曲线。当然有些较陡，有些较为平缓。

这是为什么呢？（P145）

带图钉的乒乓球

玩过扎有图钉的乒乓球吗？我们一起来做这个游戏吧。需要准备的物品有：乒乓球、图钉和球拍。

先在乒乓球上扎入图钉，然后把球放在球拍上滚动。这时你会发现，当扎有图钉的球面和球拍接触时，乒乓球就会停止滚动。

你知道这是什么原因吗？（P145）

肘部的硬币

下面玩一个有趣的游戏，身边有一枚硬币就够了。请把你的胳膊抬高并弯曲到位，然后把一枚硬币放在肘部，再向下移动胳膊，这时硬币掉了。如果想让硬币不掉，可以用这只胳膊的手把肘部的硬币抓住。

具体怎么做呢？突然迅速地向下移动胳膊，当肘部向下移动的时候，你的手也就从原来的位置向下移动了。如果时机把握得很好，那么每次都会抓住硬币。

你知道其中的道理吗？（P145）

第三章 3

神奇电磁，引爆大脑的潜能

翩翩起舞的爆米花

你能让香甜酥脆的爆米花跳舞吗? 需要准备的物品有: 爆米花、塑料板和纯毛线。

第一步, 把爆米花撒在塑料板上, 用纯毛线在塑料板上来回摩擦。第二步, 来回转动塑料板, 就可以看到塑料板上的爆米花竖立并跳起舞来。

这是什么原理? (P146)

不倒的圆珠笔

用手扶好, 可以使圆珠笔直立起来, 但圆珠笔也可以自己站立不倒。这是怎么回事呢? 需要准备的物品有: 牙刷、剪刀、小锯子、电吹风机、胶水、小磁铁和有机玻璃。

第一步, 用剪刀把牙刷的刷毛部分齐根剪去, 将牙刷柄尾部带孔的一段用小锯子锯掉, 并将其磨平。第二步, 在距离牙刷头部25毫米的地方用电吹风机的热风加热, 以使牙刷柄软化后弯成直角, 并在弯折的拐角处用胶水固定住一块小磁铁。第三步, 将有机玻璃的边缘磨光做成笔架的底板, 将弯折的牙刷磨平部分固定在底板中央。第四步, 沿着弯折牙刷顶端的磁铁中心位置, 在底板和磁铁中心垂直对应的位置钻一个2毫米的凹孔。第五步, 在圆珠笔的顶端用胶水粘一小块磁铁, 要与牙刷上的磁铁极性相同。第六步, 把圆珠笔直立起来, 并使笔尖插在底板的凹孔内。这时, 圆珠笔就摇摇晃晃地站立起来了。

你知道这是为什么吗? (P146)

空气的小爆炸

钉子和气球, 可以说毫无关联。但如果让它们碰到一起, 会有什么状况发生呢? 需要准备的物品有: 隔热手套、气球和长约5厘米的钉子。

第一步, 戴上隔热手套, 并把气球吹起来。一只手拿气球, 另一只手拿钉子。第二步, 把气球放在头发上摩擦半分钟后, 慢慢将钉子靠近气球。当钉子的尖头接近气球时, 能听到轻微的 "噼啪" 声。如果运气好的话, 可以看到细微的闪光。

这是为什么呢? (P146)

醋的另一个用途

说到醋，我们首先想到的是食用。其实，它还可以用来制作电池。需要准备的物品有：灯泡、电线、玻璃盆、醋、回形针、铜片和锌片。

第一步，把灯泡插在灯座上，两端各连接一根电线。第二步，往玻璃盆内倒入醋，作为电池的电解质。第三步，两根电线的另外两端，用回形针分别固定在一片铜片和一片锌片上，把铜片和锌片放在醋中后，灯泡就会变亮。取出金属片，再将电线的两端放到醋中，灯泡就不会变亮。

你知道其中的原理吗？（P146）

旋转的牙签

你见过随着气球旋转的牙签吗？如果见到，相信你一定会感到无比神奇。需要准备的物品有：牙签、气球、玻璃杯、塑料瓶盖。

第一步，在放平的塑料瓶盖上放一根牙签。然后，在这上面扣一个玻璃杯，注意不要让上面的牙签掉下去。第三步，把气球吹到适当大小，不要太瘪也不要太鼓，并把气口绑紧。第四步，把吹好的气球在头上摩擦几次后，拿到玻璃杯旁慢慢移动。这时，就会看到牙签在随着气球转。（P146）

磁场的存在

在通电的导线内，指向南北的指南针突然改变了方向。你能理解这一现象吗？我们先来试验一下。需要准备的物品有：胶带、细导线、指南针、电池、玻璃杯。

第一步，把细导线用胶带固定在倒置的玻璃杯上，使它变成弧形状，并在弧形导线下放一个指南针。第二步，转动玻璃杯，使指南针的指针刚好和导线平行。第三步，把导线的两端和电池连接在一起，这时指南针的指针马上变成了与导线交叉的状态。

你知道这是什么原理吗？（P146）

强磁铁的魅力

有两支叠在一起的铅笔，上面那支没有用手动它，它却旋转了方向。需要准备的物品有：六棱形铅笔、圆杆铅笔和强磁铁。

先把六棱形铅笔放在桌面上，把圆杆铅笔放在它的上面。然后，用强磁铁小心地靠近铅笔尖。这时，奇迹出现了，铅笔尖竟然朝磁铁转去。

你知道这是什么原因吗？（P146）

屏蔽电磁波

我们来设想这样一个场景：在一个加盖的塑料筒和铁筒盒内，把调到最大音量的收音机放进去。这时,外面还能听到声音吗? 需要准备的物品有: 收音机、塑料筒和铁筒盒。

操作起来很简单: 当把收音机放到加盖的塑料筒后,收音机的声音低一点;当把收音机放到铁筒盒后,就会发现收音机完全没有声音了。(P146)

受热的磁铁

通过简单的处理,就可以使具有磁性的磁铁失去磁性。需要准备的物品有: 条形磁铁、火柴、蜡烛、大头针,以及夹子。

先划一根火柴将蜡烛点燃,用夹子夹起磁铁放在烛火上烧。5分钟后取下,放到一边使其自然冷却。冷却15分钟后,用磁铁去吸桌子上的大头针。这时会发现,根本吸不上来,磁铁消磁了。(P146)

导电的铅笔芯

麦克风是经常用到的物品,它将声音转化为电信号,这样便于存储、处理和传输。根据这个原理,我们来做一个小型麦克风。需要准备的物品有: 铅笔芯、火柴盒、电话线、电池,以及耳机。

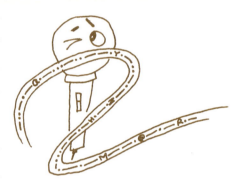

把所有铅笔芯刮光滑后,从接近盒底的两壁,用两根铅笔芯穿过火柴盒。在两根笔芯上横放一根短笔芯,这就成了一个迷你麦克风。然后,用电话线把这个麦克风和电池与耳机连接起来。这时,拿着火柴盒讲话,在耳机里就可以清楚地听到对方的声音。

你知道这是什么原理吗? (P146)

忽变的小磁体

铁钉是日常生活中常用的物品,我们都知道它是没有磁性的。如果想让它带有磁性,该怎么做呢? 需要准备的物品有: 铁钉、沙子、木块和大头针。

第一步,把铁钉放在火上烧红后,将它放在沙子里慢慢冷却。第二步,等铁钉凉透后,靠近大头针的铁钉一点磁力也没有。第三步,左手拿起铁钉,一头对准北方,另一头对准南方;右手拿起木块,在钉头上敲七八下后,再把铁钉放到大头针盒内,它就能吸起一些大头针了。第四步,敲打几下后,虽然磁力不大,但铁钉已经变成磁铁了;如果把铁钉朝东西方向放好,敲几下后,它的磁力又消失了。

这是什么原因呢? (P147)

流动的电子

说一种东西，你肯定没听说过。那就是西红柿电池。想知道怎么做的吗？跟我们一起动手吧。需要准备的物品有：西红柿、锌片和铜片。

第一种途径，把一片铜片和一片锌片插入西红柿内，用舌头同时舔铜片和锌片。换一种途径，这次将两块铜片（或者是两块锌片）插到西红柿内，再用舌头同时舔两块金属片。这样你会发现，第一次舔的时候，舌头有发麻的感觉，这说明西红柿内有电流；第二次舔的时候，舌头没有任何感觉，这说明西红柿内没有电流。

你知道这是为什么吗？（P147）

跳跃的电火花

观看综艺晚会时，为烘托气氛，总会看到舞台前喷出的漂亮火花。你知道那是怎么制作出来的吗？请跟我们一起来做吧。需要准备的物品有：玻璃板、电线、铅笔芯，以及9伏的电池。

第一步，把几根铅笔芯研成细石墨粉，在玻璃板上把细石墨粉铺成长而短的形状。第二步，用一根电线把电池的一端和细石墨粉的一端相连接。第三步，关闭电源，用另外一根电线把电池和细石墨粉的另一端连通，这时细石墨粉就会产生跳跃的电火花。如果没有产生电火花，那可能是电压太低，这就需要增加电压来完成。（P147）

小勺边的纸屑

小勺能吸起碗里所有的纸屑。真不知是小勺的威力大，还是纸屑太调皮。需要准备的物品有：毛衣、塑料小勺、碗、纸屑。

第一步，要把纸屑放到碗里。第二步，把塑料小勺放在毛衣上摩擦几下后，将其放到碗口的上方。当做到这步的时候，纸屑纷纷粘到塑料小勺上，但一会儿又都离开了。

你知道这是什么原因吗？（P147）

天花板上的气球

两个气球有时候会相互吸引，有时候会相互排斥。你知道分别在什么情况下出现这种状况吗？需要准备的物品有：气球、线绳和硬纸板。

第一步，把两个气球分别充好气并在口上打好结。第二步，用线绳把两个气球连接起来，然后把气球放在头发上摩擦。第三步，提起线绳的中间位置，两个气球立刻就分开了。把硬纸板放在两个气球中间，这样气球上的电荷就会吸引到硬纸板上。第四步，把气球吹鼓，把开口处打结封好，在头发上摩擦片刻。把它们送到天花板上,在那上面它们可以停留几个小时。

这是什么原理呢?(P147)

灯管自动亮了

家里常用的日光灯管,在接上电源后就会发光发亮。如果没有电源,灯管会自己变亮吗?现在我们找来一块毛绒布来做一下试验。

把一个新的日光灯管,拿到一个漆黑的房间,然后用一块绒布用力地摩擦灯管,这时发现灯管自动就亮了。

你知道这是什么原理吗?(P147)

复印机的原理

复印机给人们的工作带来了很大的方便,你知道复印机的原理吗?需要准备的物品有:电视机、棉花和痱子粉。

第一步,把电视机打开几分钟后关掉。第二步,用手指在屏幕上写几个字或者画个图案,再取一团棉花蘸上一些痱子粉。第三步,在屏幕前轻轻拍打棉花,这时飞扬的痱子粉就吸附在电视屏幕上了,但手指划过的地方并没有痱子粉。(P147)

贴在手上的吸管

手并没有捏住吸管不放,可吸管粘在手上不下去了。你有过这种体验吗?我们一起来做这个游戏。需要准备的物品有:塑料吸管、报纸和剪刀。

剪下一小块报纸,把它包裹在塑料吸管的外面。让吸管和报纸相互摩擦几次。再把经过摩擦的吸管竖着贴在右手手掌上,松开手你会惊奇地发现——吸管紧紧地贴在右手掌上掉不下来了。(P148)

喷泉状的水流

从水龙头流下的自来水瞬间变成一股喷泉,这是不是很神奇,有这种可能性吗?我们一起动手试试看。需要准备的物品有:铝盆、尖嘴玻璃管、铁架台、塑料夹、感应起电机、水龙头、橡皮管、绝缘塑料板、导线,以及直径为10厘米、高为5厘米的铝环。

第一步,用塑料夹把尖嘴玻璃管固定在铁架台上,尖嘴朝下,将玻璃管上端用橡皮管和水龙头连接起来。第二步,把铝环用塑料夹固定在铁架台上,使玻璃管的尖嘴正好处在铝环上端的正中间。并在铝环下大约10厘米处放一个铝盆,在铝盆下垫一块绝缘塑料板。第三步,将铝环和感应起电机的正极通过导线连接起来,铝盆和感应起电机的负极相连接。启动感应起电机,并打开水龙头,就会发现在下落时水流会向上散开,成为倒喷泉。(P148)

淘气的小鸭子

水盆中有两只小鸭子,刚把它们分开了,没一会儿它们又跑到一起了。看来它们真是小淘气。现在我们就来做一下这个小游戏。需要准备的物品有:泡沫塑料块、铅笔、画纸、钢针、磁铁、水。

第一步,割两块泡沫塑料块,中间各割一条缝。第二步,用铅笔在纸上画两只小鸭子,剪下后嵌到塑料块的缝中。第三步,用两根50毫米长的钢针在磁铁上分别摩擦,再把钢针分别插到两块泡沫塑料中心去。第四步,把做好的两只小鸭子放到盛有水的盆中,这时就看到两只小鸭子游在一起,不肯分离。(P148)

追着气球滚动

把空易拉罐放在地上,发现它自己会滚动。做这个游戏需要准备的物品有:空易拉罐、气球和面巾纸。

第一步,吹起气球绑紧后,用面巾纸反复摩擦气球的表面。第二步,把易拉罐平放在地上,把摩擦过的气球靠近易拉罐。这时会发现,易拉罐在追着气球滚动。(P148)

同极必然相斥

磁悬浮列车的时速非常快,它给人们的出行带来了很大的便利。不知你有没有想过,为什么它能跑这么快呢?我们通过下面的小游戏来试验一下。需要准备的物品有:圆形磁铁、橡皮,以及透明胶带。

第一步,把磁性较强的两块磁铁同极的一面相对。第二步,在它们产生排斥作用的范围内,用大块橡皮去阻隔,并用透明胶带把磁铁的两端固定好。第三步,把磁铁放在桌子上,抽出阻隔的橡皮。这时,一个很奇特的现象出现了:上面的磁铁正悬浮在半空中。(P148)

移动的金属片

在大托盘的机械天平内,一个可以移动的薄金属片放在两块磁铁中。它一定是起着什么作用的。做这个小试验,需要准备的物品有:小木棒、细绳、三脚架、橡皮泥、小铜片、小钢片、条形磁铁、锥子,以及秒表。

第一步,在小木棒的一端用锥子钻一个孔。将绳子从孔中穿过,再系上三脚架。第二步,在小木棒下面放上磁铁,并让木棒和磁铁相距2~3厘米。用橡皮泥把小铜片粘在小木棍下端。第三步,把小木棍拉到一定的高度,放开木棍同时用秒表立刻计时。做完这些后,再换小钢片,重复实验。最后就会发现粘有铜片的木棒停下得快一些。

你知道这是什么原因吗?（P148）

制作简易罗盘

在海上航行，离不开罗盘。可以说，罗盘是船员的生命。下面我们就来制作一个简易罗盘。需要准备的物品有：磁铁、4厘米长的细铁针，以及泡沫塑料圆盘。

第一步，用磁铁两极分别摩擦铁针的上下两部分，使得细铁针逐步被磁化。第二步，将针横插进泡沫塑料圆盘。第三步，在水中，泡沫塑料罗盘始终朝南北向，在罗盘上画一个方向标志，这样一个简易罗盘就做成了。（P148）

带电的梳子

如果我跟你说，日常使用的梳子能牵动乒乓球来回跑动，你会不会觉得很有趣？那么，我们就着手来做这个游戏吧。需要准备的物品有：塑料梳子、乒乓球和毛料布。

第一步，要选择一个干燥的天气，当然冬天在暖和的室内做这个实验，效果会更好些。第二步，找一个乒乓球，把它放在平稳光滑的桌面上。要确保乒乓球可以在桌面上自由滚动。第三步，用塑料梳子在毛料布上来回迅速地摩擦，使其带上电荷。

当把梳子拿到乒乓球附近的时候，你会发现，乒乓球跟在梳子后面滚了过去。如果移动梳子，乒乓球会跟着梳子跑来跑去。（P148）

电流的"味道"

从没听说电流会有"味道"，是不是很奇怪？下面我们就来做这个小游戏。需要准备的物品有：金属勺子和铝箔纸。

第一步，两手分别握着金属勺子和铝箔纸，放在舌头上会发现这时没有什么特别的味道。第二步，让勺子和铝箔纸手握的这一端相互接触，这时再去感觉就会出现一种苦苦的味道。（P148）

磁力小船

放在水中的小船，不用伸到水里，你就可以控制它的方向。你能想象吗？来玩这个游戏吧。需要准备的物品有：软木、强磁铁、火柴、纸、装有水的脸盆，以及2厘米左右的铁钉。

第一步，把软木削成几条长度不超过4厘米的小船，在每条船的背面钉进一根铁钉，并在船上打个小孔，再插进一根火柴，折一个三角形的纸做帆。第二步，把小船放到一个装有水的脸盆中，然后移动脸盆下的强磁铁。这时，你会发现你把磁铁移到哪，小船就会跟到哪。（P148）

活泼的铝箔小球

说起电跳蚤，是不是觉得很奇怪？没有见过对不对，那么我们一起来做吧。需要准备的物品有：铝箔、毛料布、CD唱片和玻璃容器。

第一步，用毛料布摩擦CD唱片后，把它平放在玻璃容器上。第二步，将铝箔捻成豌豆大小的一些小球，并扔在唱片上。这时，只见小球沿着曲线蹦蹦跳跳。

这是什么原理呢？（P149）

可以发光的方糖

方糖是大家非常爱吃的一种食物。让人惊奇的是，方糖还能发光。这是怎么回事呢？我们来演示一下。需要准备的物品有：方糖。

做这个小实验，要在无光源的房间内进行。手里拿着两块方糖，快速地摩擦它们。在两块方糖撞击的时候，就会看到有微弱的火花。（P149）

导电的石墨

石墨是一种很好的导体。通过下面的游戏，我们来验证一下这些事实。需要准备的物品有：剪刀、蓄电池、铅笔、小灯泡。

第一步，将蓄电池的正极和负极接上剪刀和铅笔。第二步，将铅笔和剪刀的尾端接上小灯泡，这时小灯泡就亮起来了。（P149）

迷路的指南针

指南针是户外活动必不可少的一项物品，能帮助人们在陌生的环境识别方向。但有时候指南针也难免会"迷路"。下面我们就来做这样一个游戏。需要准备的物品有：胶条、细导线、指南针、玻璃杯，以及干电池。

第一步，用细导线把胶条固定在倒置的玻璃杯上方，使其成为弧形。第二步，在弧形导线下面放一个指南针。转动玻璃杯，使指南针的指针正好与导线相平行。第三步，把导线两端连接在电池上，这时指南针的指针很快就变成了与导线交叉的状态。然后，改变导线的正负极，就会发现指南针的方向也随之发生了变化。

你知道这是什么原因吗？（P149）

简易测电器

判断一个物体是否带电，通过简易测电器就可以测定。下面我们一起来动手做一个简易测电器。需要准备的物品有：钩状铜丝、铝箔、梳子、毛料布、有盖子的玻璃瓶。

第一步，在玻璃瓶的盖子上钻一个洞，插入钩状铜丝后，用火漆使它和瓶盖绝缘。第二步，在钩上挂一条折叠后的铝箔，并用盖子盖住瓶子。用毛料布摩擦梳子，之后接触铜丝会发现，铝箔两端立刻分开了。(P149)

盐水浸泡的吸墨纸

为了对电和磁有更深刻的了解，我们一起来做下面的游戏吧。需要准备的物品有：铜质硬币、铝片、吸墨纸、指南针，以及细的漆包铜线。

第一步，把4枚硬币和铝片表面擦拭干净，铜质硬币和铝片交叉摞在一起。第二步，在每一对金属片间，放上用盐水浸泡过的吸墨纸。第三步，用细的漆包铜线缠绕指南针50圈，把铜线裸露的两端分别放在最后一枚硬币和最后一个铝片上，这时电流立刻驱动磁针开始运动。

这是什么原理，你知道吗？(P149)

奇妙的磁力串珠

不需要线，就可以把一个个铁珠串在一起。你可以做到吗？需要准备的物品有：磁铁和铁珠。

第一步，拿出准备好的磁铁，并用两手捏住。第二步，让磁铁吸住第一颗铁珠，剩下的铁珠依次附着。做好磁力串珠后，静心观察。这时能够发现，开始时铁珠能连在一起，但不一会儿，铁珠就会一颗接一颗地掉落下来。这是由于铁珠获得的磁力是有限的，磁性消耗完后，铁珠就会掉落下来。

你知道磁性材料有什么特点吗？(P149)

墙壁上的报纸

既不用胶水，也不用胶布，粘在墙上的报纸却没有掉下来。我们先体验一下这种现象。需要准备的物品有：铅笔、报纸。

把报纸展开平铺在墙上，然后用铅笔的侧面快速在海报上摩擦几下，这时报纸就像粘在墙上一样不掉下来。刚刚掀起报纸的一角，手一松，又被吸回到墙壁上。

你知道这是什么原因吗？(P149)

高级木炭可发电

家里买的高级木炭，除了用来除臭和净水外，还可以用来发电。需要准备的物品有：食盐水、木炭、面巾纸、铝箔纸、透明胶带，以及小灯泡。

第一步，先用食盐水把面巾纸浸湿，然后把它包在木炭外侧，并在外面包一层铝箔纸。第二步，把一张铝箔纸搓成一条导线，导线的一端用透明胶带贴在铝箔纸上，另一端缠在小灯泡螺纹接口的腹部。第三步，用木炭使劲按住小灯泡的接口底部，

让孩子更聪明的科学游戏

握紧木炭外面包的铝箔纸,这时小灯泡就亮了。(P149)

空中的缝衣针

用什么方法可以让缝衣针飘在空中呢?答案便是磁力。需要准备的物品有:缝衣针、线、U形磁铁。

第一步,将缝衣针穿上线。第二步,用磁铁的S极摩擦缝衣针。第三步,拿起线,将线上的针由磁铁的S极向N极移动。这时就会看到,缝衣针慢慢飘在空中。

你知道这是什么原理吗?(P150)

电磁波干扰

我们在听广播时,旁边的手机响了,收音机里会传来嗡嗡的声音。你知道这是什么原因吗?用毛线摩擦过的气球,也会使收音机发出噪音,这是不是很有趣?需要准备的物品有:收音机、气球和毛料布。

先把收音机打开,调到正常播放的状态;然后,吹起气球,用毛料布摩擦。这时靠近收音机,会发现收音机会有噪音。(P150)

地球这个大磁铁

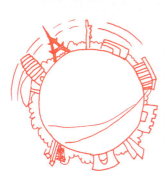

地球是一个很大的磁体。利用它具有磁力的这一性质,我们可以自己动手制作一块磁铁。需要准备的物品有:铁棒、铁锤和曲别针。

第一步,将铁棒倾斜向下朝向北方后,用铁锤敲打数次。第二步,锤打后的铁棒,对曲别针有一定的吸附作用,使其带上了少许的磁性。

你知道这是什么原理吗?(P150)

你见过磁力线吗

磁力线是什么样的,你知道吗?不同的磁铁,有着不同的磁力线。需要准备的物品有:白纸、磁铁、铁屑、蜡液和加温的熨斗。

第一步,把白纸放在磁铁上,并在上面撒些铁屑。第二步,轻轻敲打白纸,上面就会出现一幅磁力线图像。这幅完整的磁力线图,可以把它保留下来。第三步,把白纸浸在蜡液中,使它冷却,并撒上铁屑。磁力线形成后,可以拿加温的熨斗接近画面,这时画像就可以固定下来。(P150)

陌生的磁偏角

磁偏角是一个不容易理解的名词,但做完下面的游戏,就会明白了。需要准备的物品有: 钢大头针、玻璃杯、缝衣针, 以及直径8厘米、长10厘米的泡沫塑料。

第一步, 磁化两枚钢大头针, 使其针尖相吸。第二步, 把它们分别插入塑料泡沫的两端, 用一枚缝衣针从中间穿过, 使其正好搭在两只玻璃杯上。第三步, 当其完全保持平衡后, 把这个系统按南北方向放置, 它开始朝地面的北方倾斜。

罗盘和围绕地球的磁场保持平行状态, 它同平面的偏离称为 "倾角", 一般保持在65度, 在地球南北两极, 罗盘处于垂直状态, 其倾角为90度。(P150)

转向磁铁的铅笔

磁铁可以吸引铅笔吗? 做完下面这个游戏, 你就可以明白了。需要准备的物品有: 削好的铅笔、没有削好的铅笔、磁铁。

第一步, 把没有削好的铅笔平放在桌上, 并把削好的铅笔放在它的上面, 使其能够保持平衡。第二步, 用磁铁小心地靠近铅笔尖, 这时你会发现, 铅笔会转向磁铁。(P150)

舞姿翩翩的小纸人

下面我们来做一个游戏, 使小纸人跳起舞来。需要准备的物品有: 长方形的有机玻璃片、毛皮、笔、剪刀、薄纸片、方形金属托盘, 以及字典。

第一步, 用笔在薄纸片上画几个高3~4厘米的小人, 画成什么样都可以, 并用剪刀把它们剪下来。第二步, 把金属托盘放在桌面上, 并在里面摆好两本相同的字典, 字典的厚度要大于小纸人的高度。第三步, 把长方形有机玻璃片摆到两本字典上, 把小纸人放到有机玻璃片下两本字典间的托盘上。当用毛皮不断摩擦有机玻璃片时, 就会看到小纸人在托盘和有机玻璃片间跳起舞来。

你知道这是什么原理吗? (P150)

制造微型闪电

闪电总是转瞬即逝的, 好似要把天空劈开, 同时还会爆发出 "咔嚓" 一声巨响。接下来, 我们就来模拟一下闪电。需要准备的物品有: 足够大的平底铁盘、橡皮泥、塑料布、硬币。做这个游戏, 需要在一间黑暗的房间内进行。

第一步, 把橡皮泥捏软, 并把它粘在盘子中央。橡皮泥要粘得很紧, 以使抬起铁盘时仍然能够粘住。第二步, 将盘子放在塑料布上, 握住橡皮泥, 用力在塑料布上转圈并摩擦盘子大约1分钟。第三步, 抓住橡皮泥, 提起盘子。要注意的是, 手不要碰到盘子。第四步, 用硬币靠近铁盘的一角。这时你会发现, 硬币和铁盘在接触时产生了火花。

你知道这是为什么吗? (P151)

电流周围有磁场

电流通过导体的时候，其周围存在一个磁场吗？需要准备的物品有：细铁丝、导线、金属支架、电池、硬纸板、铁屑、勺子、钳子。

第一步，用钳子把细铁丝弯成螺旋状的底座，一端竖直，将这一端穿过硬纸板的中心。第二步，把一根导线接在金属支架的底部，另一端接在电池上；第二根导线连接在电池的另一极，用勺子小心地把铁屑均匀地撒在硬纸板上。第三步，将第二根导线的另一端接在金属支架的顶部，接通电源。用手指轻轻弹几下硬纸板，铁屑就形成了一个与底座同样螺旋状的同心圆。将电流断开后，轻弹硬纸板，铁屑又会散乱开。（P151）

磁力的大小

你知道磁力的大小和什么有关吗？下面我们就来做这样一个游戏。需要准备的物品有：不同形状（比如条形、圆形、马蹄形）和不同型号的磁铁、钢质和铁质的东西（比如回形针、硬币、钉子）、硬纸盒。

第一步，按种类将钢质和铁质的物品分别装在不同的盒子内。第二步，拿着不同形状和不同型号的磁铁，依次在这些盒子上吸，然后数一数每种东西被吸住的数量。这时，会发现有的磁铁吸的东西比其他磁铁吸得多。

你知道这是什么原因吗？（P151）

水的导电性

在日常生活中，水有着重要的作用。因此，了解水的导电性，就显得十分必要。在做这个游戏前，需要准备的物品有：玻璃或塑料容器、接线夹子、电线、4.5伏的电池、灯泡、蒸馏水、盐，以及钢丝钳。

第一步，把蒸馏水倒入容器中。第二步，请成年人帮忙剪3段电线，剥掉末端塑料。把两根电线的其中一端接在电池的两极上，其中一根的另一端与接线夹子相连。第三根电线的另一端与另一个接线夹子相连。第三步，将接线夹子夹在容器的两端，并与蒸馏水相接触。之后，将空出的两根电线接在灯泡上，一根接触灯口底端，另一根接触灯口的侧面。这时发现灯泡没亮。在水中加些盐后，重新连接电路，发现灯泡亮了。

你知道这是什么原理吗？（P151）

磁性消失的磁化针

准备几根针和磁铁，我们来做一个简单的小游戏。

第一步，拿一根针，在坚硬的地板上，用磁铁的一端往某一方向摩擦40次，使这

39

根针磁化。第二步,用磁化的针靠近其他针。这时会发现,磁化的针把其他的针都吸住了。第三步,把这根磁化的针反复往坚硬的地板上扔。当再次靠近其他针的时候,发现它不能吸住其他针了。(P151)

电能变热能

电流的热量是怎样的,你知道吗?下面我们就来做这样一个游戏。需要准备的物品有:温度计、4.5伏的电池、细铜丝、绝缘胶带。

第一步,把铜丝缠绕在温度计的金属端,与螺旋缠绕的铜丝互相不接触。缠绕后要留出足够长没有缠绕的铜丝。可以用绝缘胶带来固定螺旋的部分铜丝。第二步,用铜丝的两端与电池的两极相连。几分钟后,发现温度计的温度上升了。

你知道这是什么原因吗?(P151)

磁力的传导

磁力可以传导吗?下面我们来做这个实验。需要准备的物品有:磁铁、钉子。

第一步,用磁铁把一根钉子吸起来,用磁铁提着这根钉子向另一根钉子靠近。这时能看到第二根钉子被第一根钉子吸了起来。然后,我们把第一根钉子从磁铁上拿开,与它保持较近的距离。这时可以看到第一根钉子仍然吸着第二根钉子,两根钉子连接在一起。当把磁铁移开时,就看到两根钉子分开了,第二根钉子掉落下来。

你知道这是什么原因吗?(P151)

土豆电池

我们都知道金属和金属之间可以产生电流,那金属和土豆之间可以产生电流吗?从来没这样想过,很有趣的感觉对不对?那我们就一起来实验吧。需要准备的物品有:铜丝、锌丝、生土豆、耳机。

第一步,把生土豆放在桌子上,将铜丝和锌丝分别插入其中,两根金属丝要相距1厘米左右。第二步,用耳机插头接触两根金属丝。这时,在耳机内就可以听到清晰的嚓嚓声。(P151)

细钢丝变红了

你见过变红的钢丝吗?那么,我们就来试验一下吧。需要准备的物品有:木板、钉子、细钢丝(可以从刷锅的洗涤球上取一段)、电线(末端要剥掉绝缘皮)、4.5伏的电池。

第一步,在木板上钉两根钉子,把细钢丝的两端缠绕在钉子的底部。第二步,一根电线的一端接电池的一极,另一端缠在钉子上,并紧挨着细钢丝。第二根电线的一端接电池的另一极,空出的一端接触第二个钉子。这时,会发现细钢丝慢慢变红了。

这是怎么回事呢?(P151)

磁铁两极的方向

外出旅行,最怕找不到方向,方向中最重要的是找到北。下面我们就来做这样一个游戏。需要准备的物品有:水、磁铁、彩色胶带、浅的聚苯乙烯塑料盘。注意,塑料盘要比碗小,这样在水面上移动的时候才不会碰到碗壁。另外,要检查周围,确定没有钢或者铁做的东西。

第一步,在塑料盘的中央粘上一块磁铁,放在盆内的水中。第二步,转动盘子,等塑料盘慢慢停下来。第三步,在磁铁两极正对的盆沿上贴好胶带,红的一端贴红色,蓝的一端贴蓝色。然后,再转动盘子。这时会注意到,当盘子停下时,磁铁两极与胶带标注的方向相同。(P151)

手指能放电

手指能放电吗?那是不是"超人"呢?在接下来的游戏中,我们也来做一次"超人"怎么样?需要准备的物品有:干燥的玻璃、金属小勺、泡沫塑料。

第一步,把金属小勺放在干燥的玻璃上,通过摩擦泡沫塑料使小勺带电。第二步,把泡沫塑料放在小勺上,用手指接近小勺手柄处,可以看到有微小的火花冒出来。

你知道这是什么原因吗?(P151)

旋转的硬币

有时在梳头时,能听见头发发出噼啪的声音,这是梳子和头发摩擦引起的发电现象。我们可以利用下面工具做一个小游戏。所需工具有:硬币、玻璃板、塑料梳子。

第一步,把一枚硬币竖立在玻璃板上,拿塑料梳子梳理几下头发,然后慢慢靠近竖立的硬币,当放在硬币一侧时,硬币会被梳子吸引而倒下。第二步,用带电的梳子从上方靠近竖立在玻璃板上的硬币,会发现硬币保持静止不动。第三步,用带电的梳子吸引硬币边缘位置,几次后,硬币会随着梳子慢慢转身,甚至还会滚动。(P152)

瓶子里的钢珠

钢珠放在玻璃瓶里,有什么办法不用把玻璃瓶放倒而取出钢珠呢?所需工具有:玻璃瓶、清水、磁铁、钢珠。

第一步,玻璃瓶中注入清水,再把钢珠放入其中。第二步,把磁铁一端靠在瓶底侧面位置,把钢珠吸过来。磁铁沿着瓶壁慢慢向上移动,钢珠也会随着磁铁的移动而移动,逐渐移动到瓶口位置,再将磁铁向上移动,钢珠就会被吸附到磁铁上。(P152)

第四章 4
奇妙光学，走进色彩斑斓的世界

彩色的光环

电视剧中神仙的头上都会有一圈光环，其实我们的头上也会有这样的光环。想不想试试，一起来吧。需要准备的物品有：大镜子、尼龙纱布和手电筒。

第一步，站在距离大镜子前1米左右的地方，用尼龙纱布把自己的头蒙上。把手电筒举到和头一样高的位置，并向镜子照射过去。第二步，当你从镜子反射的光束看时，就会惊奇地发现，你的头上也有几个美丽的光环。注意看的时候不要偏离，不然会影响效果。

你知道彩色光环是如何形成的吗？（P152）

平日的彩虹

"不经历风雨，怎么见彩虹，没有人能随随便便成功"这句歌词，相信很多人都会唱。雨后的彩虹非常美，但如果不下雨，能看到彩虹吗？需要准备的物品有：水盆和镜子。

在一个阳光明媚的午后，把镜子斜插到水盆中。注意要使镜子对着阳光，这时在水盆对面的墙上就出现了美丽的彩虹。（P152）

火柴头的燃点

利用太阳能烧水做饭，就是太阳灶。它节能环保，给人们的生活带来了很大的便利。你知道太阳灶是基于什么原理制成的吗？需要准备的物品有：反光镜和火柴。

把手电筒上的反光镜取下来，然后放在太阳底下对准太阳，使火柴头的位置刚好处在焦点上。不一会儿，就听到"吱"的一声，火柴被点燃了。如果光线较弱，火柴不容易点着，可以换成黑头火柴。（P152）

杯底的硬币

通过透明玻璃杯，可以看到它后面的东西。但在下面的游戏中，玻璃杯下面的硬币却看不见。你是不是觉得半信半疑，那就跟我们来做一下吧。需要准备的物品有：

玻璃杯、硬币、水、小碟子。

第一步,把玻璃杯装满水,使它满到杯口。第二步,把杯子放在一枚硬币上。第三步,在玻璃杯上盖一个小碟子。然后,观察硬币。奇怪的事情发生了,硬币消失了。难道这是变魔术吗?(P152)

捕捉红外信号

把遥控器对着镜子按几下,让人吃惊的是,电视机居然也跟着换频道了。听起来很奇怪,你也来尝试一下。需要准备的物品有:电视机、遥控器和镜子。

第一步,背对电视机,手里拿好遥控器。第二步,请一位朋友拿一面镜子,调整角度使你刚好从镜子中可以看到电视机。第三步,用遥控器对着镜子中的电视机,按动遥控器。这时,你会看到电视机的频道转换了。

看来真是可以的,这是什么原因呢?(P152)

冰糖也可以发光

很多人都喜欢吃冰糖,除了食用外,还可以发出荧光。这样说,你相信吗?俗话说,眼见为实,耳听为虚。那么,就来动手做一下吧。需要准备的物品有:冰糖、玻璃杯和筷子。

第一步,把大约100克的冰糖放到玻璃杯中,然后关掉房间的灯,拉上窗帘。第二步,用筷子分别以慢、中、快的速度搅动冰糖。这时,你会发现:搅动的速度越快,看到的光越亮。

你知道这是为什么吗?(P152)

可见的海市蜃楼

说到"海市蜃楼"这个词,人们的心里都会浮现出模糊的很美的景象。这个景象到底是什么样,真可谓仁者见仁、智者见智。下面我们就来做一个"海市蜃楼"。需要准备的物品有:鱼缸、浓盐水、清水和玩具。

第一步,把一个长方形的鱼缸放在桌面上。先把浓盐水注入鱼缸中,然后逐渐注入清水,动作要缓慢。这样,清水就会漂浮在盐水上。第二步,把一个玩具放在鱼缸的一侧,照亮它后从鱼缸的对面看,除了鱼缸的下面能看到玩具外,在它的顶部也可以看到一个玩具。

这是什么原因呢?(P152)

手指数目变多了

通常,人的每只手有五个手指。但在下面的游戏中,你能看到一只手有六七个手指。需要准备的物品只有电视机。

晚上打开电视机，把屋内所有的灯都关掉，这时只剩下电视机在发光。在电视机的屏幕前，张开五指快速晃动。晃动的时候，会发现手上的手指变多了，可能是六个，也可能是七八个。手掌晃动得越快，手指的数目就越多。

你知道这是怎么回事吗？（P152）

放大镜失效了

一般来说，放大镜都具有放大物体的作用。但在以下的游戏中，放大镜不放大了。需要准备的物品有：放大镜、水盆和刀。

第一步，将一把刀放在水盆内。第二步，把放大镜浸到水中，观察刀是否有变化。这时，你会发现放大镜在水中的放大效果明显减弱了。

这是什么原因？（P153）

散射较高的蓝光

如果问天空的颜色是什么？相信不用思考，你就会脱口而出：是蓝色。下面我们来模拟一下天空的颜色。需要准备的物品有：玻璃杯、水、牛奶、滴管、手电筒、玻璃棒，以及黑纸。

第一步，灌大半杯水到玻璃杯中，用滴管滴进一滴牛奶，并用玻璃棒把牛奶搅匀。第二步，在黑纸上钻一个小孔，并用它将手电筒的玻璃遮住，使手电筒的光可以从小孔中照射出去。第三步，把手电筒紧贴在玻璃杯的侧面，打开开关。从杯子的另一个侧面，可以看到乳白色的溶液变成了一片浅蓝色。

你知道这是什么原理吗？（P153）

近视眼镜

眼睛近视的人，看远处的东西时就会看不清楚。这该怎么办呢？需要准备的物品有：塑料瓶盖、针、打火机、蜡烛，还有线。

第一步，找两个直径在30~40毫米的塑料瓶盖。第二步，用打火机点燃蜡烛将针烧红。用烧红的针尖，在瓶盖中间扎一个小孔，直径约1毫米。第三步，在瓶盖的两侧各扎两个小孔，用线穿成一副眼镜。戴上这副眼镜，你会发现即便是远处的事物也能看清楚。

这是怎么回事呢？（P153）

变形小房子

汤勺在平常是用来喝汤的，现在我们用它来做凸面镜。需要准备的物品有：汤勺、画笔和画纸。

第一步，用画笔在画纸上画一座小房子，把汤勺放在它的前面。通过汤勺的凹面,可以看到画上的小房子变了形。第二步,在另一张画纸上,将汤勺上看到的变形小房子画下来。画完后,用汤勺凸的一面看新画的房子。这时,可以惊奇地发现,画中的变形小房子在凸面中又正过来了。(P153)

能流动的光

如果说光是可以流动的,你可能会问:那我怎么没看到呢?一起来做下面的游戏吧。需要准备的物品有:矿泉水瓶、手电筒、厚卡纸、锥子、防水胶条。

第一步,在矿泉水瓶的瓶盖上先用锥子钻个大洞,瓶底也钻一个洞并用胶条封住。第二步,把矿泉水瓶灌满水,拧紧瓶盖。打开手电筒,照射矿泉水瓶的底部,发现光线可以穿过瓶子。第三步,将矿泉水瓶用厚卡纸和手电筒卷在一起,关闭屋内所有的灯光。去掉瓶底的胶条,倾斜瓶子,这时水就会从矿泉水瓶内流出来。第四步,打开手电筒,可以看到光线和水一起流出来,不会照到其他地方。用手指搅动流出的水,随着水流的弯曲,光线也在改变着形状。

你能说出其中的原理吗?(P153)

自制点点繁星

夜空的点点繁星,使人感到宇宙的浩瀚与美丽。在没有星星的夜晚,如果也能看到美丽的夜空就好了。其实,这个想法不难实现。需要准备的物品有:鞋盒、钉子和手电筒。

第一步,取下鞋盒的盖子,用钉子打上孔,使小孔排列成你喜欢的星座图案。第二步,在盒底钻一个孔洞,孔洞的大小与手电筒的大小相似,能使它从里面钻出来又不掉下来。孔洞的位置最好和星座图案的位置相对应。第三步,让手电筒从鞋盒内钻出来,盖上鞋盒盖子,将房间的灯关上。打开手电筒,将盖子对准天花板,这时在天花板上就看到了美丽的星空。(P153)

颠倒的蜡烛影像

火苗从来都是向上燃烧的,向下的火苗你见过吗?接下来,我们就验证一下。需要准备的物品有:纸杯、黑纸、白纸、棉线、火柴、蜡烛、钉子。

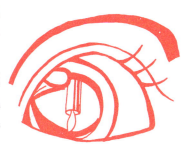

第一步,去掉纸杯的底部,将黑纸用线扎在纸杯的底部。第二步,用棉线将一张较薄的白纸扎在杯口,在杯底的黑纸上用钉子扎一个圆形的小洞。第三步,用火柴点燃蜡烛,关闭房间内的灯。在距离蜡烛大约半米的地方,将纸杯底部黑纸上的小洞对准燃烧的蜡烛。在杯口的白纸上,就可以看到一个火苗朝下的蜡烛影像。

这是怎么回事呢?(P153)

穿过两种介质

在一定距离,可以看到盛水的盆中有一个模糊的影像。需要准备的物品有:脸盆、照片、透明胶带和水。

第一步,用透明胶带把照片粘在盆里。第二步,让你的好朋友往后站一站,一直到不能看到盆内的照片为止。第三步,向盆中加入一些水后,虽然好朋友的位置没有改变,但却能看到盆中照片的影子了。

这是什么原因呢?(P153)

全反射现象

长距离有线通信一般采用光纤传输。它是如何传输信息的,你知道吗?下面我们就来模拟一下。需要准备的物品有:透明塑料丝、黑布、细绳、手电筒。

第一步,将塑料丝的一端对齐,用细绳扎紧。第二步,把塑料丝齐的一端放在手电筒的玻璃上,然后用黑布把手电筒的头部包好。第三步,打开手电筒,这时不管怎么弯曲塑料丝,塑料丝朝外的一端的光都能传输出来。(P153)

树木的倒影

划船的时候,在湖面上可以看到湖边树木的倒影。这时,不妨用力朝树木成像的方向划船试试看。随着船渐渐靠近,你会发现树木在湖面的成像逐渐变小,但船永远都不会划到树木的成像上去。

你知道这是为什么吗?(P153)

水滴的放大能力

放大镜大家都见过,相信也用过。如果用水滴和玻璃片,让你来制作一个简易的放大镜,你可以吗?是不是觉得不可思议呢?

把玻璃片洗净擦干,放到距离报纸上小字不同远近的位置,观察字的大小变化。在玻璃片上滴上直径5厘米左右的水滴,这就成了一个水滴放大镜。用它观察报纸上的小字,找到一个适当的位置,看到放大的字迹最大、最清晰。(P154)

羽毛缝中的蜡烛

透过羽毛隙看到的蜡烛是什么样的,你知道吗?这个游戏要在暗室中进行。需要准备的物品有:火柴、蜡烛和羽毛。

第一步,把房间内的光源全部关闭。第二步,用火柴点燃蜡烛。在距离蜡烛1米远的地方,把羽毛贴在眼睛上观察蜡烛。这时你会发现,眼前出现的是排列成X状的多个火苗,而且闪烁着光谱的颜色。

你知道这个现象是什么原理吗?(P154)

太阳下的肥皂液

透过杯口的肥皂液,可以看到美丽的彩虹。这样说,你会不会觉得不可信?需要准备的物品有:盆、玻璃杯和肥皂液。

第一步,打一盆水,在里面滴上几滴肥皂液。第二步,拿出一个玻璃杯,小心地把杯口浸到肥皂液中,拿起后放到阳光下。这个时候,在杯口的肥皂液上就可以看到流动的彩虹。

你知道这是什么原因吗?(P154)

镜中的玻璃球

通过光的折射,在镜面中可以看到无数的玻璃球。这是怎么回事?听起来还真是有趣味。想不想看到这么奇特的景象。需要准备的物品有:玻璃球、胶带,以及镜片。

第一步,用胶带把两块镜片连在一起。第二步,打开两块镜片,使它们分开成一定的角度,竖着放在桌面上。第三步,把玻璃球放在镜片之间,观察镜子内玻璃球的数量。之后,慢慢合上镜片,再看看有什么新的变化。(P154)

镜面起雾了

洗完澡后,浴室内的镜子常常起一层雾。该怎么才能使镜子变得清晰,你知道吗?平时洗完澡后,就可以进行这个小游戏。

起雾后的镜子完全照不清自己,这时可以在镜子上擦一层薄薄的肥皂液。然后用清水冲洗干净,这时可以发现镜子瞬间变得清晰无比。(P154)

指甲油的色彩

可以用指甲油把光分解成很多颜色。这么一说,使人感到神奇但又不可捉摸。那我们就来试验一下吧。需要准备的物品有:指甲油和水。

第一步,在阳光斜照的位置上放上一碗水。第二步,在碗内的水面上,滴两滴指甲油。这时,认真观察就可以了。从不同的角度观察水面,在水面漂浮指甲油的位置,可以看到浮现着彩虹般的景色。(P154)

眼里有很多灰尘吗

其实,人的眼睛充满了灰尘。下面我们就来证明这一点。需要准备的物品有:硬纸板、针、毛玻璃。

先用针在硬纸板上扎一个孔，透过针孔观察发光的毛玻璃。这时，能看到很多微小的絮状物体在面前浮动。

你知道这是怎么回事吗？（P154）

天上星亮晶晶

为什么天上的星星不停地眨眼呢？下面我们就来做这样一个游戏。需要准备的物品有：黑纸、铅笔、手电筒、玻璃、剪刀。

第一步，用黑纸把手电筒的前端包住，用剪刀在黑纸中间剪一个小孔。第二步，把手电筒固定在桌子上，关闭房间的光源。打开手电筒，手电筒光照在墙上的地方用铅笔做个记号。第三步，在手电筒前面立一块玻璃，使玻璃与墙壁平行。手电筒位置保持不变，再记下墙上光斑的位置。可见通过玻璃后光拐弯了，它们在墙壁上的光斑不是同一个点。

这是什么原因呢？（P155）

星状放射光带

下面我们来做一个游戏。需要准备的物品有：手帕和普通的白炽灯泡。注意观察一下光线行走的方向。

把灯泡点亮后，站在距离灯泡大约2米远的地方。将手帕拉紧，观察灯泡，可以看到一道模糊的黄橙色星状放射光带在灯泡的周围出现了。

你知道这是为什么吗？（P155）

鸡蛋熟了

煮鸡蛋一定要用火吗？不妨试试扑克牌和锡纸。需要准备的物品有：生鸡蛋、小铁罐、水、双面胶带、锡纸、扑克牌。

第一步，用双面胶带把锡纸贴在扑克牌上，制成几十个小锡板。第二步，往小铁罐中装上水，放入生鸡蛋。第三步，把小锡板固定好，调整角度以使它反射的阳光能照进小铁罐内。过不了多久，你就会惊奇地发现鸡蛋熟了。（P155）

字体清晰了

通过一个小孔，就可以使字体变得又更清晰。是不是觉得不现实？那么，我们来试验一下。需要准备的物品有：黑色的纸板、大头针、报纸。

第一步，用大头针在黑色的纸板上刺一个孔。第二步，把纸板放在眼睛上认真观察。从旁边把报纸放在眼前，可以看到报纸上的字迹变得又大又清晰起来。

这是什么原理呢？（P155）

光线的反射

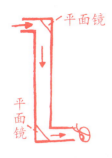

可以说, 潜艇必备的侦查设备是潜望镜。对于它的原理, 你了解吗? 需要准备的物品有: 小镜子。

第一步, 右手拿一面小镜子, 把它高高举起, 使镜面微微倾斜向下。第二步, 左手拿另一面小镜子, 向前平举好, 使镜面微微向上倾斜。第三步, 调整两面小镜子的角度, 直到能从左手的小镜子看到右手小镜子内的景象为止。(P155)

垂直方向的光

电子表上的数字会消失吗? 也许你并没想过这个问题, 也没有遇到过, 但确实有这样的情况。那么, 我们一起来实验吧。需要准备的物品有: 偏光太阳镜和电子表。

戴上偏光太阳镜, 电子表上的数字可以看清楚。把手表旋转一下, 在这个过程中, 你会发现手表上显示的数字不见了。再旋转一下, 上面的数字又出现了。

这是怎么回事呢? (P155)

气体的样子

气体看不到, 摸不着, 但它却是存在的。我们来做这样一个实验。需要准备的物品有: 玻璃杯、醋、小苏打。

第一步, 往杯子中倒入少量的小苏打和醋, 可以产生二氧化碳。第二步, 背对阳光, 找到一面干净的墙壁。第三步, 将杯子微微倾斜, 并观察墙上的影子。这时, 可以看到从杯中流淌出深浅相同的纹影, 那便是气体的样子。

这是为什么呢? (P155)

玫瑰色的手

用手电筒挡住光源的话, 你会发现手会变颜色。这个小游戏很容易实现。关闭房间内的光源, 打开手电筒的开关。然后, 用手盖住手电筒的前端。通过移动手电筒, 观察手的颜色。因为人的肌肉和皮肤可以起到和滤镜一样的作用, 所以手会出现玫瑰色。

你知道这是什么原因吗? (P155)

折断的吸管

通过光线的折射, 杯子内的吸管好像折断了。你遇到过这种情况吗? 需要准备的物品有: 透明塑料杯、水、吸管。

第四章 奇妙光学, 走进色彩斑斓的世界

49

第一步，往塑料杯内倒满水。然后，把吸管放到杯子中。第二步，透过杯壁观察吸管，可以发现吸管发生了弯曲，好像折断了一样。（P155）

镜中镜

通过两面镜子，我们来制造一条没有尽头的路。对两面镜子的要求是一个大一些，一个小一些。首先，把小镜子放在两眼中间，使两只眼都可以看到前面的大镜子。处于平行的两面镜子，因为镜面相对可以看到一面没有尽头的镜中镜，就好像一条没有尽头的路一样。

你知道这是什么原因吗？（P155）

黄色的车前大灯

为什么汽车的车前大灯是黄色的？你知道是什么原因吗？需要准备的物品有：玻璃杯、牛奶、水、剪刀、筷子、手电筒、测光仪，以及红、黄、绿、蓝、紫色的玻璃纸。

第一步，往玻璃杯中倒入牛奶和水，并用筷子搅拌均匀。第二步，分别剪下一块5种颜色的玻璃纸，大小能覆盖住手电筒的前端即可。第三步，用玻璃纸分别裹住手电筒的前端，把手电筒打开。这时，透过玻璃杯，光线照在测光仪上，分别记录上面的数字。

这样做的目的是什么呢？（P156）

绿色的隔墙

坐列车的时候，我们会有这样奇妙的体验。列车在中途停车时，往车窗外看的视线会被路边的树丛遮住。但列车行驶后，绿色的隔墙就会变得"透明"。

这是怎么回事呢？（P156）

射出的细窄光束

你一定到电影院看过电影，从放映室中射出的细窄光束就可以把整个银幕照亮。有没有想过这是为什么？通过下面的实验可以得出答案。需要准备的物品有：鞋盒、直尺、铅笔、手电筒、小刀或剪刀、方格纸（上面要有很多小方格）。

第一步，在鞋盒对应的两端用铅笔和直尺各画一个正方形，沿着画好的线剪出正方形开口。第二步，盖上鞋盒盖，把手电筒打开，让它的光从鞋盒上的正方形开口中穿过。第三步，请助手拿着方格纸站在对面，使手电筒的光照在纸上。第四步，先让助手站在距离鞋盒很近的地方，慢慢退后，先退到距离鞋盒15厘米的位置，观察纸上被手电筒照亮的地方的变化。第五步，再退到距离鞋盒30厘米的位置，继续观察纸上被照亮的地方的变化。这时你会发现，助手离鞋盒越远，纸上被照亮的面积

越大。同时，被照亮部分的亮度也就越来越弱。（P156）

玩偶的影子

　　照向墙面或"舞台"的光线，把皮影戏里的玩偶挡住了，因此观众只能看到玩偶的影子。下面我们就来做这样一个游戏。需要准备的物品有：明亮的台灯、冰棍棒、纸板、剪刀和胶带、纸箱、白床单、长木棍。

　　第一步，自己编一个故事，用纸板剪下里面的人物。因为观众只能看到影子，所以剪一个简单的形状就可以。用胶带把它们分别粘到冰棍棒上。第二步，用一根长木棍把床单支撑起来，挂在两把椅子中间作为表演的屏幕。第三步，在屏幕后的地板上放一个纸箱，用来挡住你的双手。第四步，观众在屏幕前面，表演者坐在纸箱后的地板上。第五步，在屏幕后放一盏明亮的台灯。第六步，在光源和屏幕间举起不透明的玩偶，在屏幕上投下影子。床单是半透明的，所以没被玩偶挡住的光可以从中穿过。前面的观众可以看到玩偶的影子。在床单后开始移动玩偶，上演你的故事吧。

　　你知道它的原理是什么吗？（P156）

反写的字母

　　破解密码的感受会是怎样的？接下来我们就一起体验一次。需要准备的物品有：字母表、笔、白纸、玻璃棒。

　　第一步，对照字母表，按与原来的字母呈X轴对称的方式写在一张白纸上。字体的大小要比玻璃棒的直径小一些。第二步，在距离字母大约1厘米的地方平拿着玻璃棒。这时，反写的字母会再次被反过来，变成可读的内容。

　　这是什么原理呢？（P156）

手指不见了

　　有这样一个实验：用右手将左眼捂住，右眼向前看。举起左手食指，从左边脸颊经过并向前伸去，直到能看到鼻梁上的手指尖为止。这时，将目光对准手指，就发现手指不见了。

　　你知道这是什么原因吗？（P156）

手可摘月亮

　　借遥远天际的月亮，许下一个小小的心愿：希望在眼前就可以看到它。它是什么？是不是不敢猜是月亮，那就勇敢一点。需要准备的物品有：凹面镜、平面镜、放大镜、窗户。需要说明的是，这个实验必须在晚上进行，透过窗户要能看到月亮。

　　第一步，对着月亮，把凹面镜放在窗户前。第二步，站在窗户前，慢慢把平面镜转向自己，使你在凹面镜中可以看到月亮中的图像。第三步，通过放大镜观看平面镜内的月亮。这时，在平面境内的月亮看起来很近且很大，好似伸手可以摘下来。

你知道这是基于什么原理吗？（P156）

物体的影子

世界上的物体有多少，一下子真是说不出来，用无数是不是好点。那么，所有的物体都有影子吗？你心中的答案是怎样的？我们一起来做个实验吧。需要准备的物品有：手电筒、书、不透明的杯子、装有一点水的玻璃杯、薄玻璃片、薄纸、手帕、面巾纸。

选一个黑暗的房间，把这些物品排放在墙壁前，用手电筒依次照射它们。通过观察，发现在杯子和书的后面形成了影子，在玻璃杯和薄玻璃片的后面，墙壁被照亮了。面巾纸和手帕的后面，形成了一个模糊的光晕。这是为什么呢？（P156）

不能转弯的光

请准备一个地球仪和一盏可以移动的灯，我们来做下面的游戏，要在一间黑暗的房间进行。

第一步，把光直接对准地球仪。第二步，把地球仪向下移，从上到下，从一面到另一面，使它始终处于光的照射中。通过观察可以发现，地球仪朝向光源的一部分被照亮了。另外，不管怎么拿，它的反面都处在黑暗中。（P156）

旋转的彩色陀螺

下面我们来做一个彩色的陀螺。需要准备的物品有：白色的硬卡片、削尖的铅笔、量角器、彩笔、圆规、剪刀。

第一步，以5厘米为半径，用圆规在硬卡片上画一个圆，用剪刀把它剪下来。第二步，用量角器把圆平均分成7等份，每个角大约51度。第三步，在卡片上依次涂上下面的颜色：红色、橙色、黄色、绿色、蓝色、靛青色、紫色。第四步，把铅笔从圆的中心点穿过去，笔尖朝下。第五步，旋转这个圆。随着彩色陀螺的旋转，会发现所有的颜色都无法分辨清楚，刚刚的圆看起来好像是白色。

难道它们都变了颜色吗？（P156）

黑色吸收阳光

下面我们做一个热量储存的实验。需要准备的物品有：玻璃容器、黑布、温度计和清水。

第一步，把两个玻璃容器都装满清水。第二步，把其中一个容器用黑布盖住。第三步，把两个容器放在阳光下，半小时测量一下水温。这样就会发现被黑布盖住的容器里面水温升高得很快。

你知道这是什么原因吗？（P156）

墨水的颜色

墨水的主要颜色是什么，哪些是由一种颜色构成的？接下来，就来做这样一个实验。需要准备的物品有：有颜色的墨水，或者不同颜色的签字笔（包括黑色），大平底碟子，清水，长20厘米、宽2~3厘米的白色纸条。

第一步，距离末端大约2厘米的地方，在每张纸条上滴1~2滴墨水，或者用签字笔在纸条上弄一个墨点。第二步，向碟子内倒入少量的清水，把纸条的末端依次浸到水中，直到水浸湿墨水点或墨点为止。这时发现清水变脏了，墨水点或墨点分成了各种不同的颜色。

这是怎么回事呢？（P157）

相交的光线

光线相交后，会是什么样子？现在就来模拟一下这样的情况。需要准备的物品有：鞋盒、玻璃杯、手电筒、铅笔、直尺、剪刀和清水。

第一步，在鞋盒的短边上剪3个宽1厘米的切口。第二步，在玻璃杯内装满清水，放在鞋盒里与3个切口对齐。第三步，在黑暗的房间内，打开手电筒照在3个切口上。观察发现，通过玻璃杯内的水之前，3道光线是相互平行的。通过玻璃杯后，3道光线在一个点上相交了。当然为了达到这个效果，可能需要移动玻璃杯。在这一点上，光线相交后就变得更加明亮了。（P157）

光传播的路径

光传播的终点是哪里，有什么作用吗？做这个实验需要准备的物品有：书、手电筒、正方形纸板、长方形纸板。

第一步，分别在两张正方形纸板的中心钻一个孔。通过折叠长方形纸板和在长方形纸板上剪切口的方式，来支撑正方形纸板。第二步，把正方形纸板竖立起来，使两个小孔对齐。再把手电筒放在书上，使手电筒的光对准第一块正方形纸板上的小孔。第三步，你可以蹲下或者坐下，要使视线与第二块纸板的小孔平齐即可。这时，就可以看到光线穿过了两个小孔。移动一块纸板，使两块纸板不再对齐时，便看不到光线了。（P157）

烛焰的不同颜色

平常生活中，用火点燃蜡烛后，只能看见单调的黄色火焰，那么，是否有办法让蜡烛的火焰变成多种颜色呢？所需工具有：蜡烛、火柴、镜子、清水、脸盆。

第一步，把清水装入脸盆中，并放在室内，把镜子放入水盆中。第二步，用火柴点燃蜡烛，让室内处于黑暗中，这样就形成了暗室，手握着点燃的蜡烛。第三步，

调整蜡烛和镜子的距离，并调整镜子的角度，就能看见水中镜子里的烛焰变成了七彩的火苗。（P157）

杯子也能骗人

杯子也会骗人，是不是不相信？在下面的游戏中，杯子的确骗过了人的眼睛。为什么会出现这种情况呢？所需工具有：水、玩具汽车、玻璃杯。

第一步，把装满水的玻璃杯放在桌子上。第二步，把玩具汽车放在玻璃杯后，让玩具汽车从玻璃杯后从左向右走，透过玻璃杯观察玩具汽车，就能发现玩具汽车是从右向左开的，和实际方向刚好相反。而且透过玻璃杯看到的玩具汽车样子和原本的样子也大不一样。（P157）

变颜色的脸

在中国的传统技艺中，有一种变脸的特技。那么我们自己是否也能进行变脸呢？通过下面的游戏，你的脸会一会儿黑一会儿白，这是怎么一回事呢？所需材料有：手电筒、镜子、黑纸、白纸。

第一步，关闭房间里的灯光，然后站在镜子前，右手拿着手电筒，并放在右脸旁，左手拿着一张黑纸放在左脸旁。第二步，打开手电筒后，左边的脸就会变成黑色，而右边的脸是白色。第三步，用同样方法，左边的脸放白纸，然后打开手电筒，就能发现右脸是白色，而左脸则是黑色。（P157）

折断的铅笔

铅笔放在水中，因为折射原理，能看见它被折成两截，但是如想让铅笔折成三截该怎么办呢？需要准备的材料有：玻璃杯、食盐、清水、铅笔、小勺。

第一步，在玻璃杯中注入半杯清水，并加半勺食盐，然后慢慢搅拌，直到食盐完全溶解。第二步，用小勺沿着杯壁一勺一勺地把水加入玻璃杯中，一直加满。第三步，把铅笔垂直插入水中，就能发现铅笔折成三截。（P157）

镜子中的字体

人们都知道，镜子中的影像都是反着的。但在下面游戏中，你能看到镜子里的文字是正面的，这是什么原理呢？需准备的材料有：胶布、报纸、长方形小镜子。

第一步，把两面小镜子并齐，用胶布从镜子背面将它们粘在一起，就像能自由开合的书本。第二步，把两面小镜子放在桌子上，就像两堵墙一样垂直。第三步，把报纸放在镜子前，观察镜子中的字体，原本反向的字体变成了正向的。（P157）

第五章 5

妙趣尽享，好玩的声音与振动

喷出的音圈

如果要熄灭蜡烛，人们一般用嘴吹。下面我们采用另一种方法来熄灭蜡烛。需要准备的物品有：蜡烛、火柴、纸板圆柱筒、剪刀。

第一步，找一个两头封闭的纸板圆柱筒，在一端的盖子中间剪出一个直径大约2厘米的圆孔。第二步，把用火柴点燃的蜡烛放在距离纸板圆柱筒1米远的地方。第三步，用纸板圆柱筒瞄准蜡烛，并从纸板圆柱筒的底部轻轻拍两下，这时蜡烛就熄灭了。

你知道这是什么原因吗？（P157）

声波的高低音

酸奶杯会发声，这样说你会不会觉得怎么可能？下面我们就来做这样一个游戏。需要准备的物品有：细线、火柴、蜡烛、空酸奶杯。

第一步，在酸奶杯的杯底钻一个孔，把一段线穿进去，在里面横着半根火柴把它固定住。然后，在线上抹上蜡烛，用拇指和食指摩擦这根线。这时，能够听到酸奶杯发出嘎吱嘎吱和嗡嗡的响声。

这是为什么呢？（P157）

把噪声"罩"住

不管是盖紧的铁盒、纸盒、木盒、玻璃钟罩，还是又厚又重的铁筒，只要把小闹钟放在里面，它的声音会越来越小。如果不把它放在盒子里，只是罩一个大钟罩，那它的声音还是会通过桌面传出来。下面我们就来做这样一个实验。需要准备的物品有：棉絮、小闹钟、纸盒、铁桶。

首先，在桌面上放一块棉絮，把小闹钟放在棉絮上，再把纸盒和铁桶扣在上面。这时你会发现，听不到小闹钟的响声了。（P158）

声音是怎么产生的

生活中我们总能听到各种各样的声音,那么声音是怎么产生的呢?接下来,我们就做这样一个实验。需要准备的物品有:硬卷筒、蜡纸、胶带。

第一步,用蜡纸把卷筒的一端封起来,用胶带粘紧,对着卷筒的另一端说话。第二步,将一根手指轻轻地按在蜡纸上,你会感到蜡纸在振动,并且声音比平时听起来要大。

你知道这是为什么吗?(P158)

你的心跳声

医生给病人看病的时候,有时会用到听诊器。下面我们一起来做一个听诊器吧。需要准备的物品有:硬纸片和剪刀。

第一步,把硬纸片用剪刀剪成长约20厘米、宽约10厘米的长方形,卷成一个上面小、中间空、下面大的圆台体,把连接处密封好,两端裁齐。第二步,按照圆台体两个底面口径的大小,用硬纸片剪出两个圆环,要求内环相同,外环一个大一个小。第三步,把两个圆环与圆台体的两端分别连接,保证所有连接部分的严密。这样听诊器就做好了。

把听诊器的一端放在好朋友的胸口上,另一端放在自己的耳边,这样就可以听到好朋友的心跳声了。(P158)

独特的乐曲

如果可以,去听交响乐吧。置身在音乐的海洋,一切都变得那么美妙。需要准备的物品有:肥皂和薄壁高脚杯。跟我们一起演奏,请朋友们来欣赏这曲独特的音乐。

第一步,把两个薄壁高脚杯并排放在桌子上。第二步,用肥皂把手洗干净,用潮湿的食指顺着一个杯沿慢慢摩擦运动。听到了吗?这是很响亮的声音。

为什么这样做会发出声音?(P158)

悦耳的敲碗声

如果用铅笔上的橡皮头敲击碗的话,碗会发出十分悦耳的声音。但如果用手指触碰碗,这时就没有声音了。你遇到过这种情况吗?下面我们就来做这个实验。需要准备的物品有:汽水瓶、碗、带橡皮的铅笔。

第一步,把空汽水瓶在桌子上固定好,把一个碗扣在瓶子上,使它们保持平衡。第二步,让小伙伴把耳朵贴在碗边,用铅笔上的橡皮头敲击碗的边缘。小伙伴听到声音后,再用手指碰触碗的边缘,这时对方就听不到任何声音了。

这是什么原因呢?(P158)

有趣的声圈

用声音画出的图是什么样的？在下面这个游戏中，就可以看到声音的图案。需要准备的物品有：易拉罐、开罐器、剪刀、小镜子、橡皮筋、双面胶带、红光笔、橡皮膜（可以用旧塑料手套或大气球膜来代替）。

第一步，把易拉罐的两端封盖用开罐器完全去除。第二步，剪下一块橡皮膜（塑料手套的掌心部分），把橡皮膜套在易拉罐一端的罐口上，用橡皮筋固定好。第三步，把一面小镜子用双面胶带贴在橡皮膜上，用红光笔照射镜子，使红光反射在墙壁或白纸上。第四步，对着易拉罐口发出大小不同的声音，看着墙上红光点的变化，就可以看到一些有趣的声圈。这就是你发出的声音的形状。

你知道这是什么原因吗？（P158）

硬纸盒喇叭

在很多场合需要使用扩音器。顾名思义，扩音器有把声音扩大的作用。接下来，我们做这样一个实验。需要准备的物品有：纸杯、硬纸盒、厚纸板、棉线、胶带、剪刀、小刀、火柴棒、铅笔。

第一步，把纸杯的上半部分切掉，留下有底的部分，用棉线从底部中心穿过，再用火柴棒扣住。第二步，将厚纸板剪成长方形，在中心画上一个以纸杯口径为边长的正方形，并剪开四角做成喇叭。第三步，把做好的纸杯倒扣在喇叭中间正方形的位置上，用胶带把它固定好。用棉线穿过厚纸板。第四步，将喇叭装到硬纸盒内，把棉线穿过硬纸盒，再用穿出的棉线穿过另一个纸杯。第五步，把棉线拉紧，对着纸杯讲话，听一下从硬纸盒喇叭中传出的声音的大小。

它是怎么把声音放大的？（P158）

隔着墙聊天

和通电话一样，隔着墙也可以随意聊天。是不是觉得不可能？带着这样一个疑问，我们一起来做这样一个游戏。需要准备的物品有：易拉罐、开罐器、锥子、细绳。

第一步，把两个易拉罐开口部分用开罐器去除，在罐底部各钻一个小孔。小孔越小越好，只要能穿过细绳即可。第二步，取细绳穿过底部的小孔，将两个易拉罐连接在一起。细绳两端分别打上结，要大于孔眼，免得被细绳拉出罐外，细绳的长度与你和小伙伴之间的距离有关。

好了，现在你和小伙伴一人拿一个易拉罐，拉直细绳就可以对话了。要注意的是，讲话时要靠近易拉罐，细绳也不要碰到别的东西，不然声音就会被细绳传到其他地方。（P158）

虫子触网了

我们都知道，蜘蛛是靠网捕食的。当有虫子触网时，蜘蛛就会感觉到，然后去捕杀。你知道蜘蛛的感应能力为什么这么强吗？下面我们就来做这样一个实验。需要准备的物品有：面包圈、盘子、细线。

第一步，把细线系在面包圈上，再把面包圈放在盘子内。第二步，让小伙伴把细线拉紧，走一段距离后，轻轻挪一下盘子，这时小伙伴就可以感觉到细线在颤动。（P158）

音调可真高

噪音会让人讨厌，但现在允许你以实验的名义制造一次噪音。需要准备的物品有：5平方厘米的玻璃纸。

第一步，用两只手捏着玻璃纸的边缘，向两边拉以保持玻璃纸平整。第二步，把玻璃纸放在正前方，让它靠近你的嘴唇。第三步，对着玻璃纸用力并快速地吹气。嘴巴不要张得太大，这样吹气持续的时间就会长一些。当吹出的气体击打了玻璃纸的边缘时，你就制造了最响、最可怕的噪音。如果没有听到，调整玻璃纸和嘴唇之间的距离，以使吹出的气流正好击打到玻璃纸的边缘。

这是为什么呢？（P158）

用手指敲击桌面

轻微的敲击声如何变得响亮呢？下面我们就来做这样一个小游戏。需要准备的物品有：木质桌子和椅子。

第一步，坐在桌子旁，把耳朵贴在桌面上。第二步，用手指敲击桌面，敲击处距离耳朵大约30厘米。先用力敲，再轻轻敲。这时你会发现，当你的耳朵贴在桌面上时，听到的敲击声更响亮。（P158）

8个玻璃杯

下面我们要做的实验是给玻璃杯调音。需要准备的物品有：水、铅笔和玻璃杯。

第一步，在厨房的操作台上，将8个玻璃杯摆成一排。玻璃杯最好大小不一。第二步，分别向玻璃杯中倒水，最左边的杯中水最多，其余的依次减少。第三步，用铅笔轻轻敲每个玻璃杯的边缘。这时你会发现每个玻璃杯发出的音调都不同，水越多的玻璃杯，它发出的音调越低。最左边水最多的玻璃杯，它发出的音调是音阶中的第一个音调"哆"。然后敲击第二个玻璃杯，如果它发出的音调是音阶中的下一个音调，那就继续敲击第三个玻璃杯；如果不是的话，就改变玻璃杯中的水量，或者加入一些水，或者倒出一些水，直到玻璃杯发出了你想要的声音。按这样的方法，直到8个玻璃杯都调好音。

这是什么原理？（P159）

晃动的光斑

声波是什么样子的？现在有机会观察了。需要注意的是，这个游戏要在晴好的天气进行。需要准备的物品有：气球、剪刀、小镜子、橡皮筋、报纸、小锤子、胶水、空金属罐。

第一步，将金属罐的顶部和底部去掉。做这一步要小心，以免被罐子边缘划伤。第二步，把吹好的气球蒙在金属罐一端的开口上，用橡皮筋固定好。第三步，释放出空气，用剪刀把气球较细的部分剪去。第四步，用报纸把小镜子包起来，再用小锤子把它敲碎。打开报纸，小心地挑选一块较大的镜子碎片。其余的碎片包好，扔掉。第五步，用胶水将你挑出的镜子碎片粘在气球上。站在窗边，移动金属罐，使从窗户透进的阳光可以照在镜子碎片上，因为光的反射原理会在墙上形成光斑。将嘴靠近金属罐没有蒙气球的一端，说话或者喊叫，可以发现墙上的光斑在晃动。

这是为什么呢？（P159）

气球内的空气分子

喇叭是最常见的扩音器。如果说气球也可以使声音变大，你相信吗？只需要一个气球，就可以开始我们的小游戏了。你准备好了吗？

第一步，把气球吹大。然后，把它贴在你的耳朵上。在远离耳朵的气球壁上，轻轻敲击几下。当气球靠近耳朵时，不要做任何可能使气球爆裂的动作，因为气球爆裂的巨大响声对耳朵会有很大的损伤。你会发现，透过气球的敲击声比平时听到的大很多。

这是什么原因呢？（P159）

振动的纸

用两张纸，就可以制作一个噪音发生器。具体该怎么做呢？

第一步，把一张纸放在另一张纸上，使下面的纸向你身体的方向移动，并超出另一张纸边缘的12.5厘米。第二步，用手捏住两张纸的边缘，将其拿起，放在面前对着这两张纸中间吹气。这时，你会听到奇怪又嘈杂的声音。如果没有听到声音，将嘴再靠近纸一些再吹气；如果还是没听到任何声音，调整手指的位置，让手距离嘴更近一点儿或更远一点儿，调整吹气的力度。最终，就会找到正确的方法。需要注意的是，不要一直吹，那样会感到头晕，吹一会儿就要休息一下。

你知道产生声音的原因是什么吗？（P159）

茶匙发出的声音

茶匙能发出钟声吗？我们来实验一下。需要准备的物品有：茶匙和细绳。

第一步，将细绳打一个结，但不要打紧，让它成为一个直径13毫米的圆圈。调整绳结的位置，使它处于细绳的正中间。第二步，在圆圈中插入茶匙柄，把绳结系紧，使茶匙不掉下来。这时，捏着细绳的两端，将细绳拿起，把它的两端分别贴在你的耳朵上。注意，不要放进耳朵里。第三步，轻轻晃动细绳，让茶匙敲击桌沿，这时听到的声音更像钟声，不像茶匙敲击桌子发出的声音。

这是为什么呢？（P159）

对着梳子哼唱

这是一件神奇的乐器，学起来非常容易，不用买乐谱，更不用上辅导班。它是什么样的呢？我们一起动手做吧。需要准备的物品有：梳子和薄包装纸。

用包装纸把梳子包起来，把梳子举到嘴边（需要注意的是，梳齿要对着地面，嘴唇不要碰到包装纸），然后对着梳子哼唱。这时虽然没有碰到包装纸，但它仍然会振动。另外，你发出的声音会变调。

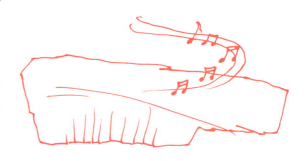

你知道这是为什么吗？（P159）

声波的波长与频率

在平静的水面投下一颗石子，以石子为中心，水波向远处一圈一圈散开。声波也是这样的，以声源为中心，向四周一圈一圈传播。需要准备的物品有：广口瓶。

第一步，将大号广口瓶放到嘴边，对着瓶口向瓶中吹，会发出呜呜声。第二步，换小号广口瓶重复一次。通过观察可以发现，大号广口瓶发出的声音比较低，小号广口瓶发出的声音比较高。（P159）

棉花球纸杯

下过雪后，世界一下变得很安静。踩在雪上，可以听到咯吱咯吱的声音。其他的声音就没有了，它是怎么吸收声音的呢？需要准备的物品有：纸杯、棉花球、胶水和哨子。

第一步，取一个纸杯，用胶水把棉花球一个一个粘在纸杯的内壁上。第二步，用手拿着哨子,把它放在没有粘棉花球的纸杯中,吹响哨子,听一下哨音。第三步,再把哨子放到粘有棉花球的纸杯中,吹响哨子,感受和之前不一样的声音。

当哨子在没有粘棉花球的纸杯中,哨声很响;处于粘有棉花球的纸杯中,原来尖厉的哨声一下变得非常沉闷,好似在衣柜里吹长笛发出的声音。

为什么会有这么大的不同?（P159）

衣架上的铁钉

有好友到你家串门,通常都会按门铃。可是如果还没安门铃,该怎么办呢?这时,不妨在铁钉上动点脑筋。需要准备的物品有:衣架、铁钉、线。

第一步,把10枚大小不一的铁钉都绑上一根线。第二步,把这些线系在衣架的横杆上,不断晃动衣架。这时,可以听到铁钉相互碰撞发出的声音。

你知道这是为什么吗?（P159）

自己做吉他

很多年前,买不起乐器的音乐发烧友会选择自己做乐器。下面,我们也来制作一件乐器。需要准备的物品有:雪茄盒、橡皮筋。

第一步,打开雪茄盒盖,把6根宽度不同的橡皮筋按照从宽到窄的顺序依次套在盒子上。注意:最宽的一根在最里面,最窄的一根在最外面,每2根橡皮筋要保持一指左右的距离。这些橡皮筋就好像是"吉他弦"。第二步,套好6根"吉他弦"后,拨动每一根"弦",听听它们的声音。

可以发现,最宽的那根"弦"发出的声音是最低的,最窄的那根"弦"发出的声音最高,其他"弦"发出的声音在两者之间。（P159）

闹钟的滴答声

除了在山谷可以听到回声外,其实在家里也可以。需要准备的物品有:闹钟、硬纸。

第一步,把硬纸卷成管状,分别把两根纸管的一端抵到墙上,让两根纸管之间形成至少45度的夹角。第二步,请你的助手把闹钟放在其中一根纸管旁,这时你靠近另一根纸管仔细听。从纸管内,你能清晰地听到滴答滴答的声音。

这是怎么回事呢?（P160）

跳舞的糖豆

美妙的音乐响起,是不是就会跟着打拍子,或者干脆站起来跳一曲。下面我们就来做这样一个游戏。需要准备的物品有:带盖纸桶、锋利的剪刀(使用时最好请大人帮忙)、糖豆。

在距离纸桶底部大约4厘米的地方,剪一个正方形的开口,并在纸桶盖上放一些糖豆。然后，把嘴对准桶壁上的开口，对着桶内发出"呜呜"的声音。开始时，声音可以低一点儿，之后逐渐增高。当发出的声音高到一定程度时，就看到桶盖上的糖豆跳起舞来。

你知道这是什么原因吗？（P160）

放大的声音

对着远处的人说话，很多人都会把双手拢成喇叭状，并放在嘴边。你知道这是什么原因吗？接下来，我们做这个小游戏。需要准备的物品有：干净的塑料桶、长橡皮筋、剪刀。

第一步，把橡皮筋套在塑料桶的中间。第二步，沿着橡皮筋用剪刀把塑料桶剪成两半，塑料桶的上半部就是扩音器。我们可以这样，先不用任何工具，用正常的音量和距离较远的人说话。再用扩音器用同样的音量说话。你会发现，扩音器把你的声音放大了，远处的人可以清楚地听到你的声音。（P160）

共鸣腔的大小

不要小看一支小小的吸管，它也可以做成一支笛子，吹出不同的音域。需要准备的物品有：剪刀和吸管。

第一步，用力咬扁吸管的一头，使劲吹以使吸管可以发出声音。第二步，慢慢剪短吸管。随着吸管长度的变化，声音会有高低不同的变化，就好像笛子的不同音域一样。（P160）

简易音乐杯

下面我们做一个简易的音乐杯。需要准备的物品有：线、纸杯、曲别针、钉子、尺子、水。

第一步，在线的一头系一个曲别针。要求一定要紧，不能松开。第二步，拿着曲别针提起线，另一只手蘸些水。再用你的湿手从上往下捋线。要注意这样做发出的声音。第三步，在杯子底部小心地扎一个洞。在另一根线头上系一个曲别针，另一头从杯子底部穿过。手里握着杯子，将另一只手的手指蘸湿，再往下捋线。这时要轻轻拿着杯子的上半部。第四步，在线的一头系一枚钉子，并用尺子敲打钉子。

它的声音有什么变化吗？（P160）

从复读机中听到的

录音后播放出来，发现明明是自己的声音，却感觉特别陌生。请准备好一个复读机，下面我们就来模拟一下这种情况。

第一步，把复读机打开，按下开始录音的按钮。第二步，提示开始录音，开口说话。第三步，按下复读键，听一下自己刚才说的话。这时发现，里面传来的好像不是自己的声音，很奇怪的感觉。

你知道这是怎么回事吗？（P160）

浑厚的鼓声

乐队演出的时候，常会有鼓手助阵。另外，节庆活动时，也少不了大鼓、小鼓的参与。敲击鼓面，它就可以发出声音。仔细想想，是不是很神奇呢？找来一个小鼓，我们一起体验一下。

用手轻轻击打鼓面，仔细聆听声音。然后，加大击打鼓面的力度，再听它的声音。（P160）

相同长度的绳子

想听瓶子的歌声吗？你可能会想：开什么玩笑？跟我们一起来实验吧。需要准备的物品有：绳子、剪刀、水、空塑料瓶、漏斗、椅子、勺子。

第一步，把漏斗插入塑料瓶内，把水倒进去，差不多满就可以了，这样方便盖紧盖子。第二步，剪5根绳子，有2根的长度要一样，其他长度不定。第三步，把2根一样长的绳子，一根系在瓶子上，另一根系在勺子上。把另外3根绳子系到其他物体上。第四步，剪1根长绳，把它系在2把椅子间并拉紧。第五步，5根系着物体的绳子的另一头系在长绳上。这时晃动瓶子，会有什么情况出现？（P160）

巧手做发音盒

利用身边的纸盒就可以做一个发音盒。是不是很有趣？请跟我们一起动手吧。需要准备的物品有：纸盒、小绳、铅笔头、松香、剪刀。

第一步，在纸盒的一边开一个小孔，把拴着小绳的铅笔头放到纸盒里面，从小孔中把小绳穿出去。第二步，用松香在小绳上来回摩擦，就像用松香擦二胡的弓弦一样，使小绳变涩。第三步，一只手握住纸盒，另一只手的拇指和食指去捋绳子。这时，可以听到一阵很响的声音，但它们的状态并不相同，有的像狮子吼，有的像小狗叫。

你知道纸盒发声的原理是什么吗？（P161）

棕色三角形的威力

鞭炮有一定的不安全性，放起来会有危险。既然如此，我们就来做一个安全的"鞭炮"吧。这是一个有趣的游戏。需要准备的物品有：厚纸、尺子、胶水、剪刀、棕色纸。

第一步，用厚纸剪一个底边长20厘米、高20厘米的三角形。第二步，用棕色纸剪一个底边长20厘米、高10厘米的三角形。第三步，把两个三角形小心地粘在一起，并

63

沿中线对折。第四步,将棕色三角形折到厚纸做的三角形下面。这样,"鞭炮"就做好了。把"鞭炮"举起来,伸直胳膊后,稍稍向上倾斜。之后,猛地向下抖动胳膊,把棕色的三角形甩出来,同时听到了很大的响声。

这是为什么呢?(P161)

汽车的马达声

在路上行走的时候,会发现汽车靠近和驶离的声音不同。这是什么原因呢?这个游戏需要在公路边进行,因此需要注意安全。

在公路边找一个安全的位置,仔细听汽车驶近和离去时马达的声音。不一会儿,就会发现汽车驶近的时候,马达发出的是高亢的声音;汽车驶离的时候,马达发出的是低沉的嗡嗡声。

你知道这是什么原因吗?(P161)

处于振动状态

我们来制作一个特殊的风车。需要准备的物品有:透明胶带、纸、剪刀、笔、牙签、细铁丝、拉伸吸管。

第一步,用透明胶带把牙签固定在可以弯曲的吸管前部。用纸做一个直径1~2厘米的圆盘,在正中间挖一个洞。圆盘的正反面要画上放射状的线条,方便观察它是否旋转。第二步,在吸管上的牙签前部套上纸盘,用细铁丝摩擦吸管的锯齿状部分,这时圆盘就会向风车一样转起来。

你知道这是什么原因吗?(P161)

摆动的次数

在比萨的教堂观察吊灯摆动时,意大利著名科学家伽利略发现了摆的等时性。通过一个实验,我们来验证一下。需要准备的物品有:大金属螺母、秒表、剪刀、细绳、椅子。

第一步,用细绳拴住大金属螺母,用它作为摆。第二步,在地上背对背放两把椅子,在椅子间拉一根长绳。将系着螺母的绳子绑在这条长绳中间。第三步,把螺母拉向一边,松开螺母开始计时。摆动1分钟,记下它摆动的次数。第四步,在绳子上多加一个螺母,绳子的长度不变,重复上面的步骤,记下摆动的次数。第五步,将绳子剪掉一半,继续重复上面的步骤,并记下摆动的次数。

情况是怎样的呢?（P161）

跳动的茶叶末

见过茶叶末跳舞吗? 通过下面的游戏, 就可以看到翩翩起舞的茶叶末了。需要准备的物品有: 橡皮筋、塑料薄膜、圆铁盒、小铁盒、勺子、少许干茶叶末。

第一步, 用橡皮筋把塑料薄膜平整地固定在圆铁盒上。第二步, 将一些干茶叶末均匀地撒在塑料薄膜上。第三步, 用小勺在圆铁盒上方敲打小铁盆, 观察塑料薄膜上的茶叶末, 可以看到茶叶末跳动起来了。

这是为什么呢?（P161）

笛子的声音

下面我们来做一个笛子吧。需要准备的物品有: 竹管、软木塞、手钻、砂纸、胶水。

第一步, 把软木塞打磨成与竹管内径大小相同, 使得正好塞住竹管。第二步, 用手钻在竹管一侧钻一个孔, 塞入软木塞, 与圆孔平齐, 但不能堵塞圆孔。注意, 不能用胶水封住软木塞和竹管的缝隙。第三步, 首个圆孔作为笛子的吹孔。在竹管上继续钻孔, 可以利用吹孔试音。第四步, 吹奏笛子时, 松开按住笛孔的手指, 就可以吹奏出不同的音乐。

你知道笛子是怎么发声的吗?（P161）

音调的变化

胶卷盒能做乐器吗? 一起试试看。需要准备的物品有: 胶卷盒、剪刀、吸管、胶带。

第一步, 在胶卷盒侧面剪一个缺口, 缺口宽约吸管的一半, 长度是胶卷盒高度的一半。第二步, 把吸管前端压扁, 使它插到胶卷盒缺口一半的位置, 用胶带固定好。第三步, 向吸管吹气, 可以听到"哗"的声音。挤压胶卷盒口, 音调高低随之变化。

为什么会有这样的声音?（P161）

声音有预兆吗

通过游戏来了解声音。需要准备的物品有: 树枝、薄皮铁盒子、锡条。

第一步, 用力折树枝, 快要断裂时, 听它发出的声音。第二步, 把薄皮铁盒子贴到耳边, 用手压凹盒盖, 耳朵也听到了声响。第三步, 拿出不太厚的锡条, 反复弯曲后, 可以听到"嗞吱"声。

这是为什么呢?（P161）

简易吸管风琴

制作一个简易的风琴并不难, 一起来动手吧。需要准备的物品有: 吸管、尺子、铅笔、透明胶带、剪刀。

第一步，在7根长度相同的吸管的一端量出2.5厘米，标记后将其剪下。第二步，重复第一步，使每根吸管剪去的部分都比上一根长2.5厘米，直到剪出7根不同长度的吸管。从长到短依次排列，将一端对齐。用透明胶带把它们粘到一起，一个简易的吸管风琴就做成了。

这是什么原理？（P161）

相同的铃铛

在同一个瓶子内，相同的铃铛发出的声音有变化吗？需要准备的物品有：小铃铛、铁丝、广口瓶、长纸条、橡皮泥、火柴。

第一步，在瓶盖上打一个孔，穿过铁丝后，在铁丝上拴两个小铃铛，并用橡皮泥将空隙封好。第二步，盖上瓶盖，使小铃铛都处于瓶内。摇一摇，可以听到清脆的声音。第三步，打开瓶盖，用火柴点燃长一点的纸条，放到瓶中，迅速盖上瓶盖。等火熄灭后，再摇小铃铛，声音变小了。

这是什么原因？（P162）

果然摆动了

把3枚大小相同的铜钱用不同长度的细线绑在筷子上。之后，决定让哪个铜钱摆动，就对它所在的位置施加力量，铜钱果然摆动起来了。

你知道这是怎么回事吗？（P162）

手指弹灭蜡烛

用手指弹灭蜡烛，这种现象只能在魔术中看到，但是在下面的游戏中，蜡烛确实被弹灭了，究竟是怎么一回事呢？所需工具有：气球、剪刀、蜡烛、硬纸筒、火柴。

第一步，从气球上用剪刀剪下两个圆片，把两个圆片绑在硬纸筒两端位置，用剪刀在一端圆片中间位置扎一个小孔。第二步，用火柴点燃一支蜡烛。拿起硬纸筒，让圆片中间的小孔靠近并对准蜡烛火焰的位置。第三步，用手指敲击硬纸筒的另外一端，会发出一阵响声，随之火焰就被弹灭了。（P162）

纸杯发出的声音

一个普通纸杯也能发出尖锐的声音，这是什么原因呢？一起探究一下。所需材料有：纸杯、蜡烛、牙签、牙线。

第一步，用牙签在纸杯底部扎一个小孔，牙线上涂一层薄薄的蜡，然后把它从小孔中穿过去。把牙签系在纸杯内部的牙线末端。第二步，一只手拿着纸杯，另一只手的食指和拇指夹住牙线，并顺着牙线轻轻滑动，这时纸杯就会发出尖锐

的声音。（P162）

鸟儿的叫声

很多人都喜欢听鸟儿的叫声，清脆婉转、悦耳动听。通过下面游戏来做一个模仿鸟儿鸣叫的游戏。所需材料有：胶带、小刀、吸管、纸杯。

第一步，把纸杯倒放在桌子上，用小刀在杯子底部划一个边长为1厘米的三角形小孔。第二步，把吸管平放在杯底，吸管口正对着三角形小孔的一角，并用胶带进行固定。两个纸杯相对扣在一起，并用胶带固定，密封好。第三步，用吸管吹气，就能听见悦耳的"鸟叫声"。（P162）

6

第六章

日常现象，我们身边的冷与热

玻璃杯的导热效果

怎么使热水快速变凉，你知道吗? 需要准备的物品有: 热水和玻璃杯。

将热水倒入第一个杯子，等10秒钟左右，将第一个杯子内的水倒入第二个杯子里。按这样的方法，倒进第五个杯子时，发现水可以喝了。

这是怎么回事呢? （P162）

蜡油蒸汽的功效

下面我们来做一个实验。需要准备的物品有: 蜡烛和打火机。

第一步，用打火机把两支蜡烛点燃。左手的蜡烛在上面，右手的蜡烛在下面，火焰对着火焰，将蜡烛横向握起来。第二步，两支蜡烛上下要留4~5厘米，并吹灭一支蜡烛。这时可以发现，无论吹灭哪支蜡烛，瞬间它又会燃烧起来。

这是为什么呢? （P162）

闪亮发光的字

用盐水可以写出闪亮发光的字，这听起来是不是很新鲜? 需要准备的物品有: 食盐、毛笔、杯子、水、黑纸、小勺。

第一步，往杯子中倒入两勺食盐，倒入适量水后，用小勺搅拌直到盐粒完全溶解。第二步，用蘸上盐水的毛笔在黑纸上写字，并在太阳下烘干。这时，可以看到黑纸上出现了白色闪亮的字。

这是怎么回事呢? （P162）

漂浮的水滴

你见过在空中漂浮的水滴吗，它是怎么形成的? 下面就来做这个实验。需要准备的物品有: 炉子、水、铁皮锅盖。

首先把铁皮锅盖放在炉火上加热。然后，在盖子上滴几滴水，仔细观察发现在铁皮锅盖上方漂浮着圆圆的水滴，并且来回穿梭。（P162）

盐的分子数目

我们做一个小实验。需要准备的物品有：蔗糖、食盐、勺子、杯子、彩笔、水、冰箱。

第一步，拿出3个杯子加上水。在前2个杯子内分别放3勺蔗糖、3勺食盐，做好标记。第3个杯子什么也不用加。第二步，把3个杯子一起放到冰箱中冷冻，间隔15分钟就检查一次。观察发现，最先结冰的是水，其次是糖水，盐水很难结冰。

这是为什么呢？（P162）

不同的结冰点

把橙汁放到冰箱内冷冻，它所结成的冰块与水的冰块有什么不同吗？需要准备的物品有：橙汁、制冰盘、水、冰箱。

第一步，在制冰盘一半的格子中倒满橙汁，另一半倒满水。然后，将制冰盘放在冰箱的冷冻室内放一夜。取出冰块后，试着咬一下。这时有什么发现吗？（P163）

吹来凉爽的风

炎热的夏季，一席凉风吹来，身心舒畅。下面我们就来做这样一个游戏。需要准备的物品有：湿毛巾、毛巾架、电风扇。

将湿毛巾挂在毛巾架上，并放到电风扇前。调整位置，使穿过毛巾吹出的风正好可以吹到人的身上。这时，打开电风扇可以感受到吹来凉爽的风。

这是为什么呢？（P163）

瞬间结冰的水

打开瓶盖，纯净水就结冰了。这么奇怪的事，你遇到过吗？需要准备的物品有：纯净水和冰箱。

将一瓶100毫升的纯净水放到冰箱的冷冻室。等纯净水快结冰的时候，将它取出。轻轻打开瓶盖，会发现瓶中的液体突然就结冰了。

你知道这是怎么回事吗？（P163）

变黄的报纸

报纸放久后就会变黄，这是什么原因呢？

把一张废报纸放到阳光可以直射的地方，用夹子把它固定好。一星期后，就会发现报纸被晒黄了。（P163）

松香和琥珀

琥珀是很珍贵的一种树脂化石。接下来，我们就制作一个简单的琥珀。需要准备的物品有：松香、酒精灯、小昆虫、易拉罐。

第一步，将质地纯净的松香放到易拉罐中，用酒精灯加热直到它开始融化。第二步，在易拉罐的盖子上放好小昆虫。等松香不再冒烟并有些黏稠时，将它直接倒在小昆虫身上。松香凝固后，琥珀就制作完成了。（P163）

倒空热水的塑料瓶

没有任何外力的挤压，瓶子却变扁了。是不是很奇怪？下面我们就来做这样一个实验。需要准备的物品有：1.5升有盖子的空塑料瓶，还有热水。

在塑料瓶内装满热水，几秒钟后把瓶内的热水倒空，并盖上瓶盖。这时，会发现塑料瓶变扁了。（P163）

钓起的冰块

我们做这样一个实验，通过细线把冰块钓起来。需要准备的物品有：金属小勺、细线、冰块、食盐、水、杯子。

第一步，把细线缠绕在金属小勺上，做成一支鱼竿。第二步，在杯子内装上水，使冰块可以漂浮在上面。第三步，将线头下降到冰块上，并撒上几粒食盐。这时，线头立刻冻在冰块上，将勺子拿起可看到冰块被拉了起来。

这是为什么呢？（P163）

不会破的肥皂泡

吹大的肥皂泡很容易就破了，要是能保存起来就好了。需要准备的物品有：肥皂水、碟子、吸管、冰箱。

第一步，把碟子用水洗一下，使得它表面湿润。第二步，用吸管蘸一点肥皂水，并在碟子表面吹一个肥皂泡。第三步，把装有肥皂泡的碟子放到冰箱的冷冻室冷冻起来。30分钟后，冷冻的泡泡就做好了。

是不是很奇特，这是什么原因呢？（P163）

冰块融化后

水和冰的关系是什么？通过下面的游戏，我们来验证一下。需要准备的物品有：小冰块、玻璃杯和水。

把一块小冰块放到玻璃杯中，往杯中注入水，直到杯子的边缘。等冰块融化后，会发现杯子内的水没有溢出来。（P163）

被粘住的手

从冰箱内取出冰块，把沾水的手放到冰块上。这时，你会发现手被冰块粘上了。你知道这是什么原因吗？

有水的手，在碰到温度较低的冰块后，瞬间就会结成冰，从而把手粘住了。（P163）

迸有火花的细铁丝

铁丝可以燃烧吗？不信的话，通过下面的游戏证实一下吧。需要准备的物品有：卫生筷子、细铁丝、蜡烛、打火机。

第一步，在卫生筷子上缠绕一小段细铁丝，在空地里用打火机点燃一支蜡烛。第二步，把缠有细铁丝的卫生筷子放在蜡烛火苗的上方。一会儿，就可以看到细铁丝燃烧起来了。随着时间的推移，火苗越来越大，还迸发有火花。

这是什么原因呢？（P164）

乙醚燃烧起来

不点火的情况下，棉花也可以燃烧。我们做这样一个实验。需要准备的物品有：乙醚、棉花、注射器、橡皮泥、镊子。

第一步，从注射器上取下针头，并用橡皮泥把注射器的针头部分塞住。第二步，把注射器内的活塞取下，用棉花蘸一点乙醚，用镊子把棉花塞入注射器的底部，安上活塞。第三步，用手压住橡皮泥，向下快速推动注射器的活塞。可见，棉花起火了。

这是为什么呢？（P164）

横切冰块的细线

用细线将坚硬的冰块穿透后，可见冰块没有任何损坏。听起来很难以置信，是吗？我们一起做这个实验。需要准备的物品有：冰块、长木板、结实的长细线。

第一步，取出一块冰块，将它放在长木板上。像拉锯子一样，双手拿着细线横切冰块。随着细线的不断移动，让人奇怪的是，冰块没有被切断。

你知道这是为什么吗？（P164）

外溢的气体

通过铁管后，蜡烛产生的气体出现外溢。如果遇到明火，蜡烛这时就会继续燃烧。需要准备的物品有：10厘米长的蜡烛、铁管、火柴。

第一步，用火柴把蜡烛点燃，将10厘米长的铁管一端放在蜡烛芯的上方。第二步，在铁管的另一端放一根燃烧的火柴，铁管的管口立刻就会燃起火苗。请说明其中的原因。（P164）

用棉线切玻璃

切割玻璃通常都用镶有金刚石的玻璃刀，其实棉线也可以的。不可思议吧，让我们一起做下面的实验。需要准备的物品有：棉线、玻璃、冷水、水盆、汽油、火柴。

第一步，将棉线浸满汽油，把它放在切割玻璃的位置，用火柴点燃棉线。第二步，在棉线快要熄灭时，把玻璃快速放到盛有冷水的水盆内。这时就可以看到，沿着刚才棉线的位置，玻璃断裂了。

这是什么原理呢？（P164）

在热水的浇注下

将一块小石头弄裂并不需要太大的力气，是不是觉得不可信呢？我们一起动手操作吧。需要准备的物品有：冰箱、小石头、热水。

先把小石头放到冰箱内，冷冻半小时。之后，把小石头取出来放到室外。把热水浇在小石头上，这时在热水的浇注下小石头裂开了。

你知道这是什么原因吗？（P164）

将衣服熨平整

如果想让洗完的衣服平整如新，常用的做法是用电熨斗熨一下。为安全起见，此游戏可由母亲代劳，同学们在一旁观察即可。需要准备的物品有：电熨斗和湿润的衣服。

母亲把衣服放在熨桌上，用电熨斗开始熨衣服。衣服很容易就熨平整了，没有那么多折痕了。

你知道电熨斗是如何调节温度的吗？（P164）

你会做冰激凌吗

冰激凌是一种受人喜爱的食品。你知道它是怎么制作出来的吗？需要准备的物品有：牛奶、奶油、冰块、糖、食盐、杯子、大碗、筷子、毛巾。

第一步，把牛奶、奶油和糖放到一个杯子内，慢慢搅拌。第二步，将装满混合物的杯子放在一个大碗内。用毛巾把碗的外面裹住。杯子和碗之间用冰块填满空隙，并在冰块内撒些食盐。第三步，不停地用筷子搅拌杯中的混合物，大约15分钟，冰激凌就做好了。

你知道冰激凌的制作原理吗？（P164）

以金属滤网为界

大家都知道滤网有很多洞眼，那么当蜡烛的火焰穿过滤网时，还能燃烧吗？我们来做这样一个游戏。需要准备的物品有：蜡烛、火柴、金属滤网。

用火柴将蜡烛点燃，把金属滤网放在蜡烛的火焰上。需要注意的是，虽然滤网上有很多网眼，但火焰只在滤网下燃烧，并没有穿过滤网。（P164）

含有酒精的湿手套

手掌着火后，就算戴着手套也是不行的。但在下面的游戏中，着火的手掌不会烧伤。需要准备的物品有：线手套、烧杯、酒精、蜡烛、水、纸条。

第一步，用水浸透手套，挤出水后戴在手上。第二步，把戴着手套的4个手指伸到盛有酒精溶液的烧杯中，浸湿后再伸到蜡烛火焰上引燃。第三步，为了更好地观察，可以取一张纸条在左手指上引燃。第四步，左手感到热的时候，用力握拳后挤压并迅速搓动手套。这时，因为有水渗出，便将火熄灭了。

你知道其中的奥秘吗？（P164）

瓶底的碎冰

如果想让水沸腾，那就必须给它加热。但你可能不知道，冰也可以使水沸腾。需要准备的物品有：小锅、盐、碎冰、水、小口玻璃瓶。

第一步，往小锅内倒入适量的水，加盐搅拌使其溶解后，放在煤气灶上加热到沸腾。第二步，在瓶子内装半瓶水，将它浸在沸腾的盐水锅中，瓶内的水沸腾后把它从锅里取出来，将瓶口迅速塞上瓶塞。第三步，将瓶子倒过来，等里面的水不再沸腾后，再用沸水加热瓶底，这时水不再沸腾了。第四步，放一些碎冰在瓶底，这时水又开始沸腾了。

这是为什么呢？（P165）

网状的冻豆腐

冻豆腐是人们餐桌上的美味食材。当你吃冻豆腐的时候，可以看到其上有很多孔。接下来，我们就来做一块冻豆腐。需要准备的物品有：新鲜豆腐和冰箱。

先把新鲜豆腐放到冰箱中冷冻，一天后，它就变成了蜂窝状的冻豆腐。

你知道为什么会这样吗？（P165）

黑衣服干得快

洗完后拿到太阳下晒的衣服，黑衣服总是比白衣服要干得快。不知道你注意到这个现象没有？下面我们就来做一下实验。需要准备的物品有：白衣服、黑衣服、水、晾衣架。

第一步，将相同材质和款式的黑、白两种颜色的衣服放在水里浸湿。第二步，把它们晒到阳光充足的地方。过一会儿，就可以发现黑衣服比白衣服干得快。

这是什么原因呢?（P165）

手哪一面凉

如果没有测量风向的工具,该怎么快速地知道风的方向呢?做这个游戏我们只需要一盆水。操作起来也非常简单,把一只手浸到水中,然后高高举起。不一会儿,你感到手的哪一面凉,那风就是从哪个方向吹来的。

这是为什么呢?（P165）

有趣的肥皂

下面我们来做一个游戏。需要准备的物品有:肥皂、砂纸、乙醇、空罐头盒、烧杯、热水。

第一步,去掉罐头盒的顶盖,洗净晾干后,用砂纸将肥皂擦成粉末状。第二步,把肥皂倒入小烧杯,加入乙醇。在大烧杯中加入60℃的热水,把小烧杯放到大烧杯中,不断搅拌小烧杯,以使肥皂融化。第三步,移出小烧杯,静置10~20分钟,使它凝固。在罐头盒内,放一块固体混合物,这时点一下就燃烧起来,只留下极少的灰烬。

你知道这是什么原因吗?（P165）

瓶中的碘酒

把燃烧的火柴放到碘酒瓶后,会发现碘酒褪色了。下面我们一起实验一下吧。需要准备的物品有:碘酒、水、火柴、细线,以及有瓶塞的玻璃瓶。

第一步,打开玻璃瓶的瓶塞,倒入30毫升左右的水,并滴入2~3滴碘酒,会发现水变成了浅棕色。第二步,用细线绑住3根火柴,同时点燃后放到瓶内,把细线放在瓶外。第三步,用瓶塞将瓶口塞好,并压住细线。第四步,火柴燃烧完毕后,摇晃瓶子,发现浅棕色的溶液变成了无色。

你知道这是什么原因吗?（P165）

好喝的汽水

汽水是很受人们喜爱的饮品,喝起来特别爽口。接下来,我们一起来探究一下这里面的奥秘吧。需要准备的物品有:汽水、火柴、玻璃杯。

第一步,把汽水的瓶盖打开,将里面的汽水倒入玻璃杯中。第二步,用火柴点燃火,放在玻璃杯上方,这时火柴瞬间熄灭了。（P165）

鸡蛋表面的气孔

在没有孵化前,鸡蛋是没有生命的。没有生命的鸡蛋会呼吸吗?需要准备的物品有:鸡蛋、针管、红墨水、胶带。

第一步,洗净鸡蛋壳,并晾干。第二步,在鸡蛋的一端用针管扎一个小孔,抽出壳内的蛋清和蛋黄。第三步，用针管把红墨水注入鸡蛋中，再向里面注入空气，并用胶带把针眼粘住。第四步，过一会儿就会发现，红墨水渐渐从鸡蛋壳中渗出来，好像鸡蛋出的汗一样。

这是为什么呢？（P165）

生锈的钢丝绒

很多物体通过燃烧释放热量，但也有例外，那就是不通过燃烧也可以释放热量。需要准备的物品有：钢丝绒、玻璃杯、盘子、水。

取一把钢丝绒塞到一个玻璃杯中，用水弄湿后，把杯子倒放在一个盛有水的盘子里。一会儿，就发现盘子内的水开始下降，但杯中的水却在不断上升。1小时后，它就会占据杯子1/5的空间。

你知道这是怎么回事吗？（P165）

转动的纸

用手把纸捻在手心，一会儿就会发现手心内的纸旋转起来了。我们也来做一下吧。需要准备的物品有：白纸、剪刀、带橡皮擦的铅笔、大头针。

第一步，用剪刀把白纸剪成7.5厘米的正方形，沿着正方形的两条对角线对折。展开后，纸上有两条交叉的痕迹。第二步，按照折痕，折成一个四面凹的锥体。第三步，坐下来，把带橡皮擦的铅笔夹在膝盖中间，将大头针插在橡皮头上，把折好的纸放在大头针上，即大头针顶着两条对角线的交叉点。第四步，双手并拢成杯状，放在纸张下方，距离大约2.5厘米。1分钟后，纸就慢慢旋转起来，并越转越快。

你知道这是怎么回事吗？（P165）

罩着塑料袋的杯子

随着全球气候变暖，温室效应引起了人们的重视。你知道温室效应是怎么回事吗？需要准备的物品有：玻璃杯、冰块、凉水、塑料袋、橡皮筋。

第一步，在两个相同的玻璃杯内倒入一样多的凉水。第二步，在两个杯子内分别放入大小相同的冰块，其中一个杯子用塑料袋罩住，再用橡皮筋把口扎紧。第三步，把它们放到阳光充足的地方。一会儿，就会发现用塑料袋罩住的杯子里面的冰块融化得快。

这是为什么呢？（P166）

瓶内的云雾

山峰上的云雾十分迷人，下面我们就来模拟一下这样的效果。需要准备的物品有：火柴、水、矿泉水瓶、小锥子、橡皮泥、吸管。

第一步，在瓶盖上用小锥子钻一个洞，用吸管穿过瓶盖，再用橡皮泥将缝隙封好。第二步，往瓶子中倒入水，摇晃瓶子使它冷却后再把水倒出来。第三步，划燃火柴，吹灭后把带烟的火柴扔到倒立瓶子的瓶口，使烟进入瓶内。第四步，迅速拧开瓶盖，用吸管向瓶中用力吹气，几秒钟后，瓶内就会出现云雾。捏住吸管，瓶内的云雾就不会散去。

这是什么原理呢？（P166）

哪个先流蜡液

同样的蜡烛，有的蜡液会先流出来，有的不容易流蜡液。准备好蜡烛和火柴，下面我们来做这样一个游戏。

第一步，取两支粗细相同，但烛芯长短不一样的蜡烛。第二步，用火柴同时把它们点燃，观察哪支蜡烛先流蜡液。第三步，再取两支粗细不同、烛芯相同的蜡烛，点燃后观察哪支蜡烛先流蜡液。（P166）

轻松滑行的杯子

扣在桌子上的玻璃杯，不用太大力气就可以让它往前滑行。需要准备的物品有：玻璃杯、热水。

第一步，用热水把玻璃杯冲淋一下，在杯中留点热水。第二步，迅速把杯子反扣在光滑的桌面上，这时朝杯子用一点点力气或轻轻吹气，杯子就会在桌面上轻松滑行起来，可以说几乎没什么摩擦。

这是怎么回事呢？（P166）

遇火不着的纸

纸遇到火就会着起来，一会儿就会化成灰。但下面的纸张和火焰接触后，却没有燃烧。需要准备的物品有：纸、铜丝、蜡烛、火柴。

第一步，将纸拧成螺旋状，把铜丝绕着螺旋状的纸条缠成间距相等的螺旋状。第二步，用火柴将蜡烛点燃，把螺旋状的纸棒放在烛火上，就会发现平时一点就着的纸并没有烧着，只是在纸的周围冒起了黑烟。

你知道这是怎么回事吗？（P166）

光彩夺目的星空

用手向蜡烛的火焰上方轻轻一挥，就可以看到光彩夺目的星空。需要准备的物品有：铁屑、铝粉、蜡烛、火柴。

第一步，夜晚在平地上用火柴点燃几支蜡烛。第二步，一只手握着铝粉，另一只手握着铁屑。第三步，挥动手指把金属粉末撒在火焰上，这时美丽的"星星"就出现了。

你知道这是怎么回事吗？（P166）

冰面的位置

水结冰后，体积会膨胀。你知道这种情况吗？需要准备的物品有：塑料瓶、冰箱、水、彩笔。

第一步，在塑料瓶中装满水，到瓶颈处画上一个记号。第二步，将装满水的瓶子放到冰箱内冷冻。一天后，将瓶子取出来，就会发现瓶子内的水变成了冰，冰面的位置在记号的上面。

这是怎么回事呢？（P166）

玻璃杯裂开了

往玻璃杯内倒入热水，杯子突然就裂开了。你遇到过这种情况吗？需要准备的物品有：玻璃杯、热水。

这个游戏非常简单，把玻璃杯放在桌子上，将刚烧开的热水倒到玻璃杯内，只听"啪"的一声，玻璃杯裂开了。（P166）

产生的大量气泡

下面，我们就做这样一个游戏。需要准备的物品有：碳酸饮料、冷水、热水、碗、玻璃杯。

第一步，在两个玻璃杯内分别倒半杯碳酸饮料。第二步，在两个碗中分别倒入半碗冷水和半碗热水。要注意保证杯子放入碗里的时候，碗里的水不会流出来。第三步，把两个杯子同时放到两个碗中，观察杯子中饮料的变化。

装有碳酸饮料的杯子放到冷水中，有少量的气泡产生，一些气泡升到了液体表面，一些聚集在杯底和杯壁上；装到热水中的杯子，有大量的气泡产生，很快升到液体的表面后破裂开。（P166）

铁轨间的空隙

列车的两根铁轨间都有一定的空隙，没有完全闭合。这是怎么回事呢？接下来我们做这样一个游戏。需要准备的物品有：铁丝、螺丝钉、蜡烛。

第一步，找一根1米长的铁丝，拉直后将两端用螺丝钉固定住，使它悬空。第二步，用蜡烛给铁丝加热。一会儿，就能看到铁丝变弯了。（P166）

不着火的纸杯

干纸杯很容易着火，但在纸杯里加入水后，放在蜡烛上烧，会发生什么现象呢？

所需准备的材料有: 蜡烛、火柴、竹签、纸杯、水。

第一步, 用火柴点燃蜡烛, 并用两根竹签穿过纸杯上半部分, 做成一个把手。第二步, 往纸杯中注入半杯水, 手握住穿过杯子的把手, 让蜡烛火焰接触纸杯底部位置。你会惊奇地发现, 纸杯子竟然没有燃烧, 而且杯子里的水还能被烧开。(P167)

蜡烛在水中燃烧

蜡烛在水中燃烧, 虽然烛火已经接近水面, 但是蜡烛仍然不会熄灭, 这是什么原因呢? 所需工具有: 蜡烛、火柴、烧杯、水。

第一步, 把蜡烛粘在烧杯底部, 然后向杯中注水, 直到水快要淹没蜡烛。第二步, 用火柴点燃蜡烛, 经过一段时间, 发现火焰把蜡烛烧成了漏斗形状, 但是烛火却仍然燃烧着。(P167)

水和土的温度

在炎热的夏天, 很多人都喜欢泡澡降温, 而不是待在沙滩上降温, 这是什么原因呢? 所需工具有: 温度计、水、土、玻璃杯。

第一步, 把水和土分别装入两个玻璃杯中, 并放在阳光充足的地方暴晒20分钟。第二步, 用温度计测量暴晒后的水和土的表面温度有什么不同, 这时就能发现土的温度要高于水的温度。(P167)

净化水游戏

水龙头流出的自来水看起来很清澈, 但放在玻璃杯中一段时间后, 杯底会出现一些沉淀物, 那么, 如何才能消除这些沉淀物呢? 所需工具有: 自来水、明矾、试管、试管夹、酒精灯。

第一步, 把明矾在自来水中搅动几下, 然后拿出, 过15分钟后, 水中会有沉淀, 把上层液体倒入干净的试管中。第二步, 用试管夹夹住试管, 倾斜45度, 用酒精灯加热试管, 直到试管中的水沸腾。第三步, 试管中的水全部蒸发后, 让试管慢慢冷却, 然后观察试管壁上的痕迹, 就能发现管壁上会有一些杂质。(P167)

瓶口冒出的冰

把一塑料瓶水放入冰箱中, 第二天拿出来一看, 塑料瓶变大了, 冰从瓶口冒出, 这是什么原因呢? 所需材料有: 塑料瓶、水、冰箱。

第一步, 把塑料瓶装满水。第二步, 把装满水的塑料瓶放在冰箱内冷冻。第三

步，第二天，从冰箱中取出塑料瓶，就会发现瓶子里的水变成了冰，而且冰还从瓶口位置冒出一小截。（P167）

水中的墨水

很多人都知道分子构成了物质，而分子处于不停运动状态。下面所进行的游戏，能告诉我们分子运动速度和什么因素有关系。所需材料有：热水、冷水、墨水、玻璃杯、滴管。

第一步，分别把热水和冷水注入两个玻璃杯中。第二步，在两个不同的杯子里分别滴入一滴墨水。这时能看到杯子里的水和墨水相互融合在一起，而且热水和墨水的融合速度要快于冷水和墨水的融合速度。

这是什么原因呢？（P167）

加热的冰块没有融化

水中放有冰块，然后加热，而水中的冰块却没有融化，这是什么原因呢？

第一步，在冰格中盛上水，并把10厘米左右长的棉线一端放在水中，把冰格放在冰箱里冷冻，让冰格中的水冷冻成冰。第二步，用细铁丝弯成试管托架，套在加热的酒精灯瓶颈上。第三步，取出小冰块，用冰块上的线绳系住一只小螺帽，在试管中盛入4/5的冷水，把冰块和小螺帽投入试管，冰块要沉入水底不能浮上来。第四步，把试管斜套在酒精灯上的试管搁架上，点燃酒精灯给试管加热，片刻后试管中上面的水沸腾了，但沉在水底的冰块却没有融化。（P167）

第七章 7

化学天地，揭秘生活中的各色现象

弹出的软木塞

我们来做这样一个实验。需要准备的物品有：空酒瓶、小苏打、白醋、软木塞。

第一步，将小苏打放入酒瓶中，放3~4克就可以。第二步，往酒瓶中倒入一些白醋，迅速塞上软木塞，但要注意不要塞得太紧，不漏气就可以。第三步，塞好后把酒瓶在平地上放好，不一会儿，软木塞"嘭"的一声从瓶内弹出来，瓶身向后反冲去。

这是什么原因呢？（P167）

来回碾压白纸

如果想复印文件，直接到复印店就可以了。如果周围没有复印店，但文件又必须复印，该怎么办呢？下面我们就来做这样一个实验。需要准备的物品有：水、松节油、洗涤剂、海绵、白纸、小勺、杯子。

第一步，取两勺水、一勺松节油、一勺洗涤剂，把它们放到杯子里加以搅拌。第二步，用海绵蘸取搅拌后的液体，涂在想要保留的图片或者文章上。第三步，涂完后把一张白纸盖在被涂的图片或文章上，然后用小勺的背面来回用力碾压白纸。揭下白纸，复印就成功了。（P167）

生石灰放热

你听说过用生石灰煮鸡蛋吗？接下来，我们就来做这样一个实验。需要准备的物品有：鸡蛋、生石灰、水、铁盆。

把一些生石灰放到铁盆中，倒入少量水。然后，等生石灰吸水开裂后，就可以把鸡蛋放在生石灰上。过一会儿，看到生石灰变成膏状的熟石灰，鸡蛋就已经熟了。

这里面的奥秘你知道吗？（P167）

厚厚的水垢

热水瓶用一段时间后，里面就会结一层厚厚的水垢。该怎么去除这层水垢呢？有这样一个简单的方法，一起来做一下吧。

第一步，将结垢的热水瓶清空，往热水瓶内加入食醋，大约一水杯，再少加一点热水。第二步，将瓶塞塞上，拿起热水瓶晃一会儿，不时将塞子放下气。一段时间后，热水瓶内的水垢就没有了。

这样做的依据是什么？（P167）

当淀粉遇上碘

面粉可以做很多食品，比如馒头、面条、花卷。你知道面粉里含有什么成分吗？接下来，我们就检测一下。需要准备的物品有：面粉、碘酒、碗、盘子、冷水、热水。

第一步，取一些面粉放到碗中，加一些冷水将其搅拌成浆。第二步，倒入少许热水，搅拌后就变成糨糊；等糨糊冷却后，取一点放到盘子中，往上面滴几滴碘酒。这时，就可以发现白色的糨糊变成了蓝色。

遇到碘酒后，为什么糨糊变蓝了？（P168）

明矾的熔点

人们常说，纸里包不住火。下面我们就来做一个纸包住火的游戏。需要准备的物品有：明矾、水、纸、火柴、火棉。

第一步，将明矾加水制成溶液。第二步，把纸放在明矾溶液中浸泡一会儿，等完全浸透后，拿出来把它晾干。第三步，用处理后的纸做成一个空心球，在里面放一点火棉。第四步，用火柴将火棉点燃，只见火棉迅速燃烧，但纸球却依然如故。

你知道这是怎么回事吗？（P168）

头发怎么没了

梳头时有头发掉下来是很平常的事，如果说掉下的头发消失了，你会不会觉得很奇怪？接下来，我们就做这样一个游戏。需要准备的物品有：掉落的头发、杯子、漂白剂。

把头发放到杯子内，倒入漂白剂，直到把头发淹没为止。半小时后，你会发现头发消失了。（P168）

彩色温度计

感冒发烧后，总是先用温度计测量一下体温。下面我们就来动手做一个温度计。需要准备的物品有：氯化钴晶体、95%的乙醇、试管、酒精灯。

第一步，在试管中加大约半试管的乙醇和少量的氯化钴晶体，轻微震荡使它完全溶解。第二步，用酒精灯将试管加热，可以看到液体的颜色由常温下的紫红色逐渐变成了蓝紫色到纯紫色。

你知道这是怎么回事吗？（P168）

鸡蛋壳上的图案

薄薄的一层鸡蛋壳如此脆弱，它能做出美丽的花朵吗？需要准备的物品有：熟鸡蛋、彩色蜡笔、玻璃杯、白醋。

第一步，在熟鸡蛋上用彩色蜡笔画上美丽的图案。第二步，将画好的熟鸡蛋放到玻璃杯中，加入白醋直到将鸡蛋全部淹没。第三步，大约2小时后，把杯子内的白醋全部倒出，重新加入白醋后再淹没鸡蛋。再过2小时，在鸡蛋壳上就可以清晰地看到之前画的图案。

这是什么原理呢？（P168）

彩虹鸡尾酒

鸡尾酒是把很多种酒混合起来制成的。下面我们就调制一杯漂亮的鸡尾酒。需要准备的物品有：玻璃杯、糖浆、高浓度食盐水、威士忌、麻油、色拉油。

沿玻璃杯的杯壁将糖浆、高浓度食盐水、威士忌、麻油、色拉油这5种液体分别缓缓倒入杯中。你会发现杯子内的5种液体不会混合在一起，按照倒入的顺序它会呈现出分层的状态。

为什么会有这样的结果，你知道吗？（P168）

添加小苏打

火山喷发的场面，很多人都没有见过。下面，我们就来模拟一下这样的情景。需要准备的物品有：瓶装汽水、托盘、小勺、小苏打。

第一步，打开瓶装汽水的瓶盖，把汽水瓶放在托盘上。第二步，向汽水瓶内添加一小勺小苏打。通过观察发现，开始时汽水瓶冒出一点泡泡，一会儿工夫，就出现了"火山喷发"的奇观。

这是怎么回事呢？（P168）

水中悬浮的杂质

如何将一杯浑浊的水变成洁净的水呢？我们一起动手做一做吧。需要准备的物品有：半杯浊水、小勺和明矾。

在半杯浊水中放一小勺明矾，搅拌直到完全溶解。10分钟后，水中的杂物全都沉淀了，上层是澄清的清水。

你知道这是为什么吗？（P168）

用柠檬汁作画

柠檬是很好的水果，你知道它的汁液还可以作画吗？需要准备的物品有：柠檬、盘子、毛笔、白纸、蜡烛、火柴。

第一步，切开柠檬把汁液挤到盘子里。第二步，用毛笔蘸上柠檬汁，在白纸上画一朵花，当然这时的花是看不到的。第三步，用火柴点燃蜡烛，把画好的花放在蜡烛上烘烤。过一会儿，就会看到刚才画的花了。

这是什么原理呢？（P168）

纸币上的火棉胶

用火烧一下，白纸就可以变成纸币。你相信有这样的事吗？需要准备的物品有：火棉、乙醚、乙醇、小刷子、纸币、烧杯、镊子、火柴、烟头。

第一步，用烧杯调制乙醚和乙醇的混合液，把火棉放入其中，制成火棉胶。第二步，把火棉胶用小刷子涂在纸币的两面，晾干后，这时的纸币跟白纸一样。第三步，用镊子将纸币夹住，把用火柴点燃的烟头轻触一下纸币，只见火光一闪，纸币露出了真面目。

你知道这是什么原因吗？（P168）

银饰品中的铜

在黄金市场上，做工精细的银饰品很招人喜爱。但你知道吗？很多银饰品并不是纯银的，其中会有部分铜。怎么才能检测出里面是否含有铜呢？下面我们就做实验检测一下。需要准备的物品有：银丝、盐酸、浓硝酸、氨水、烧杯、过滤装置。

第一步，在烧杯中放入少量银丝，使它溶解在浓硝酸中。第二步，往烧杯中加入过量的盐酸，此时会产生白色沉淀，过滤后将沉淀除去。第三步，向滤液中加入过量的氨水，如果溶液变成蓝色，说明银丝中含有铜。

请问，这个实验依据的原理是什么？（P168）

蔗糖粉和镁粉

在奥运圣火的传递过程中，火炬是要用火去点燃的。下面我们做一个可以自燃的火炬。需要准备的物品有：蔗糖粉、氯酸钾粉、镁粉、骨胶粉、木棍、浓硫酸。

第一步，按4：8：1：1的质量比，将蔗糖粉、氯酸钾粉、镁粉、骨胶粉这四种材料混合均匀，加入少量的水将其搅成糊状。第二步，将糊状物涂在木棍的一端，使它成为火炬状，晾干后备用。第三步，在浓硫酸中，将晾干的"火炬"浸一下立刻拿出来，静置片刻后，不用点火火炬就会燃烧起来。

你知道这是什么原因吗？（P168）

一层光亮的铜

铁钉是用生铁做成的，和铜并没有什么联系，但它却变成了铜钉。这是怎么一回事？需要准备的物品有：铁钉、柠檬、铜币、玻璃杯、食盐。

第一步，把柠檬切开，将柠檬汁挤到玻璃杯中。第二步，把铜币放到柠檬汁中。第三步，在柠檬汁中放入一些食盐，5分钟后把崭新的一颗铁钉放到柠檬汁中。第四步，20分钟后，将铁钉取出，可见在灰暗的铁钉表面有一层光亮的铜。

这是什么原因呢？（P169）

竹片上的字

想在竹片上留下文字或图案，除了刀刻还有别的办法吗？答案是肯定的。需要准备的物品有：5%稀硫酸、水、竹片、毛笔、酒精灯。

第一步，用蘸取5%稀硫酸的毛笔在竹片上写字。第二步，把竹片晾干后放在酒精灯上烘烤，过一段时间后，用水洗净。这时，可以看到竹片上呈现出黑色或褐色的字迹。

你知道这样做显出字迹的原理是什么吗？（P169）

红糖内的有色物质

我们都知道，红糖和白糖的颜色有很明显的区别。可以把它们的颜色变成一样的，你相信吗？需要准备的物品有：小烧杯、酒精灯、水、红糖、活性炭。

第一步，在小烧杯中放5~10克红糖，加入40毫升水后，用酒精灯加热使它溶解。第二步，向小烧杯中加0.5~1克的活性炭，不断搅拌后，趁热过滤掉悬浊液，得到无色的液体。如果滤液为黄色，可再加适量的活性炭，直到没有颜色为止。第三步，把滤液转移到小烧杯中，在水中蒸发浓缩。当它的体积减少到原来溶液体积的1/4时，停止加热。这时，从水中取出烧杯，自然冷却，就有白糖从中析出。

这是什么原因？（P169）

衣服上的血迹

衣服上的污渍，有的可以用热水洗净，有的却不行，比如血迹。下面我们来做这样一个实验。需要准备的物品有：白布、鸡血、热水、冷水、肥皂。

第一步，在两块白布上滴几滴新鲜的鸡血，一块白布放在热水中，一块放在冷水中。第二步，过一会儿，将两块白布取出来，发现在热水中浸泡的血迹呈现出暗红色；在冷水中浸泡的血迹依然是鲜红色，且颜色变浅了。第三步，取出肥皂，抹在两块白布的血迹上，分别搓洗，你会发现冷水浸泡的白布变得干干净净，但热水浸泡的白布上还有血迹。

这是怎么回事呢？（P169）

大豆油变色了

平常家里吃的都是大豆油，它的颜色呈现出黄色。如果在这上面加一点色素，它会变成彩色的吗？需要准备的物品有：大豆油、红色食用色素、鸡蛋、一次性纸杯、勺子。

第一步,往纸杯中倒入一勺大豆油,在里面加入一滴红色食用色素后搅拌一下。这时食用油并没有变色。第二步,把一勺大豆油倒入另一个纸杯,在里面加入3~4滴蛋黄后搅拌一下。之后,加入一滴色素,结果油变成了红色。

这是什么原因呢?（P169）

你会做豆腐脑吗

豆浆、油条、豆腐脑是人们早餐的主要食品。在这些食品中,豆腐脑看起来是最难做的。下面我们就来做一下。需要准备的物品有:豆浆机、干黄豆、水、过滤网、食盐、小勺。

第一步,把干黄豆用水浸泡4~6小时,捞出后放进豆浆机。第二步,往豆浆机中加适量的水,按下开关20分钟后,热豆浆就做成了。第三步,用过滤网把热豆浆过滤一下,将豆渣滤出。第四步,在盛有热豆浆的碗中加一小勺食盐,一会儿豆浆上就飘起一层白花花的固体。这样重复几次,随着每次加入食盐的量不同,蛋白质析出的胶粒会越来越多,最后就会变成豆腐脑。

你知道这样做的原理是什么吗?（P169）

茶水变"墨汁"

茶水能变墨汁吗? 我们做这样一个实验。需要准备的物品有:茶杯、茶叶、开水、三氯化铁溶液、毛笔、饱和草酸溶液。

第一步,在茶杯盖内涂一些三氯化铁溶液,把少量的茶叶放到无色透明的茶杯中,倒入开水,泡好茶。第二步,盖上盖子后稍微晃一晃,发现茶水变成了"墨汁"。第三步,在饱和草酸溶液中把干净的毛笔浸湿,用毛笔蘸这杯"墨水"准备写字时,发现"墨汁"又重新变成了"茶水"。

你知道这其中的奥妙吗?（P169）

画中的蜡烛

蜡烛燃烧起来是正常的,但如果没有蜡烛也能燃烧,那是不是更神奇呢? 需要准备的物品有:樟脑球、火柴、布、笔。

第一步,把樟脑球放在桌子上,在樟脑球上盖一块布,在布上画一支蜡烛。然后,点燃火柴放在布的前边,这时看到画的"蜡烛"竟然燃烧起来了。吹灭"蜡烛"后,发现布并没有任何损伤。

请问,这是怎么回事呢?（P169）

跳舞的小木炭

木炭不仅能跳舞,还能发出好看的红光。有这样的情况吗? 接下来,我们做这样一个实验。需要准备的物品有：试管、硝酸钾、铁夹、铁架、酒精灯、小块木炭。

第一步，取一支试管，里面装入3~4克固体硝酸钾。第二步，把铁夹直立地固定在铁架上，用酒精灯加热试管。第三步，当固体硝酸钾慢慢熔化后，取一块小豆粒大小的木炭，把它放入试管中，再继续加热。不一会儿，就看到小木炭在试管的液面上突然跳起来。一会儿上下跳动，一会儿翻转自身，不时发出灼热的红光。

你知道这是什么原因吗？（P169）

了不起的果酸

吃完饭刷盘子的时候，突然发现洗涤灵没有了。看着一大堆油乎乎的盘子，你有没有什么好方法？我们做这样一个实验。需要准备的物品有：苹果、水果刀、带油的盘子、清水。

用水果刀把苹果切成片，像擦桌子一样，用刚切好的苹果片去擦带油的盘子。然后，用清水冲一下盘子。这时，发现盘子上的油污不见了。

这是为什么呢？（P169）

白胶状的牛奶

我们都喝过液体牛奶，如果把液体牛奶做成固体牛奶制品，这是不是很神奇？需要准备的物品有：500毫升牛奶、奶锅、食醋、过滤网、汤勺。

第一步，将500毫升牛奶倒进奶锅，一直加热到沸腾。第二步，在热牛奶中放一勺食醋，搅拌均匀后冷却。等牛奶冷却成白胶状时，用过滤网过滤一下。第三步，用汤勺将过滤后剩下的物质弄平，做成想要的形状。几天后，它们就变坚硬了。这样，简单的固体牛奶制品就做成了。（P170）

盐水中的黄豆

如果说黄豆煮不烂，你相信吗？下面的实验证明了这点，你也来动手试试吧。需要准备的物品有：浓盐水、黄豆、试管、试管夹、酒精灯、火柴。

第一步，往试管内注入浓盐水，容积到试管的2/3处。第二步，把几颗黄豆放到试管中，并用试管夹夹住试管。第三步，用火柴把酒精灯点燃给试管加热。观察发现，就算把盐水烧干，黄豆也煮不烂。

这是什么原因呢？（P170）

水面的方糖

把糖放在水中，你知道在什么位置，糖块溶化得最快吗？需要准备的物品有：方糖、玻璃杯、细绳、水。

第一步，把3块方糖分别系到细绳上，往3个玻璃杯中分别注入大半杯水。第二步，把系好的方糖放到杯子内：一块吊在水的表面，一块吊在水中央，一块沉入杯子底部。第三步，观察发现，溶解最快的是水面上的糖块，位于水中央的糖块次之，放在杯底的糖块溶化得最慢。

你知道这是为什么吗？（P170）

凉爽的冰镇饮料

很多人都喜欢喝可乐，你知道它是怎么做出来的吗？接下来，我们就做这样一个实验。需要准备的物品有：玻璃杯、开水、干净的汽水瓶、白糖、果味香精、2克小苏打、柠檬酸4克、冰箱。

第一步，往玻璃杯中倒入开水，晾凉后装到汽水瓶中。第二步，把白糖和少量的果味香精加入汽水瓶中，再加入小苏打，搅拌至完全溶解。第三步，迅速加入柠檬酸，把瓶盖立刻盖紧，使生成的气体溶解在水中，不会溢出。需要说明的是，小苏打和柠檬酸产生的气体是二氧化碳。第四步，把汽水瓶放到冰箱中降温。凉了后，就可以饮用了。

这种方法根据的原理是什么？（P170）

手帕表面的酒精

手帕是棉布做成的，所以它很容易被点燃。如果手帕怎么都烧不坏，它是什么材料的呢？需要准备的物品有：手帕、酒精、钳子、玻璃杯、水、火柴、蜡烛。

第一步，把手帕塞到玻璃杯中，把酒精倒入其中，让它完全浸泡手帕。第二步，用火柴点燃蜡烛，用钳子把玻璃杯中浸泡的手帕夹出来。第三步，靠近蜡烛，手帕燃烧起来。第四步，当手帕上的酒精燃尽时，把它放进水中，这时发现手帕没有任何损坏。

这是为什么呢？（P170）

巧手做松花蛋

很多人都喜欢吃松花蛋，你知道它是怎么制作出来的吗？需要准备的物品有：生石灰50克、纯碱3克、草木灰、食盐2克、红茶叶、水、鸡蛋、大盆、筷子、稻糠、玻璃容器。

第一步，将生石灰、纯碱、草木灰、食盐、红茶叶放到大盆中，加水搅拌成料泥。第二步，在料泥中添加鸡蛋，用筷子搅拌均匀，使鸡蛋外壳上裹一层均匀的料泥。第三步, 取出裹上料泥的鸡蛋, 在稻糠中滚动几下, 让稻糠贴到蛋壳上。第四步, 把鸡蛋放入玻璃容器中, 并将玻璃容器放置在18～24℃的环境下, 10天后就可以食用了。(P170)

用相纸拍照

不用相机也可以拍照吗? 事实上, 用相纸就可以拍一些影像。需要准备的物品有: 相纸、台灯、剪刀、黑纸、彩笔。

第一步, 在黑纸上用彩笔画一些图案, 小心地剪下图案, 使纸上留下镂空的图案。第二步, 从黑暗的地方取出相纸, 迅速把镂空的黑纸盖在相纸上。第三步, 将台灯打开, 在相纸上照射大约5分钟, 把台灯移走, 从光线很暗的地方把黑纸拿下来。这时可以看到, 相纸上留下了图案的影像。

你知道其中的奥秘吗? (P170)

白糖变黑了

我们知道白糖是粉末状的白色小颗粒。你想过白糖变黑的样子吗? 需要准备的物品有: 200毫升的烧杯、5克白糖、加热的浓硫酸。

第一步, 把5克白糖放到200毫升的烧杯中。第二步, 往烧杯内滴入几滴浓硫酸。瞬间, 白糖变成黑色, 不仅冒着热气, 还发出了 "嗞嗞" 的声音。

这是为什么呢? (P171)

不稳定的甘油分子

甘油有个很好的用途, 那就是除油。我们一起来实验一下吧。需要准备的物品有: 食用油、布料、瓶子、甘油、水。

第一步, 取一小块布料, 把食用油滴在布料上。第二步, 往瓶子中装入大半瓶水, 滴几滴甘油。第三步, 把布料塞到瓶内, 摇一摇。半小时后, 把布料取出来, 发现原来的油迹消失了。(P171)

变胖的鸡蛋

我们做这样一个实验。需要准备的物品有: 熟鸡蛋、杯子和醋。

先把熟鸡蛋放在杯子中, 然后倒入醋直到淹没鸡蛋为止。这时会发现, 鸡蛋开始冒泡泡。3天后, 鸡蛋壳不见了, 只剩下软软的半透明膜, 并且体积比原来大了一倍。

你知道这是怎么回事吗? (P171)

盐的结晶

盐的结晶是怎样的,你知道吗?下面我们就做实验看一看。需要准备的物品有:碗、细绳、黑纸、热水、盐、筷子。

第一步,往碗里倒入适量的热水,加入盐后搅拌均匀。第二步,把细绳放到碗里,充分湿润。之后,把细绳放到黑纸上,在阳台上放好。几天后,就会发现细绳上有不少盐的结晶。

这是为什么呢?(P171)

食用碱与桃毛

桃是人们十分喜爱的水果。但桃上面有一层毛毛,粘到身上很不舒服。该怎么去掉呢?需要准备的物品有:桃、食用碱、塑料盆、清水。

先往塑料盆中放入清水,加入少量食用碱,使它完全溶解开。然后,把桃放在里面浸泡几分钟,用手揉搓一下。这时,桃毛就没有了。(P171)

又白又皱的手

手放在水里时间长了,就会变得又白又皱。接下来,我们就做这样一个游戏。需要准备的物品有:清水、碗、剪刀、滴管、长方形海绵、凡士林。

第一步,把长方形海绵剪掉一半厚度,使它呈现出阶梯状,放在清水中浸湿。第二步,取出海绵并拧干,在较薄的一半海绵表面均匀地涂上凡士林。通过观察可以发现,因为油脂挡住了水分,涂有凡士林的表面很平整,没有涂凡士林的部分出现了褶皱。

你知道这是为什么吗?(P171)

非常柔软的骨头

说起骨头,给人的感觉总是坚固并脆硬的。但用骨头却可做出一个蝴蝶结,这是怎么回事呢?需要准备的物品有:鸡骨头、醋、玻璃杯。

往杯子中倒入醋,再将两根鸡骨头放到杯子里。浸泡两天后,从杯子中取出骨头,可以发现骨头已经很软了。如果想打成一个蝴蝶结,就很容易。

这是什么原因呢?(P171)

墨迹没有了

下面我们做一个游戏,将墨迹巧妙地去除。需要准备的物品有:玻璃杯、消毒液、墨水、清水。

第一步,取出一个玻璃杯,向里面倒入清水。滴入墨水后,摇晃杯子,发现玻璃杯内水的颜色变成了黑色。第二步,向另外一个玻璃杯倒入消毒液,把有墨水的杯子内的水倒进去,摇晃玻璃杯,发现水又变清了。(P171)

新衣服上的异味

买回来的新衣服都要先洗一下,你知道这是为什么吗? 需要准备的物品有: 新衣服、清水、脸盆、精盐。

放一点精盐到脸盆里,加入清水后把买回来的新衣服放进去。浸泡半小时后,用手轻轻揉洗。拧干后,将新衣服放到通风处晾干。(P171)

强烈的灼热感

舌头可以品尝不同的味道,有人说肌肤也可以。你相信这样的说法吗? 要做这个小游戏,需要准备的物品有: 辣椒油、清水。

轻轻地将辣椒油涂在皮肤上。2~3分钟后,皮肤就会感到强烈的灼热感。这时,用清水立刻洗净辣椒油,皮肤就感到舒服很多。(P171)

小苏打遇到醋

下面我们做吹气球的实验。需要准备的物品有: 醋、小苏打、小空瓶、汤勺、气球。

第一步,把醋倒入瓶内1/3处。第二步,往气球中倒入两勺小苏打。第三步,把气球牢牢地套在瓶口处。第四步,将气球内的小苏打倒入瓶内。

这时,气球自己就吹起来了。(P172)

如此活跃的铝

通过观察可以发现,日常生活中的金属器皿铝制品越来越少。现在我们就来做这样一个实验。需要准备的物品有: 铝制品、剪刀、醋、玻璃杯。

第一步,用剪刀从铝制品上剪下一小块。第二步,往玻璃杯中倒入一定量的醋,将铝片放入其中。两天后,发现铝片沾有醋的一面变暗了,而靠近空气的一面没有发生变化。

这是什么原因呢?(P172)

破损细胞的氧化

削过皮的苹果会变颜色,这是怎么回事?下面我们就来做这个实验。需要准备的物品有: 苹果、水果刀、维生素C。

第一步,把苹果切成两半,切开的面朝上放好,一片保持不动,另一片放上维生素C的粉末。第二步,观察两片苹果的切面颜色,撒了维生素C的一片颜色不变,保持不动的一片变成了褐色。(P172)

方糖加烟灰

通过下面的游戏，我们来了解一下催化作用。需要准备的物品有：方糖、金属托盘、烟灰、火柴。

第一步，取一块方糖，放在金属托盘上。用火柴点一下方糖，事实表明点不着。第二步，在方糖的一角撒少许烟灰，并在它上面点火，结果出乎意料，方糖立刻燃烧起来。第三步，如果尝试点燃烟灰，却发现根本不可能。

这是怎么回事呢？（P172）

蚊虫叮咬后

被蚊虫叮咬后的肌肤总是很痒，该怎么止痒呢？我们做这样一个实验。需要准备的物品有：肥皂水、清水、毛巾。接下来首先用毛巾蘸取清水，擦拭蚊虫叮咬处。然后在红肿处涂上肥皂水，发现不痒了。

你知道这是什么原理吗？（P172）

用烟雾点燃蜡烛

平常点蜡烛时要点蜡烛芯，而在下面的游戏中，利用蜡烛燃烧的烟雾就能点燃蜡烛，这是什么原理呢？所需材料有：火柴、蜡烛。

第一步，用火柴点燃蜡烛，当蜡烛燃烧片刻后，再吹灭蜡烛。第二步，当烛芯冒出白色的烟雾时，立即在烟雾上划一根火柴，这时就能发现火苗会马上窜入烛芯，这样也就重新点燃了蜡烛。（P172）

不稳定的颜色

古代字画能长时间保存下来的主要原因在于墨汁和颜料的颜色较稳定。而在生活中看一些颜色并不稳定，当碰到一些特别的物质时，它就会产生变化。所需材料有：红色食用色素、饮料瓶、吸管、漂白剂、小勺。

第一步，饮料瓶中注入1/2水，并加入半小勺红色食用色素，然后进行搅拌使其均匀。第二步，吸一管漂白剂，然后慢慢一滴一滴滴入饮料瓶中，这时能看到原本瓶中红色的液体澄清了。第三步，在变清的液体中，再滴入一滴红色食用色素，红色马上消失。（P172）

铜币变色了

通过下面的游戏会让铜币改变颜色，是什么原因造成的呢？一起来探究一下。需要的材料有：盘子、醋、干净的铜币。

第一步，把铜币放入准备好的盘子里，倒入醋，要让铜币完全浸泡在醋里。第二步,浸泡24小时,然后观察盘子里的铜币,就会发现铜币由原本的黄色变成了绿色。

这是什么原理呢?(P172)

神奇的气

向杯子吹一口气,杯子里的水变浑浊,再吹一口气,杯中的水变得无色透明,是不是很神奇,那么就进行下面的游戏吧。所需材料有:生石灰、吸管、清水、玻璃杯、筷子。

第一步,把生石灰放入玻璃杯,加入清水进行搅拌,放置几分钟后等石灰沉淀后,把杯中无色透明液体倒入另外一个玻璃杯中。第二步,把吸管插入透明液体中,从吸管向杯中吹气,这时会发现杯子里原本清澈的液体也变得浑浊了,继续吹气,液体再次变成了无色透明。(P172)

变换颜色的液体

从一种颜色变成另外一种颜色,这种现象很多人能在魔术表演中看到,而在下面的游戏中,我们也能做到。所需材料有:醋、橙汁、肥皂水、牛奶、勺子、紫叶甘蓝汁、杯子。

第一步,分别把醋、橙汁、肥皂水、牛奶倒入4个杯子里,每个杯子中加入一勺紫叶甘蓝汁。第二步,只见原本放醋和橙汁的杯子变成了粉红色,而肥皂水和牛奶则变成了绿色。(P172)

漂起来的弹珠

谈起弹珠,很多人都不陌生,那么,原本在地上玩的弹珠放入水里会有什么现象呢?那就进行下面的游戏吧。所需材料有:苏打粉、空玻璃瓶、弹珠、柠檬汁。

第一步,把柠檬汁倒入玻璃瓶中,然后加入少许苏打粉,马上用瓶塞塞住瓶口,把瓶子倒立起来,同时上下晃动瓶子。第二步,停止摇晃,把瓶子放正。这时会发现原本沉在水底的弹珠却悬浮在紧闭的瓶口位置。(P172)

生物百态，你不知道的另一个世界

少见的"吊兰"

洋葱和萝卜制作的"吊兰"，你见过吗？现在就来一起做一个吧。需要准备的物品有：洋葱头、圆形红皮萝卜、细绳、水果刀。

第一步，从中间把圆形红皮萝卜切成两半，用水果刀把切开后的萝卜中心挖空，挖好后就像碗一样。第二步，剥掉洋葱头外面的皮，根部朝下，放在挖好的"萝卜碗"中。第三步，用细绳做好圈后，套在萝卜上。挂起来，往里面浇点水。第四步，几天后，另类"吊兰"长出叶子来了。再过一阵，茂盛的叶子把"萝卜碗"包了起来。洋葱长着长长的圆叶，萝卜向上弯曲着。

你知道这是怎么回事吗？（P173）

正面还是背面

植物的叶子是会呼吸的。你知道叶子呼吸时用的是哪一面吗？准备好盆栽植物，还有凡士林。接下来，我们来做实验。

第一步，从盆栽植物中选3片叶子，在它们的正面分别涂上厚厚的凡士林。第二步，另选3片叶子，从背面涂上厚厚的凡士林。之后就要认真观察，每天一次。连续观察一周后，发现背面涂凡士林的叶子枯萎了，正面涂凡士林的叶子没有变化。

这是什么原因呢？（P173）

泡泡和水草

在有鱼和水草的鱼缸内，总会出现一串串的泡泡。这是什么原因呢？我们来做试验观察吧。需要准备的物品有：鱼缸、水草、金鱼。

第一步，往鱼缸内注入一定量的水，将金鱼放到鱼缸内。第二步，将水草放到鱼缸内，把鱼缸放到有阳光的地方。第三步，1小时后会发现鱼缸内有泡泡冒出。第四步，把水草从鱼缸内拿出来，将鱼缸在阳光下放1小时，这时鱼缸内没有泡泡了。（P173）

你会发豆芽吗

下面我们做一个发豆芽的实验，成功后可以烧菜吃。需要准备的物品有：平底托盘、棉絮或纸巾、绿豆、冷水、报纸。

第一步，清洗绿豆并在冷水中浸泡一晚上。第二步，第二天清晨，取一只平底托盘，在盘底铺上一层棉絮或几张纸巾，再淋些水。第三步，接着重新清洗一遍绿豆，把它们均匀地撒在潮湿的盘底。第四步，然后用报纸将盘子盖住，将其放置于温暖处。豆子很快就发芽了，6~9天就可以食用。注意不要让它们长得太长，大约2.5厘米会比较鲜美。

你知道这是什么原理吗？（P173）

不变红的西红柿

如果想让西红柿不变红，怎么办？做这个游戏，需要找到刚长出果实的西红柿植株、碗、装满开水的暖瓶。

第一步，从西红柿植株上挑一个绿色的西红柿，但不要摘下来。第二步，从暖瓶中倒一碗开水。第三步，把挑中的西红柿在开水中浸泡3分钟。第四步，等果实成熟的时候，会发现所有的果实都变红了，只有被开水浸泡过的西红柿还是青色的。

这是怎么回事？（P173）

从白玫瑰到蓝色妖姬

蓝色妖姬是一种美丽的花朵，它妖娆美丽，而且价格不菲。其实，通过下面的方法，就可以轻易得到自己的"蓝色妖姬"。所需材料有：鲜艳的白玫瑰、蓝色墨水。

第一步，把白玫瑰插入装有蓝色墨水的瓶子里。第二步，把它们放在桌子上静静等候，并观察它的变化。第三步，两三天后，原本白色的玫瑰花逐渐改变了颜色，变成一朵很娇艳的蓝玫瑰花，也就是"蓝色妖姬"。（P173）

仙人掌的净化作用

很多人都不知道仙人掌有净化水的作用，那么，就用下面的游戏来证实吧。所需材料有：新鲜的仙人掌、浑浊的水、小刀。

第一步，用小刀在仙人掌上划出几道口子，双手用力压一下，口子就会流出汁液。第二步，把仙人掌的汁液滴入浑浊的水中，然后搅拌几下，当水中出现蛋花状沉淀物时要停止搅动。第三步，杯子中的水放置5分钟左右，观察就能发现，水中的沉淀物沉入杯底，原本的浑水也变得清亮了。（P173）

茎部吸水变弯曲

蒲公英是比较常见的一种植物，它对人们来说并不新奇，但很少有人知道蒲公英的茎为什么会弯曲。我们从下面的游戏中来寻找答案吧。所需材料有：蒲公英、大玻璃杯、清水。

第一步，向玻璃杯中注入大半杯清水，并把蒲公英的茎撕成条状。第二步，把蒲公英插入玻璃杯中，仔细观察。几秒钟后，就能看到原本被撕开的蒲公英茎全部都变卷曲了。（P173）

细微的导管

找一棵柳树，选一根不太粗壮的枝条。用小刀把柳条上面的外皮割去一圈，注意不要伤害它的木质部分。几天后，发现柳条上面的树叶和以前一样，并没有枯萎。

你知道这是怎么回事吗？（P173）

不发芽的种子

把种子放到醋中会发芽吗？下面我们就来实验一下。需要准备的物品有：黄豆、玻璃杯、食醋、清水。

第一步，在2个玻璃杯内分别装上食醋和清水，然后分别放入3粒黄豆。第二步，把2个玻璃杯放到阳光充足的地方。几天后，观察玻璃杯内的情况。你会发现，水中的黄豆已经发出了嫩芽，但醋中的黄豆没有一点变化。

这是怎么回事？（P173）

瓶内的大苹果

到果园里选一个与瓶口差不多大没成熟的小苹果，小心地用瓶子把苹果装起来。用绳子把瓶子拴在苹果树上，以保障苹果在瓶子内继续生长。到了苹果成熟的季节，只要没有受到虫子的侵害，就会发现瓶子内有一个成熟的大苹果。

你知道这是什么原因吗？（P174）

樱桃浸泡后

开裂的樱桃你见过吗？准备好一些新鲜的樱桃，一盆清水。把樱桃洗干净后，将它们放在水盆中浸泡，水盆中的水要没过樱桃。过一段时间，水中比较成熟的樱桃出现了开裂现象。

这是怎么回事呢？（P174）

叶子中有淀粉

树叶的颜色除了绿色，还有红色、黄色。你见过蓝色的树叶吗？下面就来做这个实验。需要准备的物品有：新鲜树叶、烧杯、酒精灯、100毫升酒精、碘酒、吸管、镊子、锡箔纸、打火机、水。

第一步，用锡箔纸把一片新鲜树叶包好。第二步，3天后从树上摘下这片树叶，拿掉锡箔纸，在树叶上做个记号。第三步，把另一片树叶摘下来，做好记号。第四步，把100毫升酒精倒入其中一个烧杯中，用酒精灯加热，直到煮沸。第五步，把两片树叶放到煮沸的酒精中，把叶子煮到失去颜色，停止加热并冷却酒精。第六步，向另一个烧杯中加水，用吸管吸取碘酒往水中滴几滴。第七步，从冷却的酒精中用镊子把叶子取出来，放到滴有碘酒的水中。一段时间后，把叶子取出来，用水洗去上面的残留液体。这时，你会看到被锡箔纸包裹的叶子没有变化，但没有包裹的叶子却变成了蓝色。

这是怎么回事呢？（P174）

把花香留下

香水除了在商店可以买到外，自己也可以动手来做。需要准备的物品有：几片又香又新鲜的花瓣、玻璃杯、清水、酒精、保鲜膜。

第一步，玻璃杯内装大半杯清水，把花瓣放到里面。第二步，在杯中滴几滴酒精，用保鲜膜将杯口封闭起来。第三步，把玻璃杯拿到有阳光照射的地方。一周后，打开玻璃杯，取一点杯中的水涂在手上，就可以闻到花香。

你知道这是什么原因吗？（P174）

不会腐烂的黄瓜

黄瓜放久了就会腐烂，这该怎么办呢？需要准备的物品有：黄瓜、水果刀、盘子、小勺、食盐。

第一步，用水果刀把其中一根黄瓜距瓜炳1/3处切下。第二步，用勺子挖空黄瓜中间的瓤，并在挖空处撒一些食盐。第三步，把这根黄瓜放在一个盘子内，另一根黄瓜放在另一个盘子内，将两个盘子放在一起。三四天后，观察这两根黄瓜，你会发现被挖空并撒有食盐的黄瓜流出了很多盐水，变得有些干瘪，但没有坏掉；没有挖空撒食盐的黄瓜已经腐烂了。

这是什么原因呢？（P174）

体积膨胀了

看起来很弱小的干黄豆，居然把玻璃瓶撑破了。下面我们就来做这样的实验。需要准备的物品有：干黄豆、清水、带盖子的薄壁玻璃瓶。

先把干黄豆放到玻璃瓶中，占瓶内容积的3/4即可。然后，往玻璃瓶内加满清水，盖紧瓶盖。当玻璃瓶内的水被干黄豆吸干后，打开盖子继续加满水，盖紧瓶盖。这样反复几次后，玻璃瓶突然破裂了，豆子撒了一地。

你知道这是什么原因吗?(P174)

长在苹果上的字

我们做一个有趣的实验,让字长在苹果上。需要准备的物品有:能耐风雨并遮光的纸,还有笔、剪刀。

从苹果树上选一个已经长大,就要变红且果形端庄的红苹果。根据苹果的大小,在纸上写好字,用剪刀把字剪下来,贴在苹果向阳的一面。到苹果成熟时,揭掉贴在苹果上的纸,发现字已经长在苹果上了。

这是怎么回事?(P174)

叶子颜色变浅了

选两盆同一品种的盆栽植物,一盆放在阳光充足的地方,另一盆放在不见阳光的阴暗地带。一周后,我们来观察它们的变化。在阴暗处的盆栽植物,叶片的颜色变浅,叶子会凋落;另一盆光照充足的盆栽植物,叶子长得很好。

这是什么原因呢?(P174)

又细又长的葱

处于阴暗中,截断的葱怎么生长?需要准备的物品有:葱、小刀、玻璃杯、尺子、水笔、泥土、水。

第一步,把两根葱从葱头到葱白处切下15厘米的一段。第二步,在玻璃杯中装上泥土,占到杯子容积的2/3,用水把土淋湿。第三步,在土中用笔的末端插两个3厘米的洞,洞的大小要能放进去葱。第四步,把葱的根插到洞内,将周围的土压实,使葱挺立好。第五步,把玻璃杯放到远离窗户的阴暗处。第六步,在葱的顶端做好记号。之后,每天在葱的顶端做记号,两个星期后会发现,两根葱生长速度虽然不同,但它们都又长又细,长度在30厘米左右。

这是怎么回事?(P174)

橘子皮内的植物油

你相信橘子皮可以迸火花吗?下面我们就来做这样一个游戏。需要准备的物品有:橘子、蜡烛、打火机。

第一步,剥开橘子将里面的果肉去掉,只剩下橘子皮。第二步,在黑暗的地方,用打火机点亮蜡烛。第三步,用手指捏住橘子皮,在靠近蜡烛的火焰处,用力挤压橘子皮。这时,会看到有漂亮的火花闪现,同时伴有爆裂的声响。

你知道这是什么原因吗?(P174)

第八章 生物百态,你不知道的另一个世界

果实中的酸

有些水果摘下时是生的,这该怎么办呢?下面我们就来做这样一个游戏。需要准备的物品有:未熟的水果(比如香蕉、李子、芒果、猕猴桃等)、发霉的柠檬、塑料食品袋。

把未熟的水果放到塑料食品袋内,将一两个发霉的柠檬放到水果上面。不久,食品袋内的水果就熟了。

这是怎么回事,你知道吗?(P174)

种子的呼吸

通过下面的游戏,我们来了解一下种子的呼吸。需要准备的物品有:大玻璃瓶、小玻璃瓶、种子、烧碱溶液、软木塞、凡士林、水杯、红墨水、弯曲的透明塑料管。

第一步,在大玻璃瓶中装些干燥的种子,占瓶子的1/3。在种子上面放小玻璃瓶,注意要全部装在大玻璃瓶内,小玻璃瓶内要装一点烧碱溶液。第二步,用软木塞把大玻璃瓶的瓶口塞住,在塞子上打孔,装上一根弯曲的透明塑料管。第三步,为避免漏气,瓶塞和瓶口间以及塑料管和塞孔口接触的地方涂抹凡士林。第四步,把管的另一端插到水杯中,在水里滴几滴红墨水,使水变红。装好后不要动它。几天后,就会看到沿着塑料管红色的水在不断上升。

你知道是怎么回事吗?(P175)

用大蒜溶液浇花

夏天蚊虫肆虐,除了使用各种杀虫剂外,还有一种天然的杀虫剂。也许你会不信,那就是大蒜。通过下面的游戏,我们来验证一下。需要准备的物品有:大蒜、水盆、喷壶、清水、长了虫子的花。

第一步,将大蒜剥皮并捣碎。第二步,在水盆中倒一些清水,将捣碎的大蒜放在清水中浸泡几小时。第三步,把浸泡大蒜的溶液装入喷壶内,用它来浇花。两三天后,花上的害虫变得干瘪直到死亡。

请问,这是什么原因?(P175)

长出了胚芽

下面来做一个有关蛋壳与种子的实验。需要准备的物品有:种子、比较完整的蛋壳、土、水、绳子。

第一步,把种子放到水中浸泡一晚上,种子生出芽为佳。第二步,在蛋壳中加入适量的土,为保证土壤潮湿,可浇少量的水。第三步,把种子种到蛋壳中。第四步,用绳子把蛋壳吊起来,悬挂在阳光充足的地方。第五步,为保证土壤湿润,每天往蛋壳中加适量的水。一周后，会发现植物的根从蛋壳中钻了出来。

你知道这是为什么吗？（P175）

绽放的睡莲

你是否见过绽放中的睡莲？下面，我们就用纸睡莲来模拟一下。需要准备的物品有：平滑的纸、红颜色的彩笔、剪刀、水盆。

第一步，用剪刀把纸剪出一朵睡莲的图案。第二步，在剪好的图案上，用彩笔涂好颜色。第三步，把纸睡莲的花瓣向里折叠，放到水盆中。接下来，我们就来观察它的状态变化。红色的花瓣正在慢慢向外绽放，直到完全盛开。

你能解释其中的原因吗？（P175）

变颜色的花

每朵花都有自己的颜色，你见过一朵花有不同的颜色吗？需要准备的物品有：红色喇叭花、粉红色康乃馨、醋、盐、糖、清水、肥皂水。

第一步，把4朵粉红色的康乃馨分别插到醋水、盐水、糖水及清水中。不一会儿，醋水中的花变红了。两小时后，醋水中的花变成深红色了。其余三种水中的花，颜色没有变化。第二步，配置不同浓度的醋水，分别插入一朵粉红色的康乃馨。结果显示，醋水的浓度越高，花的颜色越深，插在最浓醋水中的康乃馨已经变成了一朵红花。接下来，将红色的喇叭花放到肥皂水中，一会儿它的颜色变成了蓝色。把这朵蓝色的喇叭花放到醋水中，很快它又奇迹般地变回了红色。

这是什么原因？（P175）

光滑的葡萄干

通过下面的游戏，我们来看一下葡萄干是如何变胖的。需要准备的物品有：葡萄干、玻璃杯、清水。

首先，往玻璃杯中装些清水。然后，把几粒葡萄干放到玻璃杯中。放置半天后，再观察杯中的葡萄干，会发现葡萄干膨胀变软了，且外皮变得很光滑。

你知道这是为什么吗？（P175）

斜靠在书堆上

看到一株盆栽植物倾斜了，该怎么办？准备盆栽植物、书，来做这个游戏。

首先，把书重叠堆起来。然后，把盆栽植物斜靠在书堆上。一星期后，发现盆栽植物的茎向上弯曲着，叶子也朝上面生长。

这是什么原理？（P175）

芹菜变蔫了

芹菜放几天后就会变软，有没有好的办法使它变得新鲜呢？需要准备的物品有：玻璃杯、变软的芹菜、水、蓝色的食用色素。

第一步，把芹菜茎的下端薄薄地削去一层。第二步，往玻璃杯内装半杯水，倒入足量的蓝色食用色素，使水变成暗蓝色。第三步，把芹菜插到玻璃杯中，放置一晚上。第二天早上，就会发现芹菜叶子变成了蓝绿色，并且茎部变得直挺了。

你知道这是怎么回事吗？（P175）

分离出叶脉

下面我们来做一个树脉书签。需要准备的物品有：树叶、清水、烧杯、酒精灯、塑料板、石棉网、铁架台、小刷子、书、10%氢氧化钠溶液。

第一步，挑选一片外形完整、叶脉清晰、粗壮并且纹路较多的树叶。用清水把树叶洗干净，放到10%的氢氧化钠溶液中，加温煮沸。当树叶由绿变黄时，将树叶取出，用清水洗净树叶上的碱液。第二步，把树叶平放在塑料板上，用小刷子把树叶的叶肉刷去，将剩下的叶脉放到水中清洗，晾干后夹在书中压平。几天后，树脉书签就做成了。

它的原理是什么？（P175）

大量的小水滴

用玻璃罩将一根新鲜的枝条罩住，会有什么情况发生呢？需要准备的物品有：带叶的新鲜枝条、玻璃杯、玻璃罩、食用油、清水。

第一步，往玻璃杯中装入大半杯清水。第二步，把枝条放到杯中，并把玻璃杯放到阳光下。然后，在玻璃杯的水面上，滴一层薄薄的食用油。第三步，把玻璃罩覆盖在玻璃杯上，一会儿，很多小水滴聚集到玻璃罩的内壁上。

这是怎么回事呢？（P175）

筑巢的飞鸟

准备好树枝、干草、线、碎纸片，下面我们来搭一个鸟巢。在经验不足的情况下，不妨到附近的树林或公园走一走，观察一下不同的鸟巢。需要注意的是，不要打扰巢里的小鸟。接下来，用准备好的材料试着搭建一个鸟巢，不能用胶水。

另外，搭建的工具只有自己的手，不能用其他工具。搭建的鸟巢必须是圆形的，以装下2~3个鸟蛋为宜。提了这么多要求，做起来是不是觉得很难？不得不崇拜一下飞翔在天空的鸟儿们。（P176）

鱼儿呼吸的次数

水温对鱼会有什么影响？为了了解这一点，下面我们来做一个游戏。需要准备

的物品有：小鱼、广口玻璃瓶、小渔网、大碗、温度计、手表，水和冰块也要准备些。

第一步，往玻璃瓶内装一些水，用小渔网把鱼捞起来放到瓶内。半小时后，观察鱼的呼吸，记下1分钟内鱼儿嘴巴和鳃开闭的次数。第二步，把玻璃瓶放到大碗里，向大碗中放半碗冰块，并加满水。将温度计插到玻璃瓶内，当温度降低到10℃时，再来记录鱼儿1分钟内嘴巴和鳃开闭的次数。通过比较发现，温度降低后，嘴巴和鳃开闭的次数少了。

你知道这是什么原因吗？（P176）

没有热量的冷光

我们测量下萤火虫发出光的温度。需要准备的物品有：萤火虫、广口玻璃瓶、温度计。

第一步，取两个玻璃瓶，把萤火虫放到其中一个瓶中。第二步，把温度计分别放到玻璃瓶中，并盖好瓶盖。半小时后，观察两个温度计上的温度，显示表明瓶子内有萤火虫的温度计温度高一些。

这是什么情况呢？（P176）

蜘蛛网的图案

做这个游戏，最重要的要找到几张类型不同的蜘蛛网。除此之外，需要准备的物品有：颜色明亮的喷雾式油漆、发胶、剪刀、几张白纸。

第一步，趁蜘蛛不在网上时，朝蜘蛛网喷射油漆。第二步，将发胶喷在白纸上，把白纸贴在喷漆未干的蜘蛛网上。第三步，手拿着白纸不动，让小伙伴用剪刀把白纸以外的蜘蛛丝剪断。剪好后，把白纸平铺好。第四步，用同样的方法获取其他种类的蜘蛛网。第五步，等纸和蜘蛛网变干后，进行比较，查看蜘蛛网的图案是否一样。（P176）

黑黑的小蝌蚪

小蝌蚪从小就知道找妈妈，那么它是怎么变成青蛙的？需要准备的物品有：小蝌蚪、大号玻璃瓶、河水、泥沙、水草。

往玻璃瓶内装一些河水，把泥沙和水草放到瓶内。然后，把玻璃瓶放到阳光充足，又不直接照射的地方。一段时间后，就会惊讶地发现，小蝌蚪变成了身披绿衣的青蛙。

你知道这是怎么回事吗？（P176）

蚂蚁求生记

微波炉中进了蚂蚁，奇怪的是它们一直好好的。需要准备的物品有：微波炉、小碟子、小块软糖。

第一步，把软糖放在小碟子上。第二步，拿掉微波炉内的转盘，把小碟子放进去。第三步，将微波炉通电，加热一会儿。接下来，从微波炉中取出小碟子。发现有的软糖已经化了，有的还是坚硬的，有的甚至是凉的。（P176）

猫眼睛的变化

通过观察猫，可以发现：在正午光线好的时候，猫常常把眼睛眯成一条直线。与白天不同的是，到了晚上猫的眼睛会瞪得特别大，而且特别亮。

这是怎么回事呢？（P176）

成绺的鸡毛

"落汤鸡"这词让人觉得奇怪，为什么偏偏是"鸡"，"鸭"就不对吗？通过下面的游戏，我们来验证一下。需要准备的物品有：鸭毛、鸡毛、凡士林、水。

第一步，把一根鸭毛和一根鸡毛同时放到水中，一两分钟后，从水中把它们取出。这时会看到，水浸透了鸡毛，还打了绺；再看鸭毛，它上面只沾了一些小水珠，用手抖一下就没了，鸭毛又恢复了原状。第二步，在另一根鸡毛上涂一些凡士林，浸到水中。过一会儿，从水中取出，发现这根鸡毛没有被水浸湿。

这是怎么回事？（P176）

跑直线的绵羊

如果追赶一只绵羊，有没有想过它会怎么跑？找来一只绵羊，把它牵到自己身边。然后，想办法吓唬它，拼命追赶它。这时，你会发现绵羊一直沿直线跑。

这是怎么回事？（P176）

同属鳞翅目

蝴蝶和飞蛾同属鳞翅目，它们的外观看起来也很像，该如何区别呢？做这个游戏，需要准备的物品有：蝴蝶、飞蛾、铁丝、枕头套、大玻璃瓶、橡皮筋、丝袜、长木棍。

第一步，把铁丝弯成一个圆圈，两端绑在长木棍上。在铁丝处套上枕头套，这样做成了一个捕虫网。第二步，用做好的捕虫网分别捉一只蝴蝶和一只飞蛾，把它们装在两个不同的瓶子内。第三步，用丝袜盖在瓶口，用橡皮筋绑紧。通过玻璃瓶，我们来观察蝴蝶和飞蛾，发现它们有很大差别。（P176）

蚂蚁的触角

下面做一个好玩的游戏。首先，准备好糖水、糖精水。然后，找一个蚂蚁多的地方。把糖水和糖精水分别滴在两边，静心观察。不一会儿，就会看到蚂蚁都朝有糖水的地方奔去，有糖精水的地方没有一只蚂蚁光临。

你知道这是怎么回事吗？（P176）

窝在洞中不出来

白天，沙漠中的动物总是躲在洞中。请准备好毛巾、铲子、室外温度计，接下来就做这样一个实验。

第一步，选一个天气晴好的日子，走到室外用铲子在地上挖10厘米深的一个洞，能把温度计送进去为佳。第二步，把温度计送到洞中后，用毛巾盖住洞口，同时另一支温度计放在地上。5分钟后，从洞中取出温度计读取显示的数据，然后读另一支温度计上的数据。很容易就会发现，洞中的温度比外面要低。（P177）

吸附在岩石上

在岩石上，总有很多海洋生物吸附在上面。通过下面的游戏，我们来了解一下。需要准备的物品有：吸盘、表面光滑的小石头、水。

用水把吸盘弄湿后，把吸盘紧紧压在石头上。然后，用力拉一下吸盘上端，石头被吸了起来。（P177）

特意吃点沙子

在吃食物时，鸡总是会吃些沙子。这是怎么回事？需要准备的物品有：沙子、瓜子仁、塑料袋、玻璃杯、水。

第一步，把瓜子仁放到玻璃杯中，放入大半杯水，浸泡大约半小时。第二步，把浸泡的瓜子仁放到塑料袋中。第三步，把沙子倒入塑料袋中。揉搓塑料袋，使瓜子仁和沙子相互摩擦。过一会儿，就会发现沙子把瓜子仁磨碎了。（P177）

蚯蚓辨别方向

蚯蚓长期生活在地下，你知道它怎么辨别方向吗？需要准备的物品有：蚯蚓、葱、彩色丝带、湿热饭。

先把两条蚯蚓放到湿热饭上，在它的两侧分别放上葱和彩色丝带。过了四五分钟，两条蚯蚓都朝葱的方向扭动，最后钻到葱的底下了。（P177）

厚厚的脂肪

企鹅生活在寒冷的南极，它不穿衣服，也没有很厚的皮毛。你知道企鹅怎么御寒吗? 需要准备的物品有: 黄油、塑料袋、相同大小的冰块。

第一步, 把黄油放在手心, 在这只手上套上塑料袋。第二步, 让朋友把另一个塑料袋套在另一只手上。第三步, 在你的左右手上分别放一块冰。1分钟后, 会发现没有放黄油的手要冷一些。(P177)

无所畏惧的蜗牛

难道蜗牛不怕锋利的东西吗? 需要准备的物品有: 蜗牛、锋利的刀片、玻璃片。

第一步, 把刀片竖直放置好。第二步, 把蜗牛放在刀刃上, 蜗牛慢慢爬行, 一点也没受伤。第三步, 再把蜗牛放在玻璃片上。在玻璃片底部, 可以看到蜗牛走过的地方有一道痕迹, 可以看到它匀速地向前移动着。(P177)

鸟儿的翅膀

有没有想过, 为什么鸟儿能在天上飞翔? 需要准备的物品有: 白纸、剪刀、尺子。

用剪刀剪2厘米宽的一个纸条, 然后向纸条吹一口气。这时, 纸条就向上飘了起来。

这说明了什么问题呢? (P177)

沙漠中的骆驼

长期在沙漠中行走, 骆驼怎么不渴呢? 找来一面带手柄的镜子, 下面我们来做这样的实验。首先, 朝镜子吹几口气, 发现镜子模糊了。再吹几口气后, 发现镜子上有很多细小的水珠。(P177)

鱼鳞的秘密

想知道鱼的年龄吗? 需要准备的物品有: 放大镜、鱼鳞、黑色的纸。

将鱼鳞晒干, 之后把它们放到黑色的纸上。接下来, 用放大镜观察鱼鳞上的条纹, 并数出较宽和颜色较深的条纹数目。(P177)

各有所好的蜂蝶

准备几朵不同颜色的鲜花, 几只蜜蜂, 几只蝴蝶。注意把花朵分开摆放, 让蜜蜂和蝴蝶靠近它们, 观察落在不同颜色花朵上的次数。你会发现, 蜜蜂大部分停在黄色和白色的花朵上, 红色花朵只有蝴蝶停留。

这是什么原因? (P177)

掉下来的蚂蚁

别看蚂蚁小，但它摔不死。这是怎么回事呢？咱们先验证一下。需要准备的物品有：蚂蚁、白纸。

第一步，在地上放好白纸，把蚂蚁放到手中。第二步，高高举起有蚂蚁的手，把它扔到白纸上。观察发现，蚂蚁安然无恙，没有受伤的痕迹。（P177）

苍蝇受到威胁

到了秋天，苍蝇就会大批死亡。这是什么原因呢？需要准备的物品有：苍蝇、放大镜、镊子。

先用镊子小心地夹住苍蝇，然后用放大镜观察苍蝇的外表。可以看到苍蝇的表皮有点苍白。这样的话，过不了多久，它就会死亡。（P178）

蚯蚓的头尾

如果蚯蚓不爬行，怎么分辨它的头和尾？需要准备的物品有：蚯蚓、电池、导线、报纸、胶带、水。

第一步，剥去导线两端2毫米的绝缘表皮。第二步，用胶带把一根导线的一端粘在电池正极上。第三步，另一根导线的一端粘在电池负极上。第四步，把报纸折成长方形，长边不短于蚯蚓的长度。第五步，洒些水在报纸上，使它完全湿透，把蚯蚓放到报纸中央。第六步，和电池负极相连的导线接触与蚯蚓右端距离2毫米的地方，和电池正极连接的导线接触与蚯蚓左端距离2毫米的位置。这时蚯蚓伸展自如，换个方向它又缩成锯齿状的一团。（P178）

它已恭候多时

蜜蜂除了勤劳外，还是天才的数学家。通过下面的游戏，我们来验证一下。需要准备的物品有：蜜蜂巢穴、碟子、浓糖水。

第一步，往碟子中装一些浓糖水。第二步，在距离蜂巢大约5米的地方放上碟子。不一会儿，蜜蜂就来喝糖水了。过一天，把碟子移到比原来远20%的地方，加适当浓糖水。第三天，再把碟子远挪20%的距离，加些浓糖水。坚持一周可发现，在将要放碟子的地方，蜜蜂已恭候多时。（P178）

金鱼的反应

金鱼会条件反射吗？做这个游戏，需要准备的物品有：有金鱼的鱼缸、固体不漂浮的鱼食、白色小碟子（能沉到水中）、青色小碟子（能沉到水中）、筷子。

第一步，在白色小碟子中放一些鱼食，把它放到鱼缸中后，可以看到金鱼来取食。连续几次后，就会发现只要往鱼缸中放白色小碟子，不管是否有食物，金鱼都会游过来。第二步，换有鱼食的青色小碟子，放到鱼缸中，只要金鱼都会过来吃食，就用筷子赶它。几次后，看到青色小碟子，金鱼就会逃跑。（P178）

海洋动物与塑料制品

对海洋动物来说，塑料制品的危害有多大？通过下面的游戏，就可以验证。准备好一根橡皮筋。

第一步，张开一只手，把橡皮筋放在手背上，一头勾在小指上，另一头勾在拇指上。第二步，不借助外力的情况下，挣脱掉手指上的橡皮筋。实验证明，要拿掉手指上的橡皮筋很难。（P178）

尾鳍的再生

我们都知道壁虎的尾巴可以再生，那泥鳅的尾巴呢？需要准备的物品有：泥鳅、鱼缸、剪刀、尺子、水。

第一步，向鱼缸中放些水。第二步，把一条泥鳅从尾鳍的基部剪去，另一条泥鳅剪去尾鳍的尖端。第三步，把剪好的泥鳅放到鱼缸内。两天后，用尺子量一下它们尾鳍的长度。通过记录可以看出，两条泥鳅的尾鳍都生长了，从尾鳍的基部剪去的鳍长得快些。（P178）

冻不死的小龙虾

需要准备的物品有：小龙虾、碗、冰箱、水、电吹风机。

第一步，把小龙虾放到碗中，倒入大半碗水。第二步，把碗放到冰箱冷冻，过一阵，水就变成了冰，小龙虾被完全冻住了。第三步，从冰箱中取出碗，放到水龙头下面冲刷，直到冰块慢慢化开。第四步，把小龙虾从碗中拿出来，用电吹风机的热风烘干。过一会儿，小龙虾居然开始抖动脚，随后蠕动身体，它又活了。

你知道这是怎么回事吗？（P178）

站着睡觉的鸟

鸟的睡眠通常是一连串的短暂休息。找一只站在树上睡觉的鸟，然后搬一把椅子到树下。你也来实验一下挺直腰板、坐在椅子上睡觉的感觉，请朋友裁判你和鸟的身体谁先歪。结果鸟总是赢。

这是为什么呢？（P178）

和萤火虫一起玩耍

一闪一闪的萤火虫，让很多人都喜欢，那么有没有什么办法和萤火虫进行交谈呢? 那就从下面的游戏中寻找答案。所需准备的材料有: 带瓶盖的广口玻璃瓶、不同种类的萤火虫、手电筒。

第一步, 晚上, 把萤火虫装入玻璃瓶中, 盖上瓶盖。把手电筒放在瓶子旁边。第二步, 关闭房间内所有的电源, 每隔一秒钟开、关一次手电筒, 如此重复10次左右。第三步, 把手电筒开、关时间改为2秒钟、3秒钟、4秒钟, 每一轮都要把手电筒开、关10次。仔细观察就会发现, 萤火虫对手电筒光有一定反应。因萤火虫种类的不同, 亮灭时间间隔反应也不相同。(P178)

青虾变色的秘密

从市场上买回来的虾都是青色的, 经过烹饪后这些虾从青色变成了红色, 这是什么原因呢? 所需准备的材料有: 活虾、汤锅、燃气灶、自来水。

第一步, 观察刚买回来的虾, 它们的颜色全部是青色的。第二步, 向汤锅中注入适量的自来水, 再把虾放入锅里, 用燃气灶将虾煮几分钟。第三步, 关闭燃气灶, 打开锅盖, 就能发现锅中的虾全部都变成了红色。(P178)

复活的苍蝇

夏季, 经常能看到落入水中浸泡的苍蝇就如同死了一样, 其实这些苍蝇并非真的死了, 为什么会这么说呢? 可以从下面的游戏中寻找答案。所需准备的材料有: 活苍蝇、盆子、清水、食盐、小碗。

第一步, 在盆子中倒一些清水, 并把苍蝇放入水中浸泡几分钟, 这时苍蝇看起来如同死了一般。第二步, 把苍蝇从水中捞出, 放入小碗中, 向小碗撒一些食盐, 最好埋住苍蝇。第三步, 20分钟后, 令人惊奇的事情发生了, 苍蝇竟然从食盐中钻了出来, 苍蝇死而复生了。(P178)

第九章 9

顽皮气体，一起和空气做游戏

蛋壳和蛋白

刚煮好的鸡蛋不好剥壳，如果放到凉水中浸一下，几分钟后，就很容易剥开了。这是什么原因？（P179）

开盖后结冰

夏天，从冰箱里拿出的汽水没有结冰。打开瓶盖后，虽然处于室温，可汽水却结出了冰块。这是为什么呢？（P179）

贴瓶壁而过

做这个游戏需要准备的物品有：玻璃瓶、蜡烛、火柴。

首先，把燃烧的蜡烛放在瓶子后面。然后，向瓶子吹一口气，蜡烛就熄灭了。看来，瓶子保护不了蜡烛。

你知道这是怎么回事吗？（P179）

热的对流与传递

为了不使饭菜变凉，很多人用保温盒装饭菜。你知道保温盒保温的原理吗？需要准备的物品有：鞋盒、棉花、玻璃杯、开水、温度计。

首先，在鞋盒内塞满棉花，当作保温箱。然后，向两个玻璃杯中倒入开水，一杯放到保温箱中，另一杯放到桌子上。半小时后，测量两杯水的温度，发现保温箱内的水温要高一些。（P179）

向下的空气

把洗脸盆和乒乓球准备好，接下来会有一个新发现。首先，把洗脸盆放到水龙头下，放进半盆水后，把一个乒乓球放到水流落点处。之后会发现，在强大的水流下，乒乓球却始终没有被冲走。（P179）

气流变弱

大多数苍蝇拍都有小孔，这是怎么回事呢？下面我们来实验一下。需要准备的物品有: 硬纸板、剪刀、木棍、钉子、细铁丝。

先用剪刀把硬纸板剪成苍蝇拍大小,用细铁丝固定在木棍上。然后,用做好的苍蝇拍打苍蝇,发现根本打不到。用钉子在上面戳几个孔后,再去尝试就容易多了。(P179)

美丽的冰花

寒冬腊月,玻璃上布满冰花。需要准备的物品有: 热水、冰箱、玻璃片。

先把玻璃片放在热水杯上,等玻璃片上沾上水汽后,立即放到冰箱冷冻。几分钟后,从冰箱取出玻璃片,能看到上面有一层类似冰花的花纹。

你知道这是什么原因吗?（P179)

空气间的距离

你知道吗? 空气间也是有距离的。下面就来实验一下。需要准备的物品有: 针管。

先把针管向外抽出,使针管内充满空气。然后,用手指堵住针管下端的开口,另一只手向下压针管的活塞。用力往下压,直到压不动为止。松开压活塞的手后,活塞又回到了原来的位置。

这是什么原因?(P179)

漏斗失灵了

给瓶子灌水时,可以借助漏斗,但有时它也不好使。需要准备的物品有: 玻璃瓶、水、橡皮泥、吸管、漏斗。

先把漏斗插到瓶子中,用橡皮泥把瓶口密封住。然后,往瓶子内灌水,发现水进不去。用手按住吸管的一端,另一端插入漏斗。抬起手指,水就会进到瓶中,空气也可以从吸管流出来。

这是怎么回事呢?（P179)

淡淡的影子

通过下面的实验,我们来看一下空气的影子。需要准备的物品有: 火柴、蜡烛和手电筒。

晚上,用火柴点燃蜡烛放在桌子上,让它们距离墙60厘米。把屋内的灯全部关掉,站在离墙1~2米远的地方,打开手电筒看到烛光照在墙上。在蜡烛阴影的上方,这时有一个淡淡的影子不断摇动着。这就是蜡烛上方热空气的影子。

这是怎么回事呢?（P179)

吹气和放气

准备一个气球,开始下面的游戏吧。对着小伙伴的脸颊吹气球,他的脸颊会暖暖的,并且很舒服,注意气球不要吹得太鼓。让气球继续贴在对方脸上,慢慢给气球放气,对方会感觉很冰,很不舒服。

这是怎么回事?（P180）

把空气烤热

小小的拔火罐,可以扣在病人的痛处不掉下来。这是什么原因? 接下来就做这样一个游戏。需要准备的物品有:玻璃罐、棉布、蜡烛、火柴。

第一步,在水里浸湿棉布,叠成比罐口大一点的几层方块,在桌子上放好。第二步,用火柴点燃蜡烛固定在桌子上。第三步,拿着倒扣的罐子,放在蜡烛上方以便把里面的空气烤热。接下来,迅速把罐子倒扣在湿布上,只见罐子把湿布吸了起来。（P180）

比空气密度低

在车窗紧闭的汽车内,手拿氢气球下的绳子。车子前进时,人向后倾,氢气球向前飞;突然司机一个急刹车,发现人向前倾,而氢气球向后飞。

这是为什么呢?（P180）

瓶内的空气

用热水吹气球,你觉得能行吗? 需要准备的物品有:塑料瓶、气球、冰箱、细绳、热水、大器皿。

第一步,取下塑料瓶的盖,把瓶子放入冰箱,1小时后拿出来。第二步,吹几次气球。第三步,把气球紧紧地套在塑料瓶口上,用细绳绑紧。第四步,用大器皿装热水,用热水烫塑料瓶,可以看到气球微微鼓起。做这个游戏要注意安全,小心烫伤。（P180）

空气挡住了水

准备好手帕和玻璃杯,下面来做这样一个游戏。把手帕塞在杯子底部,然后把杯子口朝下放入水中,这时会发现手帕没有湿。（P180）

气球上的玻璃杯

把玻璃杯放在气球上,你能做到吗? 做这个游戏需要准备的物品有:气球、玻璃杯、开水。

先把气球吹大,并在它的表面沾些水。在杯子内倒满开水,半分钟后把水倒掉。随后,把玻璃杯倒扣在气球上。等杯子变得很冷了,拿起气球翻个身,发现玻璃杯挂在气球上,没有掉下来。（P180）

挤苹果的空气

有两个悬挂着的苹果,吹一口气想让它们离远点,却发现它们碰在一起。需要准备的物品有：苹果、细绳、晾衣竿。

先把两个苹果分别系在长为50厘米的绳上，绳子的另一端都系在晾衣竿上。两个苹果大约相距3厘米，高度和你的嘴部同高即可。当苹果不动时，向两个苹果中间吹气，发现它们没有分开，而是向中间靠拢。

这是怎么回事？（P180）

喷射的小水珠

准备好玻璃瓶、吸管、剪刀，下面来观察一下喷射的小水珠。

第一步，往玻璃瓶中倒大半瓶水。第二步，在吸管1/3处用剪刀剪开一半，沿切口把吸管折成90度。第三步，把吸管长的一端放入水中，用短的一端用力吹气。瓶内的水被吸上来，从吸管的切口处喷出很多小水珠。

怎么会这样呢？（P180）

与大气不接触

平时经常用吸管喝饮料，那么任何水都可以用吸管喝到吗？需要准备的物品有：带盖子的瓶子、吸管、火柴、蜡烛。

第一步，在瓶盖上钻一个孔，比吸管的直径大一点就可以。第二步，插入吸管，用火柴将蜡烛点燃，用蜡油封严吸管与瓶盖的接口处。第三步，把瓶子灌满水，用插有吸管的瓶盖盖紧。之后，不管怎么用力，都不能从吸管中喝到水。（P180）

漏斗中心的压力

通过漏斗，你能把蜡烛吹灭吗？需要准备的物品有：蜡烛、火柴、漏斗。一起开始游戏吧。

第一步，把用火柴点燃的蜡烛在桌子上立稳。第二步，让漏斗的大头冲着蜡烛火焰，注意不是罩住火焰。第三步，从漏斗的小口使劲向蜡烛吹气，可以发现蜡烛是吹不灭的。更奇怪的是，火苗还往漏斗这边倒。

你知道这是什么原因吗？（P180）

对空隙吹气

桌子上放着一张半卷的名片，能把它翻过来吗？把名片对折成90度左右的角后，放在桌子上。然后，对折角的空隙使劲吹气。结果发现名片非但没有翻过来，还更牢固地立在桌子上。

这是怎么回事？（P181）

111

高低气压的平衡

往瓶里吹小纸球,它却朝你的脸射过来。你遇到过这样的情况吗?需要准备的物品有:空瓶子和小纸球。接下来我们一起动手吧。

横拿着一个空瓶子,把小纸球放在瓶口处。然后,试着把小纸球吹到瓶子内。这时会发现纸球没有进到瓶子内,而是往脸部喷射出来。

你知道这是什么原因吗?(P181)

杯内的气压

水的密度比蜡烛的密度大,因此蜡烛可以漂浮在水面上。但下面的游戏,蜡烛却沉入了水底。需要准备的物品有:玻璃水槽、清水、蜡烛、玻璃杯。

第一步,往水槽中注入一大半的清水。第二步,把蜡烛放在清水中,它会漂浮在水面上。第三步,拿出玻璃杯,把它罩在水面的蜡烛上,并松开双手。第四步,玻璃杯慢慢下沉的过程中,杯子内的水面也在下降,跟着蜡烛也下沉直到水底。

这是什么原因?(P181)

内外气压不同

用手掌把瓶子吊起来,你能做到吗?下面来做这样的游戏。需要准备的物品有:广口玻璃瓶和热水。

第一步,在瓶内加入一定的热水,均匀摇一摇倒掉。第二步,把手掌紧密地盖在瓶口上,瓶子冷却后把手掌抬起。这时瓶子被吸起来了,稍微晃动,它也没有掉下来。

这是怎么回事呢?(P181)

自由下落的鸡蛋

做这个实验需要准备的物品有:熟鸡蛋、空玻璃瓶、热水。

第一步,把鸡蛋剥好,放在一旁。第二步,把热水注入瓶内,用毛巾围住玻璃瓶,摇一摇把水倒掉。第三步,在瓶口上把去皮的鸡蛋小头朝下放好。不一会儿,鸡蛋就掉进瓶内了。

你知道这是什么原因吗?(P181)

杯口间的空隙

把两个装满水的杯子叠在一起,你能做到吗?下面就来一起动手做这个游戏吧。需要准备的物品有:玻璃杯、水、盘子、硬纸片。

第一步,把两个玻璃杯都注满水,一个杯子放在盘子上,另一个杯子上盖好硬纸片。第二步,把盖硬纸片的杯子慢慢倒过来,与另一个杯子重叠。第三步,将两个杯口对齐, 慢慢抽掉硬纸片。可以发现, 上面的杯子没有水洒出来。

这是什么原因呢? (P181)

与空气共鸣

通过下面的实验, 来了解共鸣。需要准备的物品有: 大可乐瓶、筷子、玻璃杯。

第一步, 在3个相同的大可乐瓶中, 分别装上不同水位的水。第二步, 用嘴依次对装有较多、中等、较少的水的瓶口吹吹气, 可以听到大可乐瓶发出高、中、低不同的声音。第三步, 在3个相同的玻璃杯内, 分别装上不同水位的水。接下来, 用筷子依次敲击装有较多、中等、较少的水的杯子, 可以听到玻璃杯发出低、中、高的声音。

这是为什么呢? (P181)

空气无法进入

需要准备的物品有: 筷子、报纸、大勺子。

第一步, 把干燥的一根筷子放到桌子上, 把报纸盖在筷子上, 使1/3的筷子露在外面。第二步, 压紧报纸, 使它和筷子密合好。第三步, 用大勺子敲击筷子露出的部分, 发现筷子断了, 而报纸没有动。

这是什么原因? (P181)

冷空气体积小

准备大塑料瓶、沸水。先往塑料瓶内倒半瓶沸水, 拿起瓶子摇一摇。接下来, 倒出水, 把瓶盖拧紧。这时, 瓶壁向内凹陷了。

这是什么原因? (P181)

失去空气的气球

空气有着很神奇的力量, 气球因此可以瞬间增大或者缩小。通过下面的实验, 我们来验证一下。需要准备的物品有: 气球、签字笔。

第一步, 吹大气球, 紧紧捏住气球口。第二步, 在气球上用签字笔画一张脸, 注意让图画覆盖气球一整面。第三步, 慢慢松开捏住气球的手, 可以发现覆盖气球的整面脸缩小了。

这是什么原因? (P181)

吹出的气流

静止的空气和流动的空气, 它们哪个力量大? 需要准备的物品有: 纸。

第一步, 把纸对折, 在桌子上立好, 看起来像帐篷一样。第二步, 把纸帐篷移到桌沿, 使你的嘴和桌面平齐。第三步, 深吸一口气, 对纸帐篷吹气。注意, 要保证气流平稳。可以看到, 纸帐篷又变成一张平整的纸了。

你知道这是什么原因吗?（P181）

一连串的小气泡

鸡蛋里有空气吗?下面我们就来证实一下。需要准备的物品有:生鸡蛋、较深的碗、沸水、黄色食用色素。

把鸡蛋放到碗里后,往碗里倒满沸水。然后,往水中加少量的黄色食用色素。观察发现,鸡蛋周围出现了一连串的小气泡。（P181）

唱歌的气球

气球可以唱歌,你相信吗?准备好一个气球,我们一起来尝试下吧。吹大气球后,双手捏住吹气口。接下来,慢慢松开手,使气球内的气体从吹气口匀速散出。这个过程,双手一松一紧拉动气球颈,美妙的音乐就出来了。

这是什么原因?（P182）

水"沸腾"了

没有火和电,水可以沸腾吗?需要准备的物品有:玻璃杯、水、橡皮筋、方布。

第一步,往玻璃杯中倒半杯水,把方布盖在上面。第二步,用手压住布的中心,向下浸到水中。第三步,用橡皮筋把布固定好,不断颠倒水杯,水"沸腾"了。

当然,有些水会溢出来,但大部分还在杯中。这个游戏要有耐心才会成功,别放弃就可以。（P182）

给气球扎针

气球病了,给它针灸一下吧。需要准备的物品有:小号气球、胶带、针、线。

第一步,把气球吹到最大限度的3/4,把吹气口扎上线。第二步,剪5~6节胶带,把它们贴在气球上,一定要贴紧。第三步,在胶带的正中扎一根针,用力把它扎破。出乎意料的是,气球没有爆。

这是怎么回事?（P182）

气球变大了

做这个实验需要准备的物品有:气球、细线、皮卷尺、台灯、铅笔、纸。

第一步,吹气球,用细线把吹气口系紧。第二步,在气球直径最大的地方围一圈皮卷尺,量出周长。第三步,打开台灯,让气球悬于台灯正上方。

为了使气球受热均匀,每过2~3分钟转一下气球;一段时间后,请朋友用皮卷尺

让孩子更聪明的科学游戏

再量一下气球直径最大的地方。注意测量时，不要从台灯上移走气球。测量显示，气球周长变长了。（P182）

流动的空气

你能把硬币吹过玻璃杯的杯口吗？我们一起来试试吧。需要准备的物品有：硬币和玻璃杯。

第一步，把玻璃杯放在桌上，硬币放在杯沿，要保持平衡。第二步，对硬币的边缘吹气，硬币掉到杯里。第三步，把硬币再放回杯沿，这次要把它吹过杯口，使硬币落在桌上。要注意，吹气时用力要迅速，要对着硬币的中部吹气。

你知道这是为什么吗？（P182）

取下瓶盖后

做这个实验需要准备的物品有：塑料瓶、钉子、钳子、水。

第一步，用钳子把钉子夹住，在塑料瓶底部用钉子打12个小孔。第二步，把瓶子放到洗碗池中，放入大约5厘米高的水。第三步，握住塑料瓶，使它不漂起来，略微倾斜。第四步，往塑料瓶中倒满水。因为水池中有水，瓶内的水不会从小孔流出，把塑料瓶拿起来，看水能不能从小孔内流出，确保小孔不会被堵塞。第五步，塑料瓶装满水后，盖好瓶盖，从水池中取出。

这时发现，塑料瓶内的小孔有小水珠渗出，但没有水流出。握住塑料瓶，把它放在水池上方，取下瓶盖后，水就从小孔中流出了。（P182）

带着纸团飞

把纸团放到瓶子里，这应该很容易。但实验中的纸团就不行，你试试看。需要准备的物品有：小口的瓶子和纸团。

第一步，把瓶子平放在桌上。第二步，把纸团放在瓶口处，注意纸团要比瓶口小。第三步，对着瓶口快速吹气。结果显示，纸团没有进到瓶内，更可能的是它飞出瓶口，向你飞来。

为什么有这种现象？（P182）

漏斗和乒乓球

吹乒乓球很容易，试试下面的情况。需要准备的物品有：漏斗和乒乓球。下面就开始吧。

将乒乓球放入漏斗中，把它举过头顶。然后，对着漏斗下面的小口吹气，努力把乒乓球吹出漏斗。事情的结果是吹不出去，除非你用的是非常小的漏斗。

这是什么原因？（P182）

空气的威力

需要准备的物品有：装洗涤剂的塑料瓶（带瓶盖）、绳子、剪刀。

第一步，取下瓶盖，剪下里面的小塑料片，把绳子从瓶盖的小孔中穿过，来回拉动绳子，保证进出自如。第二步，在绳子两端各打一个结。第三步，用力拽瓶盖下面的绳子，向下拉直到上端的绳结把瓶盖的小孔挡住。第四步，把绳子装入瓶中，盖好瓶盖。接下来，一手指着瓶子，另一手快速捏瓶身。看，绳子飞出来了！

这是怎么回事？（P182）

与空气的接触面积

下面我们自制一个降落伞。需要准备的物品有：剪刀、铁钉、塑料袋、线。

第一步，从塑料袋上剪下一大块正方形的塑料布，要保证剪下的塑料布上没有接口。第二步，把这块塑料布修剪成八边形。第三步，用铁钉在塑料布的8个角上各打一个小孔。第四步，把8根线的一端分别穿到8个小孔中并打好结，再把这些线的另一端牢牢地绑在一起。第五步，把铁钉插入8根线打成的结中，铁钉代表"伞兵"。第六步，在一块有风的空地上，或者站在椅子上，把"降落伞"举过头顶，松手。这时，塑料布展开了，"降落伞"离你越来越远，摇摇晃晃地慢慢降落了。

你知道这是什么原因吗？（P182）

外面的香蕉皮

香蕉可以自动剥皮吗？试试下面的游戏吧。需要准备的物品有：香蕉、酒瓶、白酒、火柴。

第一步，取一根已经成熟的香蕉，把末端的皮剥开一点。第二步，找一个口径和香蕉大小差不多的酒瓶，往瓶内倒少量的白酒，用火柴点燃瓶内的酒，此时要注意安全。第三步，把香蕉的末端赶快放到瓶口上，香蕉肉要完全堵住瓶口，香蕉皮在外面。一会儿，瓶子把香蕉肉吸进去了，香蕉皮自动脱落。

这是什么原因？（P182）

烟雾的选择

烟雾会向下沉吗？通过下面的游戏，我们来验证一下。需要准备的物品有：棉线、杯垫、热水、冰水、玻璃杯、火柴。

第一步，用冰水把一个杯子冲洗几遍并擦干。第二步，把棉线放进这个杯子里，用杯垫盖住杯口，注意棉线要露出杯外一小段。第三步，用火柴点燃棉线，使烟雾充满杯子。第四步，另一个杯子用热水洗几遍并擦干。棉线熄灭后，把杯垫抽掉，这时将另一个热杯子迅速扣到充满烟雾的杯子上。此时可以看到，烟雾跑到杯底了。

这是什么原因?（P182）

"快艇"向前驶去

利用空气的力量,我们来制作一只小型"快艇"。需要准备的物品有:大型牛奶空盒、弯曲的吸管、气球、钻子、刀子、胶带、绳子、水盆。

第一步,把牛奶空盒横切一下,在盒底钻一个能容纳吸管的孔。第二步,把吸管的一端系上气球,另一端穿过盒底的孔。第三步,把气球吹胀后,快速放到水盆里,只见"快艇"迅速向前驶去。（P183）

形成了真空

准备一个碗和一团湿棉花,来做下面的游戏。首先,用湿棉花把手心沾湿。然后,把碗底放在手心上慢慢旋转一下,这时不管怎么动或倒置,碗都不会从手心掉下来。

这是什么原因?（P183）

一个密闭空间

固定在空饼干盒的橡皮手套,怎么用力都拉不出来。这是怎么回事?下面我们来做这样一个游戏。需要准备的物品有:胶带、橡皮手套、方形的饼干盒。

第一步,把橡皮手套套到饼干盒里,手腕部分翻到盒子外面封住盒口,用胶带把它固定好,使盒子内形成一个密闭的状态。第二步,把手伸到盒子内,拉出橡皮手套。果然,怎么都拉不出来。（P183）

极快速的手法

穿透土豆的吸管,你见过吗?下面就来尝试一下吧。需要准备的物品有:吸管和土豆。

第一步,把吸管和土豆拿出来,检查下是否完好。第二步,用拇指按住吸管一端,用极快速的手法就可以穿过土豆。

这是怎么回事?（P183）

空瓶坏了吗

空空的瓶子,怎么倒不进饮料呢?做这个游戏,需要准备的物品有:橡皮泥、小玻璃瓶、漏斗、饮料。

第一步,把漏斗插到小玻璃瓶内,用橡皮泥封住瓶口和漏斗间的缝隙。第二步,往漏斗中倒一些饮料,发现饮料不能从漏斗口下落。

这是什么原因?（P183）

硬币自动出现了

硬币会自动从水中出现吗? 接下来就来做这个游戏。需要准备的物品有: 硬币、盘子、小纸片、打火机、少半杯水、玻璃杯。

第一步, 把硬币放在盘子里, 倒入少半杯水, 将硬币淹没。第二步, 用打火机点燃小纸片, 把它放在杯子中, 之后把杯子罩在盘子中。注意, 杯子要罩在硬币的旁边。随后可以看到, 杯子里的水慢慢上升。最后, 盘子内的水全都进到了杯子中, 盘底露出了硬币。(P183)

"热气球" 升空了

想有一个能飞上天的气球吗? 说对了, 就是热气球。下面就来做一个吧。需要准备的物品有: 纸袋、罐头盒盖、小竹筐、短铁丝、酒精棉、火柴。

第一步, 用短铁丝在纸袋下面把小竹筐挂好。第二步, 在筐里放一个罐头盒盖, 盒盖上放一团酒精棉, 小心地用火柴把它点燃。这样, "热气球" 就升空了。

请问, 这是什么原理? (P183)

啤酒泡沫溢出了

往杯中倒啤酒的时候, 怎么才不会让啤酒溢出来呢? 需要准备的物品有: 酒杯和啤酒瓶。

第一步, 打开啤酒瓶, 把啤酒瓶垂直倒立在酒杯中, 让瓶口在杯子高度的一半上下。第二步, 酒杯内的啤酒泡沫不断涌出, 就要溢出酒杯时, 它便不再向外涌出。

这是什么原因? (P183)

水柱中的空洞

装满水的大塑料瓶, 垂直倒时水流很小。怎么让水流快点呢? 准备好水和2.5升的空瓶。

第一步, 把空瓶装满水后, 将瓶子倒置让水流自然倾下。注意观察水全部流完的时间。第二步, 再把空瓶装满水, 这次往下倒时转动塑料瓶, 使瓶内的水形成漩涡, 这时水一下就倒出来了。

这是什么原因? (P183)

气化的干冰

做这个实验需要准备的物品有: 干冰、塑料袋、手套、筷子。

第一步, 把手套戴上, 将干冰放在光滑的桌子上, 用筷子碰一下, 干冰会迅速向前滑动。第二步, 把干冰放到塑料袋内, 袋口扎好。过一段时间, 塑料袋慢慢鼓起来了。如果塑料袋鼓得很大, 要立即刺破, 防止发生危险。

塑料袋为什么鼓起来了？(P183)

呼出二氧化碳

下面做一个有趣的游戏。需要准备的物品有：石灰水、吸管、玻璃杯、自行车打气筒。

第一步，把石灰水倒入杯子内。第二步，将打气筒的气管放到杯中，打几下气。第三步，把吸管放入杯中，吹几口气。

这期间有什么变化吗？(P183)

纸玩偶不湿

浸在水里，纸不会湿吗？需要准备的物品有：图画纸、剪刀、铅笔、圆规、纸玩偶、装水的盆、彩笔、玻璃杯。

第一步，用圆规在画纸上画一个和杯口大小一致的圆，贴上自己喜欢的纸玩偶。第二步，沿线剪开，把纸玩偶浮在装有水的盆中。第三步，用玻璃杯盖住纸玩偶，垂直压在水下。这时，你会发现水没有进到杯子内，纸玩偶也没有浸湿。必须用垂直的方式压在玻璃杯底，否则玻璃杯倾斜，纸玩偶就会浸湿。

你知道这是怎么回事吗？(P183)

硬币下的气流

下面我们来做一个有趣的游戏，把硬币吹翻。需要准备的物品有：大头针、硬币。

第一步，把3枚大头针插在平台中央，硬币放在大头针上。第二步，从平台的平行处吹硬币，发现硬币纹丝不动。第三步，把下颚放在台面上，伸出下嘴唇向前吹气，气流刚好吹到硬币下把它吹翻了。

这是怎么回事？(P184)

探究蟋蟀的鸣叫原理

晴朗的夏夜经常能听见蟋蟀的叫声，那么是否知道蟋蟀是如何发出鸣叫声的呢？所需材料有：塑料片、磨指甲的锉刀。

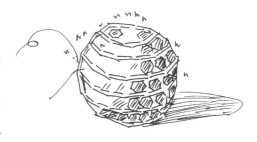

第一步，用磨指甲的锉刀磨塑料片的一边，来回不断移动，这时就能听见一种声响。第二步，加快锉刀来回移动的速度，同时也会发现声音变大了很多。(P184)

杯子里的白烟

我们来做这样一个实验。需要准备的物品有：蜡烛、火柴、盘子、杯子、水、干冰、手套。

第一步，用火柴把蜡烛点燃，放在盘子中。拿出一个杯子，加入少量的水。第二步，戴上手套，往杯子中丢入少量的干冰，杯子内冒出了白烟。第三步，把白烟倒在火焰上，火就熄灭了。

你知道这是什么原因吗？（P184）

瓶子"吃"鸡蛋

把熟鸡蛋放在狭窄的瓶口位置，会慢慢被吞下去，这是怎么回事呢？从下面的游戏中寻找答案。所需材料有：煮熟的带壳鸡蛋、纸、打火机、玻璃瓶。

第一步，剥去熟鸡蛋的蛋壳。第二步，把一张纸揉成纸团，并迅速用打火机点燃放入玻璃瓶里。第三步，马上把鸡蛋放在瓶口位置，接下来就会看到惊奇的现象，鸡蛋会慢慢进入瓶子里。（P184）

水底的蜡烛

蜡烛的密度小于水的密度，能漂浮在水上，但在下面游戏中，蜡烛却沉入了水底，这是怎么一回事呢？所需材料有：短蜡烛、玻璃杯、玻璃水缸、清水。

第一步，向玻璃水缸注入2/3的清水，并把蜡烛头放在清水中，发现蜡烛头漂浮在水面上。第二步，用玻璃杯罩住水面上的蜡烛头，然后松手。玻璃杯会慢慢下沉，蜡烛也随玻璃杯一起下沉，玻璃杯内的水面也在降低，最后蜡烛和水杯一起沉入水底。（P184）

跳进碗里的硬币

桌子上放着一枚硬币，如何才能把这枚硬币吹入碗中呢？很多人都觉得不可能做到，那么按照下面的步骤就能看见奇迹出现，一起动手试试吧。所需材料有：硬币、浅底碗。

第一步，把准备好的浅底碗放在桌子上，并在距离碗20厘米左右的地方放一枚硬币。第二步，在硬币上方位置，沿着和桌面平行的方向，对着碗用力吹气。这时会发现，硬币自己跳向碗里。（P184）

第十章 10

水的乐园，在游戏中尽情畅游

石蜡没有上浮

如果水没有浮力，会是什么后果？需要准备的物品有：石蜡、砂纸、烧杯、水。

第一步，用砂纸把石蜡的底部轻轻磨平，紧贴杯底放到烧杯中。第二步，用手按住石蜡，把水倒入烧杯中；石蜡全部浸没后，轻轻抽出手。此时可以注意到，石蜡没有上浮。不上浮时间的长短与石蜡底部磨平的状况有关。底部磨得越平，不上浮时间越长。（P184）

很小的水流

做这个游戏需要准备的物品有：牙签、肥皂、方糖、水。

第一步，准备一盆水，把牙签放在水面上，方糖放在离牙签较远的地方，这时牙签会朝着方糖的位置移动。第二步，再换一盆水，牙签仍然放在水面上，把肥皂放在离牙签较近的地方，牙签会远离肥皂。

这是什么原因呢？（P184）

蒸发的速度

在阳光的照射下，瓶子里的水和碗里的水哪个消失得多？需要准备的物品有：瓶子、碗、水。

第一步，往瓶子内和碗里分别装一杯水的量。第二步，把它们放到有阳光照射的地方。一天后，里面的水都少了，但碗里的水少得更多。

这是为什么呢？（P184）

吸管里的水

有粗细两根不同的吸管，同时插到一盆水中。过一会儿，会发现细吸管内的水比粗吸管中的水高。

这是什么原因？（P185）

121

一个小水丘

准备一满杯水和一些硬币一起做游戏吧。把硬币一个接一个地慢慢放到水中，不一会儿，杯子里放了很多硬币。但奇怪的是，里面的水没有溢出来，杯子上面形成了一个小水丘。

这是什么原因？（P185）

水印上的同心圆

在宣纸上不用笔也可以绘画吗？需要准备的物品有：半盆水、宣纸、筷子、棉花棒、墨汁。

第一步，用筷子蘸一点墨汁，轻轻触碰水面，只见墨汁扩展成一个圆形。第二步，用棉花棒在头皮上摩擦两三下，触碰墨汁圆形图案的圆心处。第三步，把宣纸轻轻盖在水面上，小心拿起，宣纸上印出了一圈圈不规则的同心圆图案。

这是什么原因？（P185）

自动涨成圆形

有没有试过用棉线在水中画圈？需要准备的物品有：棉线、牙签、肥皂。

把棉线围成一个圈，把它放在水中，发现它不会是圆形的。然后，取一根牙签，一端粘一小块肥皂，插到棉线圈中，棉线圈会立刻自动涨成圆形。

这是什么原因？（P185）

自动脱落的盒盖

随着水的不断注入，盒子上的盒盖自动脱落了。需要准备的物品有：圆柱形罐头盒、漏斗、橡皮管、水杯、脸盆、铁架台、凡士林、剪刀。

第一步，在罐头盒底部用剪刀钻一个圆孔，把橡皮管塞到圆孔中。第二步，在盒盖四周涂上凡士林，使它能粘到盒子上。第三步，把罐头盒倒置，固定在铁架台上，下面放一个脸盆接水。第四步，把漏斗连在橡皮管的另一端，慢慢提起漏斗使橡皮管伸直，不断往漏斗中注水。橡皮管升到一定高度时，盒盖自动脱落了。

你知道这是什么原因吗？（P185）

不同的击水方法

打一盆水，用手掌的侧面击一次水，手掌伸开，再用正面击水。感受两次击水的不同。然后，张开手掌感受下快速击水和慢慢击水的不同。（P185）

彩珠变大了

水能当放大镜吗？需要准备的物品有：保鲜膜、碗、彩色珠子、水。

第一步,把彩色珠子放在碗中,用保鲜膜封住碗口。第二步,把碗口上的保鲜膜用手向下按一下,使保鲜膜成倒锥形。第三步,把水倒在保鲜膜上,透过水看碗里的物体,发现彩色珠子比平时大了。

这是怎么回事?（P185）

油不溶于水

洗衣粉的去油能力很强,这是怎么回事? 需要准备的物品有: 玻璃瓶、油、清水、洗衣粉。

第一步,向瓶中倒入半瓶清水,再倒一些油。可见油漂在水面上,界限分明。第二步,用手摇晃瓶子,强制油和水混合。静置一会儿,油和水又分成上下两层。第三步,往瓶内加一点洗衣粉,充分摇晃瓶子,这时油和水混在了一起。（P185）

蛋壳的朝向

请准备鸡蛋、透明水槽、水、碗,一起动手做游戏吧。

第一步,往水槽中放一半水。第二步,从中间把鸡蛋打破,蛋清和蛋黄放在碗里,留两个鸡蛋壳。第三步,把它们同时开口朝下完全浸到水中,只见一个开口朝上,一个开口朝下。

这是怎么回事?（P185）

脱水的土豆片

怎么让土豆片变软? 需要准备的物品有: 土豆、小刀、食盐、碗、小勺、清水。

第一步,在两个碗里放入等量的清水,其中一个加两勺食盐。第二步,切两片同样大小的土豆片,放到碗里。过一段时间,把两片土豆取出,发现在清水中的土豆片比较硬,盐水中的土豆片变软了。

这是什么原因?（P185）

喷出的水柱

塑料瓶的不同位置有4个孔,你知道哪个位置喷出的水最远吗? 需要准备的物品有: 空塑料瓶、钉子、水、透明胶带。

第一步,找一个塑料瓶,用钉子在4个不同高度分别钻一个孔,用透明胶带把孔封好。第二步,往塑料瓶中注满水,撕下孔上的透明胶带。这时可见每个孔都喷出了一股水柱,但强度不同。最下面的孔喷出的水柱最远,最上面的孔喷出的水柱最近。

请问,这是为什么?（P185）

不上浮也不下沉

在水和油中间的冰块,既不上浮也不下沉。你见过这种情况吗? 通过下面的游戏,我们来了解一下。需要准备的物品有:玻璃杯、水、油、冰块。

首先,往玻璃杯内注入半杯水,再注入半杯油。然后,把冰块放在混合液体的杯子中,可见冰块悬浮在它们的交界处。(P185)

椭圆形的水

在报纸上滴一滴水,会有什么变化呢?需要准备的物品有:报纸、滴管、水。

第一步,把报纸平铺在地上。第二步,用滴管吸进一些水,滴在报纸上。观察发现,在报纸上水的形状是圆形,不一会儿,又成了椭圆形。(P185)

水中溶解的糖

把细线伸到糖水中,没几天糖分就会附着在细线上。你知道原因吗?需要准备的物品有:糖、热水、细线、筷子、玻璃杯。

第一步,往杯中倒半杯热水,向热水中加糖搅拌使其溶解,直到糖不再溶解为止。第二步,在细线中间打几个圆结,一端放在糖水中,另一端放在筷子中间。几天后水干了,细线上出现了白色晶体,尝一下,味道很甜。

这是怎么回事?(P186)

滑动的水滴

做这个游戏需要准备的物品有:报纸、油纸、水、滴管、几本书、木板。

第一步,把书摞在一起,在上面搭上木板形成斜面,在木板上铺好报纸和油纸。第二步,滴管内吸入水,在报纸和油纸的相同位置滴一滴水。这时可以发现,油纸上的水滴很快就滑到了底部,报纸上的水滴却很难滑下。

这是怎么回事?(P186)

橙汁变苦了

准备一杯橙汁、牙膏、牙刷,我们来喝橙汁。没刷牙前喝一口橙汁,酸酸甜甜的,好喝极了。用牙膏刷一下牙齿,再喝一口橙汁,变苦了。

这是怎么回事?(P186)

涂蜡的筛子

筛子能装水吗?通过下面的游戏,我们来试一下。需要准备的物品有:水、筛孔在15厘米的筛子、有蜡液的金属盆。

先把筛子放到金属盆中熔化的蜡液中,之后轻轻拿出来。一会儿,把水慢慢倒

入粘有蜡液的筛子中,可见筛子内的水越积越多,水也没有漏在筛子外。(P186)

激起的水泡

水底下的水泡,你见过吗? 我们一起来动手做一做吧。需要准备的物品有:铝盖、锥子、水。

第一步,在铝盖底部中心用锥子打一个直径3~4毫米的孔,放入水中,往铝盖内注满水。第二步,把铝盖慢慢垂直提起,大约100毫米的高度时,从小孔中流出的水珠在水中激起了水泡。这时,把铝盖放低,可见水珠激起的水泡升不上来了,还是不动地待在那里,不向周围扩散。

你知道这是怎么回事吗?(P186)

盆内的水分子

听过水下的音乐吗? 需要准备的物品有:录音机、气球、细线、水。

第一步,把录音机的耳塞装进气球内,吹鼓气球用线扎紧气球口。第二步,打开录音机放一段音乐,把音量开到最大,这时从气球里传来了音乐声。第三步,把带有耳机的气球完全浸到水中,很快声音就消失了。这时,如果把耳朵贴到水盆上,又能听到悦耳的音乐,比在空气中还清楚!

这是怎么回事?(P186)

水和酒精

水和酒精可以混合为酒水,但下面的实验中,水和酒精是互相对抗的。需要准备的物品有:乳白色平底瓷盆、滴管、清水、蓝墨水、塑料杯、浓度为95%的酒精。

第一步,在塑料杯中注入半杯清水,滴入几滴蓝墨水,使水变成淡蓝色。第二步,把淡蓝色的水倒入乳白色平底瓷盆中,水量只要盖住盆底表面即可,盆底看上去是一片淡蓝色的水。第三步,从浓度为95%的酒精内,用滴管取少量酒精,滴几滴在瓷盆中心。这时,可以看到,在盆底、酒精和水之间形成了一条明显的分界线。在这条线上,蓝色水的一方拼命往外拉,酒精一方全力往里拉。(P186)

加入肥皂水后

冷水和凉开水有很大不同,加入肥皂水后,会有怎样的变化呢? 需要准备的物品有:玻璃杯、冷水、凉开水、肥皂水。

第一步,在两个杯子内分别装入冷水和凉开水。第二步,在杯子内各加5滴用药棉过滤后的肥皂水,搅拌均匀。过一会儿,发现冷水内有浑浊,有很多白色沉淀;凉开水内沉淀很少,水也不太浑浊。

这是什么原因?(P186)

蓝色的水柱

从水中升起一股水柱,好像上升的青烟。这是什么原因呢?需要准备的物品有:广口大玻璃瓶、小玻璃瓶、塑料薄膜、水、蓝墨水、细线、锥子。

第一步,在广口瓶内装上一多半水。在小瓶内加入一点蓝墨水,加热水并装满小瓶,用塑料薄膜把瓶口扎紧。第二步,在瓶颈上系两根对称的细线,在塑料薄膜上用锥子扎两个小孔。第三步,双手提着细线,把小瓶慢慢放到大瓶的瓶底,注意要平稳。仔细观察,发现在小瓶口的小孔处不断有蓝色的水柱升起,好似青烟冲向水面。(P186)

水流不出来

把水倒在纱布上,应该能漏下去才对。下面的游戏怎么不行呢?需要准备的物品有:玻璃瓶、水、纱布、细绳。

灌好一瓶水,把纱布蒙在瓶口,并用细绳扎紧。然后,把瓶子倒过来,发现水流不出来。(P186)

是否溶于水

物质都溶于水吗?需要准备的物品有:透明小杯子、水、小勺、沙子、糖、冰、蜂蜜、米、盐、咖啡豆及速溶咖啡。

首先,把7个杯子都加满水。然后,每个杯子内放一小勺准备的物品,小心搅拌。这时发现,糖、蜂蜜、盐和速溶咖啡等可以溶于水,并使之着色;沙子、米、咖啡豆等不能溶于水,它们悬浮于水中,搅拌后沉到杯底。(P187)

水分子的运动

下面的游戏,需要准备的物品有:冰块、巧克力、暖气片、小火炉、炖锅、小盘子、水。

第一步,往一个盘子中加一点水,把冰块放在另一个盘子内。第二步,把两个盘子放在暖气片上。第三步,在炖锅里放上巧克力,请家长帮忙用小火炉加热炖锅。几小时后,水消失了。很短的时间,冰化成了水,炖锅内的巧克力融化成浓稠的液体。

这是什么原因?(P187)

水占的空间

冰水相融后,液面会有什么变化?需要准备的物品有:玻璃杯、热水、冰块。

第一步,往杯子内加入热水,直到快到杯口。第二步,往杯子内加一两块冰块。奇怪的是冰块融化后,杯子内的水没有溢出来。

这是什么原因?(P187)

纸的内部纤维

做这个游戏需要准备的物品有：白纸、彩笔、剪刀、装上水的水盆。

第一步，用彩笔在纸上画一个八角形，然后把它剪下来。第二步，向内把角折好。第三步，把做好的"纸花"小心地放在水上。慢慢地"纸花"开了。

这是什么原因？（P187）

水从四周喷出

做这个游戏需要准备的物品有：塑料瓶、钉子、胶带、水。

在家长的监护下，用钉子在塑料瓶的下面横着钻一圈小孔。然后，用胶带把瓶上的孔封好。装满水后，撕下瓶子上的胶带。这时，可以看到水从四周喷出，并且喷出的距离相等。

你知道这是什么原因吗？（P187）

不透水的隔膜

湿手绢怎么会"滴水不漏"呢？通过下面的实验，我们来了解一下。需要准备的物品有：手绢、橡皮筋、杯子、水。

第一步，把手绢浸到水中，提起后拧干。第二步，往杯中倒满水。第三步，把手绢展开罩在杯口上，用橡皮筋紧紧扎好。第四步，把杯子快速翻转过来。可以看到，手绢好像不透水一样，杯内的水一点不漏。（P187）

水中的苹果

做这个游戏需要准备的物品有：弹簧秤、苹果、细线、很深的盆子、水、纸和笔。

第一步，把细线的一头系上苹果，另一头系上弹簧秤，记下苹果的重量。第二步，倒一盆水，把苹果放到水中，再秤苹果的重量时，发现它变轻了。（P187）

浮力消失了

找一块砖头，让家长把它放到游泳池的浅水池中。在水底时，可以很容易把砖头拿起来。但当砖头出了水面时，再拿起就感觉它的重量增加了。

你知道这是什么原因吗？（P187）

变换了形状

做这个游戏需要准备的物品有：橡皮泥、锅盖、水。

把橡皮泥捏扁放在水面上，只见橡皮泥浮在水面上。把扁平的橡皮泥捏成圆球后，放在水中它就沉到了水底。当把锅盖放在水中，平放时锅盖浮在水面，竖放时就沉入水中。

这是什么原因？（P187）

手怎么没湿

伸到水里，手怎么没有湿呢？做这个游戏，需要准备的物品有：盛满水的大容器、硬币、滑石粉。

把盛满水的大容器平稳地放在桌面上，然后往水中投几枚硬币。接下来，在捞硬币的手上扑一层滑石粉。把硬币捞出来后，发现手没有湿。（P187）

向对面游去

一起动手来做下面的游戏吧。需要准备的物品有：水盆、卡片、剪刀、肥皂水。

第一步，用剪刀把卡片剪成三角形，把剪好的三角形放在水盆边，朝着水面中心。第二步，在指尖上蘸一些肥皂水，把指头轻轻放到三角形卡片后面的水中，只见它向对面游去。

这是为什么呢？（P187）

染了色的热水

做这个游戏需要准备的物品有：透明的容器、有盖子的小瓶、墨水、水。

第一步，往容器内加些水，滴几滴墨水在小瓶中。第二步，在家长的帮助下，往瓶内倒些热水，盖好瓶盖。第三步，把小瓶放到冷水中，并置于容器底部。去掉瓶盖后，染了墨水的水跑到容器中水的上部，在水面上散开。不一会儿，这些水开始下沉，和其他的水融合在一起。

这是为什么呢？（P187）

细密的捞网

池塘内不易见到的浮游生物想观察吗？通过下面的方法，可以把它们捞出来。需要准备的物品有：铁丝、旧的紧身裤、剪刀、长竹竿、线绳、小的塑料广口瓶。

第一步，把铁圈套到紧身裤的腰里，将裤腿剪掉，把铁丝的两端绕牢制成捞网。第二步，将缠绕的铁丝插到长竹竿一端。第三步，把捞网的底部和广口瓶的瓶颈用线绳扎好，要扎得牢固些。第四步，用它在池塘内捞一下，里面的小生物就出现在网底的广口瓶中了。

这是什么原因？（P188）

蛋壳内的水芹

长在蛋壳内的水芹，你见过吗？下面就来试试吧。需要准备的物品有：鸡蛋、水芹种子、小碗、冷水、棉球。

第一步,把两个鸡蛋从中间小心地打开,将蛋清和蛋黄倒入小碗中。第二步,在冷水中蘸湿一团棉球,每个蛋壳塞一团。第三步,在棉球上撒少量水芹种子,等种子发芽后,再移到明亮的地方。过一段时间,蛋壳内长出了长长的浓密水芹。(P188)

又弹起的泡泡

做这个游戏需要准备的物品有:毛衣、肥皂水、吸管、硬皮书。

首先,把毛衣缠在硬皮书上。然后,吹一个肥皂泡,让它落在硬皮书上。轻轻移动硬皮书,肥皂泡就会弹起来。接下来,肥皂泡落在硬皮书上,又弹了起来。

这是怎么回事?(P188)

水面的小洞

把滑石粉撒在一盆水里,手指伸到水中,水的表面张力会使"小孔闭合"。在指尖上蘸一些肥皂水,注意不能让肥皂水滴到水盆里。然后,将蘸有肥皂水的手指插到水中,这时水面留下了小洞。

这是什么原因?(P188)

滴嘴喷出的水

做这个游戏需要准备的物品有:眼药水瓶滴嘴、漏斗、水、胶带、橡胶管。

第一步,在橡胶管一头用胶带缠上漏斗,另一头缠上眼药水瓶滴嘴。第二步,把滴嘴用手指捏住,从漏斗把水灌到橡胶管中。第三步,把眼药水瓶滴嘴的一端放低,松手后,水从滴嘴中喷了出来。漏斗抬得越高,滴嘴喷出的水越高。

这是怎么回事?(P188)

快乐的樟脑球

通过下面的游戏,来看一下和平常不一样的樟脑球。需要准备的物品有:樟脑球、醋、碳酸氢钠、水、小勺、玻璃罐。

往玻璃罐中加一定的水,再加两勺醋、两勺碳酸氢钠,把它们搅拌均匀。然后,把樟脑球放到水中。一开始,樟脑球沉到了水底。一会儿,它的表面粘上了气泡,上升并下沉,反复好几次。

这是什么原因?(P188)

胶水的张力

下面我们来做一个"宝盒", 需要准备的物品有:绿色广告颜料、画笔、调色盘、有盖子的纸板盒、芸豆、松塔、红豆、种子荚、强力无毒胶水。

第一步,用颜料把盒盖和纸板盒涂上颜色,让它干透。第二步,在盒盖的边缘排一列芸豆，用胶粘牢。第三步，盒盖中央粘一个松塔，在芸豆和松塔间的盒盖顶上粘一些小的红豆。第四步，在盒子外壁粘上一列种子荚。等胶水干透后，它们都牢牢地粘在盒盖上了。

这是怎么回事？（P188）

好玩的打水漂

找一块又薄又平的石片，沿着水面抛出去，就会看到一片片散开的水花。下面就来做这样一个实验。

首先，选择比较扁的石片。然后，用拇指和中指捏住，食指在后，扔出去的时候用食指拨下，让其旋转着扔出去。注意的是，身体要向后倾斜，手臂与身体大约呈45度。这时，就可以看到好几个水花。

这是什么原因？（P188）

波光粼粼的水面

通过下面的游戏，我们来制造一个美好的景致。需要准备的物品有：水、铅笔。

用铅笔轻触碗内平静的水面，这时以笔尖为圆心出现了一圈圈的圆形波纹。距离圆心越远，波纹的形状越不明显。

你知道这是怎么回事吗？（P188）

水枪内的空气

水枪是童年时很重要的玩具，你知道它的原理吗？先往玩具水枪中注满水，抽动空气压缩气囊。压缩次数越多，玩具水枪打出的水柱就越远。

这是怎么回事？（P188）

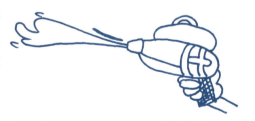

漂浮的小盒子

在水面上漂浮的小盒子，在里面放东西越多，小盒子越往水底下沉。这是什么原因呢？需要准备的物品有：橡皮泥、水盆、水。

第一步，把橡皮泥捏成一个敞口四方盒。第二步，在水盆内倒入水，把捏好的盒子放在水上，并标出水的位置。第三步，往盒子内不断地放东西，只见盒子慢慢下沉了。（P188）

火柴折弯后

一根折弯的火柴，滴上水后发生了很大的变化。需要准备的物品有：火柴、硬币、水、啤酒瓶。

第一步，从中间把火柴折弯，注意不要折断，之后把它放到瓶口。第二步，在火柴上放硬币，硬币没有掉到瓶内。如果在火柴弯曲处滴一滴水，一会儿硬币就掉到瓶内了。

这是怎么回事？（P189）

密度与浮力

在三种不同的液体里，鸡蛋悬浮的位置完全不同。通过下面的游戏，我们来验证一下。需要准备的物品有：大口玻璃杯、鸡蛋、清水、食盐。

第一步，往第一个杯子内注入清水，在第二个杯子内加入食盐并注入水，第三个杯子先加盐水后加清水。第二步，小心放入鸡蛋，第一个杯子里的鸡蛋沉到水中，第二个杯子里的鸡蛋悬浮在水面上，第三个杯子里的鸡蛋悬浮在水中间。

这是怎么回事？（P189）

有黏性的水

我们习惯用水洗脏东西，其实水是有黏性的液体。下面就来证明一下。需要准备的物品有：纸杯、铅笔、水槽、盛水的玻璃杯。

第一步，在纸杯的杯底用铅笔扎两个小孔，它们相距越近越好。第二步，把纸杯举到水槽上方，将玻璃杯中的水慢慢倒入纸杯。第三步，迅速用拇指和食指将纸杯底小孔内流出的两股水捏到一起。结果，它们变成了一股较粗的水。

这是为什么呢？（P189）

只能是圆泡泡

下面来吹方泡泡，看看你行不行？需要准备的物品有：铁丝、小碟子、水、洗洁精。

第一步，把铁丝弯成带炳的一个方形线圈。第二步，往小碟子内倒水，滴几滴洗洁精并用手搅匀。第三步，握住线圈的手柄，把线圈浸到溶液中。第四步，取出线圈，放在嘴边轻轻吹泡。结果不管怎么努力，泡泡都是圆形的。

这是怎么回事？（P189）

活跃的热水分子

特别热的时候，肯定不想让别人挨着你坐。这一点，热水分子也不例外。通过游戏来验证一下。需要准备的物品有：煎锅、水、燃气灶、小号广口瓶。

第一步，往煎锅内倒一点儿水，把锅放在燃气灶上。第二步，将广口瓶内倒满水，把它慢慢放到锅内。注意，别让水洒出来。第三步，用大火加热，直到水沸腾，广口瓶内的水溢出来了。

这是什么原因？（P189）

冰冻的水分子

寒冷的冬天，水管有可能会被冻裂。下面就来验证一下。需要准备的物品有：小号广口瓶、水、方形硬纸板、冰箱。

第一步，向广口瓶内倒满水，直到水面和广口瓶瓶口的边沿齐平，用方形硬纸板把瓶口盖住。第二步，将广口瓶放到冰箱的冷冻室，等水完全冻结后取出。这时，瓶内的冰把瓶口的硬纸板顶起来了。

这是怎么回事？（P189）

后退的蓝色水珠

做这个游戏需要准备的物品有：白色的盘子、水、蓝色的食用色素、酒精、滴管。

首先，在盘子中央倒一些水，滴3~4滴蓝色的食用色素。然后，用滴管吸一些酒精，滴在水中。再重复一遍上面的步骤，只见蓝色水珠颤抖地后退着，想要避开"酒精"。

这是怎么回事？（P189）

清晰的水迹

用水也可以作画，下面就来试试吧。需要准备的物品有：蜡纸、牙签、盛水的杯子、滴管、清水，以及红色、绿色、黄色和蓝色的食用色素。

第一步，用滴管向4个杯子分别滴3~4滴不同颜色的色素，变成4杯彩色的水，第五杯什么也不加。第二步，把蜡纸铺开，用滴管从每杯彩色的水中吸3~4滴，滴在蜡纸上。要注意的是，每次吸彩色的水前，要把滴管放在清水中清洗干净。第三步，取一根牙签，一头在清水中蘸一下，然后把这头靠近蜡纸。可以看到，彩色的水朝牙签的方向移动，并留下了清晰的水迹。

这是什么原因？（P189）

小水珠的掉落

下面我们来制造雨。需要准备的物品有：双层锅、水、冰块。

第一步，往双层锅的下层加水，并对其加热。上面那层先加水，再加冰块。把加冰块的这层锅放在正在加热的那层正上方。如果没有双层锅，可以找来一个罐头盒，把它放在大一些的锅里，将一个小锅摆在罐头盒上。这样就看到了雨。

这是什么原理？（P189）

高空的雨滴

冰雹是如何形成的，和水有关吗？下面来做这样一个游戏。需要准备的物品有：冰雹、锤子和报纸。把报纸摊开，将一块冰雹放在上面。然后，把它砸开，数数里面有几层圆圈。圆圈的数量,就是冰雹在降落前遇到的多少次冷空气。

这是怎么回事?(P189)

线圈变圆了

下面做一个有趣的游戏。需要准备的物品有:30厘米长的线、大碗、水、肥皂。

第一步,往大碗中倒满水。第二步,把线的两头缠起来,不要打结,使线成为一个线圈。第三步,小心地把线圈放在水面上,握住肥皂的一角,把它慢慢放到水中的线圈中。绕着肥皂,此时线圈形成了一个圈。

这是什么原因?(P190)

答疑解惑

第一章 自然地理，破解神秘的自然现象

黑洞的厉害

气球内的气体具有向外胀的力，即气体压力；气球胶皮具有阻止外胀向内收缩的力，即弹性力。只有两种力平衡，气球的大小才不会改变。当气体压力减少时，气球就变小。黑洞的原理与之相似。

星星中心部位发生核反应会生成光，这是由内向外推的力。星星受到拉引力和向外推的力，核反应一停止，两个力的平衡就被破坏了。在重力作用下，它们会迅速向中心收缩。星星的质量如果非常巨大，拉引力就会非常强，这样就变成连光都可以吸入的黑洞。

远距离看月亮

用肉眼远距离观察"月亮"时，它表面上的墨点和暗斑变得很模糊，在视觉上就形成了熟悉的形状和图案。用望远镜看时，由于视线清晰，这些图案就不见了。

怎么测降雨量

从天空落到地面的雨水，未经蒸发、流失、渗透而在水平面上积聚的水层深度，就是降雨量，它可以直观地表示降雨多少。气象站测定降雨量常用的仪器包括雨量筒和量杯。雨量筒的直径为20厘米，里面装一个漏斗和一个瓶子。量杯的直径是4厘米，根据杯上的刻度可以知道当天的降雨量。

深浅不一的坑

动能和物体的质量及速度成正比，高速运动的物体动能非常大。玻璃球投掷的距离越远，速度越快，细沙表面的坑越深。高速飞行、体积又不同的陨石，在地球表面会砸出深浅不一的陨石坑，体积稍大的陨石会对地球产生严重威胁。

天气多变巧知道

浓盐水浸泡的纸花很容易吸收水分。阴天，空气湿度大，纸花吸收水分后显得深暗一些；晴天，空气湿度小，吸收不到水分的纸花显得淡一些。

出现了日食

灯泡从圆洞中透出的光相当于太阳，乒乓球相当于月亮，眼睛代表地球上的观察者。当地球、太阳、月亮排成一条直线时，就出现了日食现象，因而看不见太阳。

白天和黑夜

地球是不透明的椭圆体，太阳的位置相对固定，地球绕地轴自转一次的时间为24小时。在地球自转时，太阳照到地球的一面比较亮，背对太阳的一面漆黑一片。这就产生了白天和黑夜。

上下左右晃动

地震分为上下晃动和左右晃动，使地面上下移动的地震波是横波，左右移动

让孩子更聪明的科学游戏

的是纵波。横波的破坏力比纵波要大很多。

空气中的脏东西

通过放大镜可以看到，纸板上有灰尘和一些黑色的微粒和油污。这些微粒来自汽车尾气及燃料的燃烧，油烟来自工厂排出的废气及吸油烟机排出的气体。人类生活、烹饪、取暖等活动排出的二氧化碳和颗粒物，工业生产中产生的烟尘和废气，农业生产用的农药、化肥等，都是大气污染物的主要来源。

多变的月亮

皮球代表月亮，台灯代表太阳，自己的头代表地球。皮球阴影的不断变化，说明月亮围绕地球转动时，它的相对位置在不停变化，反射的阳光时多时少。因此，从地球上看，转动的月亮就呈现了不同的形状。

无数个星星

固定不动不眨眼睛的是行星。行星本身不发光，是靠反射阳光才发亮的。虽然行星体积小，但比恒星距离地球近很多，看上去比恒星要大一些。因此，行星照到地球的光，不是一小束，而是很多束光。通过变幻的大气层，有些光会发生折射。但某些时刻，有些光束照不进人们的眼睛，有些光束却可以，光束间相互弥补，我们就感到行星明暗的变化。

春天来迟了

浅色沙在光能转化成热能前，将大部分光线都反射回去了。深色土吸收了光，转化为热能，所以深色的土比较热。阳光照到地球时，也是如此。深色地区阳光充足，天气很快暖和了。浅色地区天气变暖

较慢。因此，大雪覆盖的地区春天来得比较晚。

固体的岩滴

油的密度比水要小，因此油滴会漂浮在水面上。由此可知，地球内部是由岩石构成的。地球内部温度很高，岩石受热后会变形，且密度比周围其他岩石要小，形成了固体的岩滴。这些岩滴向地表不断推进，它的热量不断软化地壳。当岩滴累积到一定程度时，就会突出到地表，形成可见的岩石。

出现了白霜

玻璃瓶外的水蒸气，在遇到零度以下的瓶子时，在瓶壁上直接形成了白霜。在常温下，水是液态的，霜是其固态的一种。

酸雨的形成

柠檬汁内的粉笔周围产生很多泡沫，含有柠檬汁的水属于酸性溶液，存在一定的酸性成分。泡沫就是酸性成分和粉笔中的石灰石（即碳酸钙）产生的结果。在自然界中，没有被污染的雨水也是呈弱酸性，这是因为一定的二氧化碳在雨中溶解变成碳酸的缘故。工厂烟囱和汽车尾气排出的废气，在空气中的扩散就是另外的情形了。废气中有亚硫酸气体或氮氧化合物等污染物质，这些物质溶解在雨中，就会生成硫酸或硝酸等强酸性溶液，这就形成了酸雨。酸雨对大理石等石头构成的建筑具有很强的腐蚀性，因为它与碳酸钙为主要成分的大理石发生了化学反应，所以很容易被腐蚀。

地球的保护膜

玻璃瓶相当于地球，口香糖相当于臭氧层，热水是破坏臭氧层的各种物质。一

些冰箱、空调的制冷系统所使用的氟利昂这种化学物质，就是破坏臭氧层的罪魁祸首。臭氧层的破坏，对地球生态会造成不利的影响。

厄尔尼诺是什么

对着水面吹气，玻璃缸内的水会随气流而流动，一边形成带颜色的深水层，另一边形成浅水层。停止吹气后，有颜色的水又流到原来的地方。这类似于厄尔尼诺现象。

高耸入云的山脉

地球的表面是由许多板块构成的，但板块并不是静止的，它们在极缓慢地移动。板块和板块间相互挤压，地面会隆起，经过千百万年，就成为高耸入云的山脉。互相远离的板块，出现的缝隙就会成为海沟或大峡谷。

来回移动的岩浆

堆积岩浆的地方压力大，随着压力差岩浆逐渐移动，这和受手指挤牙膏并充填别的地方一样。来回移动的岩浆冲破地表薄弱处，然后跑到外面变成了熔岩。这与在手指的压力下牙膏不往下走，只是通过锥孔往外流一样。

大冰块滑行

冰河中巨大的冰块，在真实的解冻过程中，由于自身巨大的压力产生热，会融化掉冰的一部分。虽然融化掉的冰还会继续冻结，但因为河流的长度和深度，一直有冰不断融化。这些融冰形成了很大的力量，从而推动大冰块滑行，形成了壮观的景象。

危险的流沙

玉米淀粉糊就好像流沙一样，它不是液体，更像固体一些。和水分子相比，玉米淀粉糊内的分子更大，它们膨胀有相互吸引。游戏中，在玉米淀粉糊的表层，咖啡粉形成了一个平整、干燥的平面，使它更像真的流沙。

沙滩的新轮廓

海洋在不断改变着陆地的形态，有的磨平了陆地上巨大的岩石，有的带走了大量的泥沙，这就是侵蚀。

春夏秋冬的变化

我们用手电筒模拟阳光。光覆盖区域越广，所覆盖区域的温度越低。因此，距离手电筒较远的温度计受手电筒光的影响不大。四季温度的变化，与地球的倾斜角度及一年中阳光不同时段的汇聚程度有关。

白热化的流星

游戏中，我们用水代表地球的大气层，泡腾片代表流星。流星在太空中的飞行速度非常快，它的表面与地球的高层大气产生摩擦，因为产生热，白热化的流星碎片分解并爆炸，成为宇宙尘埃。流星碎片大多数都比较小，还没有小石子大，但一些较大的流星碎片还是会以陨石的形式坠落地球。游戏中，药片下沉分解的小块，就像进入大气层的流星。

制作简易日晷

从表面看，太阳东升西落，它在不断变化。事实上，这是地球在绕太阳转动。太阳照射棍子，形成了投影，每天的同一时刻，影子会投射在相同的地方。因此，我们用棍子来确定时间。同样一根棍子，早、中、晚的投影不同，北半球和南半球的投影也不同。

改变岩石的方式

地球内部的深处，有一种岩石是变质岩，因地球内部岩石的褶皱运动产生。这种运动会产生热，使岩石的成分或构造发生变化，大理石和石英就是变质岩。在游戏中，衣架的弯折处所产生的热量将蜡烛熔化，地球内部高温高压熔化、改变岩石的方式与之相同。

土壤表面的气泡

所有干燥的土壤都有空气，受水的挤压后，从土壤中释放出的空气形成了气泡。水通常也含有空气，在加热的过程中，溶解在水中的空气会受热蒸发。因此，游戏中用的是凉开水，这样就可以证明瓶中的气泡不是水中的空气，而是土壤中的空气。

带来温暖的太阳

没有接触任何东西，却感到了热，热量就来自距地球很远的太阳。和其他恒星一样，太阳是热气环绕的一个星体。太阳散发大量的光、热和其他能量，虽然只有非常少的阳光能到达地球，却足以照亮和温暖地球。

日照的时间

因为纸吸收并保留了太阳的热。

土壤中的水分

黏土涵养的水分过多，沙土排水非常快。植物的根部周围有太多水分，根就会腐烂；水分太少，根部会干枯、萎缩。因此，含有大量腐殖质的土壤适合大多数植物，但并不是全部植物。

传到地球的热量

能量常常通过电磁波的形式传输，这种方式便是辐射。太阳发出的光和热以短波的形式传递到地球，其他能量以长波形式传播。

绕椅子转圈

看起来椅子后面的物体在移动，实际上是你在移动。同样的道理，在我们看来，太阳在运动，其实是地球在绕太阳转动。

白垩状的物质

雨水中含有酸，正如醋内含有醋酸一样。不管碳酸钙以岩石还是贝壳的形式存在，醋酸都会将其溶解。

地球上的盖子

太阳的热量使广口瓶内的空气变热了，这时瓶内的水分子运动加快，水把瓶内的空气蒸发掉。由于水蒸气困在瓶内，遇到温度较低的瓶壁时，冷凝成小水珠。有盖子的广口瓶就像温室一样，其内产生了温室效应，和地球上的二氧化碳温室效应类似。人们生活及工业生产都会释放二氧化碳，这些气体像盖在地球上的盖子，使地球的热量不能散发到太空中。

收集太阳的热量

这个装置是安装在屋顶太阳能接收板上的微缩模型，能够收集太阳的热量，对流过管子的水加热。至于能加热多高的温度，这与很多因素有关，比如所处的季节、实验时间、实验时室外的温度、预热时间等等。

巨大的海浪

通过实验，我们可以了解到引发海啸的深海条件。在深海中，海底发生的大地震和火山喷发产生的力会挤压海水，使海水向上涌，这样就会形成巨大的海浪。有些海浪高达15~30米，对周边的人们有非常大的威胁。

井里有水了

下雨时，地表会积累地下水。水的深浅与岩层和土壤种类有关，有人把地下水比作一个巨大的地下湖。但每个地区储存的水量是有限的，因此地下湖内存在水压差。在一个地方打井，在水压的作用下，水就会涌到井中，井里就有水了。

一点儿都不咸

这个实验模拟了太阳能蒸馏的过程，液体受热先变为气体（蒸发），遇冷后又变回液态（冷凝）。太阳的能量可以让水分蒸发，但不能让盐蒸发，所以盐留在了大碗里。

瓶内的海洋

波浪是能量传递的过程，也可以在汽水瓶内制造"海浪"。

土壤的层次

靠近地面的土壤通常是深黑色的，这一层是表土。第二层是底土，颜色较浅。最后一层是基岩，这是最硬最难挖的，这一层主要由岩石、卵石和其他石块紧密地排列组成，不含腐殖质。

引起火山喷发

容器内发生了化学反应，不仅有泡沫、水汽和嘶嘶声，还释放了热量。触碰容器边缘、侧壁或勺子，都能感到温热。

看到一个冰球

在寒冷的地区，雪不断地飘落，并将下面的积雪压紧。慢慢地，大冰川就形成了。

岩石会吹泡吗

岩石内有空气，空气会从岩石的孔中逸出，进到水中，形成了气泡。岩石的孔越多，气泡就越多。

直射的阳光

形成圆形光圈的光和形成椭圆形光圈的光来自同一个光源，椭圆形光圈的面积大，其中的光也就更分散些。同样，斜射的阳光在地球表面更分散些，热量也就没有直射的多。这样，赤道地区就非常热。

星星在移动

看起来星星在移动，事实上是房子在动。具体说，地球绕着地轴在转动。

科里奥利效应

其实，小球一直是沿直线运动的，只是看起来像曲线一样。这是因为转盘的转动使小球偏离了原来的位置，这一现象是科里奥利效应。同样，地球的自转使气流向某一方向偏转，导致了"盛行风"。

一口气吹倒瓶子

如果对着瓶子猛吹，由于瓶身是圆的，吹的气流都沿着瓶子的边流动，所以瓶子还是稳如泰山，一动不动，而从瓶子底部吹气，就能将气流直接从瓶子底部吹到瓶子上部，从而动摇其根基，将瓶子吹翻。

吸走瓶内的空气

通常情况下，塑料瓶内的气压和周围气压相等。当吸走瓶内的空气后，内部的气压降低，周围的空气就会向内挤压瓶子。其实，龙卷风的中心也是如此。龙卷风不停旋转并破坏行进中遇到的任何物体，直到低空的所有热空气都卷入后，空气才会停止上升，龙卷风才会消失。

沙子的颜色

沙子是各种岩石侵蚀后形成的细小颗粒，它们的质地并不相同。有的沙子是深灰色的，有的是纯白色的，海水打磨珊瑚礁形成的沙子是浅粉色的。

太阳系图案

人类对太阳系的探索，可以说还很少很少。还有很多不知道的东西，这或许就是人们对太阳系图案喜欢的缘由。

从天而降的雨

热水沸腾后，通过壶嘴跑到外面的气体，包含很多水蒸气。它们与外面较冷的环境相遇后，在盘子底部的水蒸气会凝结成小水滴，渐渐就会形成大的水珠掉下来。这是水蒸气内的热空气上升到一定位置，遇到更冷环境的水蒸气后，形成的一种现象。

月晕是什么

通过大气中六角形冰凌组成的薄云，月光投向地球，但只有六角形的一面完全反射。我们所看到的是光环反射出的无数幻影。晚上透过结的霜，在点燃的灯笼周围就有这样的小光环。

彗星的尾巴

风把毛线吹起了。在绕太阳飞行时，强烈的太阳风把彗星的尘雾云吹起，使它向背离太阳的方向伸展。彗星越来越靠近太阳，太阳风的强度越大。在背离太阳的方向，尘雾云就形成了一条尾巴。

地壳的运动

通过实验再现了地壳运动的原理。纸条向上移动时，就如同岩浆通过海洋地壳的薄弱缝隙处移动。向上移动的纸条就如同新岩石层，黏土就像已存在的岩石层，被新岩石层推动向两侧移动。

第二章　力和运动，游戏中的博弈

纸卷上的书

一张纸所能承受的压力，与纸张受力时的弯矩有很大关系。弯矩是指纸张受力点与受反作用力的点之间的距离。弯矩越大，纸张所能承受的力就越大，反之就越小。

把重物放在纸上和纸卷上有明显的不同：重物直接放在纸上，纸的受力点和受反作用力点几乎处在同一个位置，由于弯矩小，纸张的承受力就小；把重物放在竖直的纸卷上时，由于纸的弯矩较大，纸张的承受力就大。因为这个原因，一张纸可以把一本书举起来。

哪个弹跳强

在自由状态下，从100厘米高的地方落下的皮球，会弹跳到90厘米的高度。也就是说，这个过程只会失去很小的一部分能量。

当把笔插入皮球后，皮球落地时会直接影响到笔。没有笔的时候，皮球落地时的动能会使皮球反弹起来；当插上笔后，皮球落地的一部分动能会转移到笔上，笔会因此弹得更高。笔的质量要比皮球小很多，同样的动能使笔弹起的高度是皮球的很多倍，所以皮球是没法弹跳到笔那么高的。

一根筷子的力量

玻璃瓶内装满了大米，在瓶内大米被挤压得非常紧。大米和筷子间产生了摩擦，因此筷子才能很容易地吊起装满大米的玻璃瓶。

水珠飞溅的韵律

其实和其他物体一样，脸盆也有其特定的固有频率。左右两个大拇指在搪瓷脸盆的边沿有规律地摩擦，这会产生一定的振动频率。当它与脸盆本身固有的频率达到同步时，脸盆就会产生共振。在共振的时候，脸盆周壁会发生横向振动。这种振动可以更形象地比喻为：沿着与水面平行的方向，我们用手急速地拍打水面所产生的效果。即水珠会四处飞溅。

重叠的毛巾褶皱

在两条毛巾的重叠处，已经折成了像手风琴一样的褶皱。看起来你只用拇指和食指将褶皱捏住，但却是压住了所有的接触点。这会使两条毛巾的摩擦力增大，从而造成毛巾怎么拉也拉不开的现象。

不怕压的生鸡蛋

注意观察演示，就会发现生鸡蛋是直立着的。横着放生鸡蛋一压就会破，但直立的生鸡蛋就不容易破碎。相同材料物品受力的形状不同，其能承受的强度大小也不同。就好像一个平放的火柴盒和一个直立的火柴盒，它们所能承受的重量就有很大差别。一般直立的火柴盒承受的重量更大些。

方糖的形状变了

经过水的不断冲刷，广口瓶中的方糖慢慢溶化，它的形状也逐渐变成椭圆形。

海边的石头也是类似的情况，由于海水常年的冲刷，石头不断被磨损和侵蚀，最后就变成常见的鹅卵石。

不沾水现象

将普通布用防水剂处理后，就成了制作雨伞的防雨布。防水剂是一种石蜡乳化浆，它里面含有铝盐。石蜡经过乳化后，会变成很细的粒子，它们均匀地分散黏附在布的纤维上。

石蜡和水不能相互溶解，遇到石蜡，水就会形成椭圆形的水珠。由此可见，石蜡起到了防雨的作用。这种不沾水的现象，在物理学上被称为"不浸润现象"。如果遇到普通的棉布，水就会通过纤维间的毛细管渗透进去，这其实就是"浸润现象"。

铁轨的形状

比起平放的木板，立放的木板能够承受的压力更大。根据这个原理，很多情况下就会把钢材制成"工"字形。铁轨就是用"工"字钢制成的，它能承受车头和车厢的重量而不被压弯。

上宽下窄的旋转带

将食盐加入碳酸饮料中，会释放出大量的二氧化碳。在饮料中，二氧化碳以气泡的形式出现。由于碳酸饮料在急速旋转，杯内就会形成一根上宽下窄的旋转带。不论从形状还是运转模式，与天空中出现的龙卷风都非常类似。

吹泡泡

肥皂的主要成分是高级脂肪酸钠盐，由于它的水溶液可以增强水的表面张力，因此能吹出很多泡泡。但醋中所含的醋酸在与各种钠盐反应后，会生成减小水面张力的物质。当肥皂水中的高级脂肪酸钠盐溶解后，水的表面张力就会变小很多，也就没办法再吹出泡泡了。

挤跑空气的水滴

叠在一起的两块干燥玻璃，由于中间有空气存在，这使得它们内外的压力相等，因此很容易就会分开。在两块玻璃中间滴上水以后，水滴就会把玻璃间的空气挤跑，这时外界大气压就会把两块玻璃"压"在一起。

怎么都倒不了

利用物体的重心定性，不倒翁得以保持平衡。在这个小游戏中，装了蜡屑的不倒翁，其重心转到了有蜡的部位，已经被固定住。因此，不管你怎么推动蛋壳，它都会恢复到最初的平衡状态。

甩一下就好

物体围绕圆心做圆周运动的时候，都有向远离圆心方向运动的趋势，这就是离心现象。圆纸片在转动的时候，纸片上的水滴会随着一起做圆周运动，受离心力的作用，不会停留在纸上的水滴便会飞出去。洗衣机的脱水机就是一个离心机，所以它能将衣服中的水甩出去，使衣服变干。

接触面与摩擦力

物体间相互接触而运动，会产生摩擦力。接触面越粗糙，所产生的摩擦力就越大。另外在相同条件下，物体质量越大，产生的摩擦力就越大。所以滚动摩擦比滑动摩擦要小很多。在木块下垫上铅笔后，接触面变小，摩擦力也小，因此很容易拉动。

没有尾巴的风筝

没有尾巴的风筝，没办法保持平衡。风筝后面的尾巴，能增加它在空中的稳定性，使它不会因为轻微的气流影响便失去平衡。

满杯中的食指

按理说把手伸进水中，由于重量有所增加，对应的杯子应该向下沉。但因为水是满的，手指伸进水杯的时候，里面的水会向外溢出。这就使得水杯增加的重量，刚好是排出水的重量。因为这个原因，两个水杯依然保持平衡。

瓶子吹气球

小苏打的化学成分是碳酸氢钠，它会和醋里面的醋酸发生化学反应，并生成大量的二氧化碳。当瓶内产生的二氧化碳达到一定浓度的时候，就会把套在瓶口的气球吹起来。

旋转的鸡蛋

煮熟的鸡蛋已经成为固体，转起来相对要容易得多。生鸡蛋里面还是液体，转动时蛋壳中的液体转得没有蛋壳快，在蛋壳内壁和蛋清表面间会形成一定的阻力。因为生鸡蛋存在的这种不协调，使它晃动起来旋转的速度比较慢。

没有履带行不行

坦克的履带很宽，其与地面的接触面积比较大。在松软的土地上行驶时，坦克的重量就被分散到履带上，因此坦克可以行驶自如。

摔不破的灯泡

灯泡下落时所受的冲击力直接作用到

灯泡的金属部分。在这种情况下，灯泡的金属部分是不会破的。金属灯头保护了灯泡的玻璃部分。虽然灯头落地的时候，灯泡会稍微跳动一下，但这样的力不会把灯泡打破。

当紧急刹车时

这是惯性作用的结果。在生活中，惯性有好处也有坏处。当汽车急刹车的时候，由于惯性的作用，坐在车内的人会继续向前冲，人很容易受伤，所以坐车时我们要系上安全带，这样可以抑制惯性。

沉在水底的木板

由于木板表面受水的压力不均匀，其合力是向上的，所以木板会浮在水面上。当把光滑的木板与平滑的盆底合在一起时，木板底面的水就会被挤出去。这样水向上的压力就会减小，再加上木板自身的重力，从而使木板贴在盆底浮不起来。

小石子的作用

圆盒子沿斜坡往上走，是因为里面小石子的作用。小石子使圆盒子的重心偏到斜面的上方，从而形成一个力矩。在力矩的作用下，圆盒子被拉向斜面的上方，使得它向上滚动。圆盒子上的地心引力比下坡的地心引力要强，因此圆盒子会向上滚动。

码书的艺术

从理论上说，从上往下数第N本书可以比第$N+1$本书多出$1/2N$的长度。最上边的书比最下边的书多出一本书的长度，是因为这堆书整体的重力线与地面的交点在最下边书本的内侧。如果这个交点在外侧的话，受重力作用这摞书就会倒下。

折叠纸张有力量

把纸折叠起来后，杯子的压力就会分散到多个斜放的纸墙上。这样会比平面的纸张有更大的承受力。如果你注意观察的话，就发现生活中有很多这样W形的承重物体。

两个稳稳的碗

由于大碗里盛满了水，它的重心是偏下的。当用手或其他物品向筷子中心劈去的时候，力的方向和整个系统的垂直线是平行的，系统同时还承担了这样的冲击力。由于卫生筷子比较脆弱，所以立刻就会断裂，但两个碗保持不动。当然，如果横跨在碗上的不是卫生筷子，而是一根铁筷子的话，用重物击打铁筷子，碗肯定会被打翻。

紧密黏合的两本书

虽然说纸和纸之间的摩擦力不大，但整本书的纸张间所产生的摩擦力就会非常大。另外，大气压力也会使纸和纸紧密地贴在一起。如果用纸张较厚的时尚杂志等，只要交叠一部分，沿水平方向就很难将它们分开，因为纸张间的摩擦力更大些。

巧手做"直升机"

直升机机翼中央略微向上凸起，使得旋转时机翼上方的空气流速加快，气压较低，机翼下方的大气压力就会给它一个向上的浮力。其实不光是直升机，传统的竹蜻蜓也是通过这一原理制作的。

苹果自动分两半

这个游戏利用了惯性的原理。由于苹

果的惯性，使得它拒绝随着刀进行猛烈的运动。苹果缓慢地离开刀刃，直到被切开。惯性在生活中很容易见到，我们要尽量减少惯性的危害。比如，不可以从正在行驶的汽车中跳下来。

越拖越重的水管

每走一步，水管拐弯处装满水的管道就会长一节。这使得水管重量增大，与草坪接触的面积也会相应扩大。因此，需要额外用力踩才能增大对草坪的摩擦力。如果给水管下面浇点水，就会减少水管和草坪间的摩擦，从而节省力气。

安全帽和鸡蛋

核桃的外壳容易破碎，是因为手中的杠杆力全都集中到两个核桃接触的地方。握住生鸡蛋的时候，手中的杠杆力被分散到鸡蛋的各个部位，这便不容易把鸡蛋捏碎。拱形是最稳定的形状，这一特点经常用在生产建设中。比如修建桥梁和拱门、安全帽等等。

金属的弹性扩张

在这个游戏中，中间的硬币在受到冲击时，产生了肉眼看不到的收缩。同时瞬间形成了相反方向的扩张，并立刻恢复到原来的形状。通过金属的弹性扩张，冲击力被传递出去。固体多少都有一定的弹性，从把钢做成弹簧就可以得到验证。

难以弄破的纸巾

因为用在棍子上的力并没有全部传递到纸巾上，在沙粒间有很多微小的空隙，用棍子往沙子里捅的时候，沙粒会相互碰撞，并把力传递到其他方向。受到一

部分作用力，沙子并没有把剩余部分的力分散开，只有一小部分到达纸巾，因此不会把薄纸巾捅破。在这种情况下，只要把细沙按紧，或在里面加入一点点水，这时轻轻一捅，就可以把纸巾捅破。

平衡加平衡

开始胡萝卜能保持平衡，并不是左右两部分重量相等，而是左右两边的力矩相等。但胡萝卜尾部那端的重心到支点的距离较长，所以尾部那端的重量就会轻一些。还可以换别的果蔬，比如甘蔗等等。

弹出一枚硬币

圆珠笔内弹簧运动，迅速地传递到硬币上。因为骰子表面光滑并且阻力很小，所以不会传递给骰子。另外，骰子本身具有一定的惯性，所以会停在原地保持不动。

牙签船

洗发液内含有表面活性剂，这类物质能减弱水的表面张力。牙签放到水面的时候，蘸有洗发液那端附近水面的表面张力就会减弱。因此，前方水面较强的表面张力就会指引牙签前进。牙签在水中完成一次航行后，整个水面就会铺上一层洗发液薄膜，表面张力就会减弱。如果要继续游戏，要把水搅一搅，牙签就可以再次起航了。

向前行驶的纸杯

从吸管处流进水盆的水，给原本水盆中的水施加了一个力。由于力的作用是相互的，因此，水盆中的水又反过来给纸杯一个力，从而促使纸杯向前移动。

线上硬币

纸币在拉开的过程中，和硬币之间会产生一定的摩擦。硬币的重心会随之移动，这样才能保持平衡。当纸币被拉成直线时，硬币的重心正好与之重合，所以硬币没有掉落。需要注意的是，尽量使用新钞票做这个游戏，拉动纸币时用力要轻且速度要慢。只有这样，才更容易成功。

转起你的扇子来

因为扇子不停地旋转，所以它才能在空中保持平稳。在舞蹈中，我们常看到的转手帕也是同样的道理。

转回来的飞镖

以一个斜度被抛出去，飞镖始终会受到一个斜的空气阻力。这个阻力会使飞镖不断改变方向，在空中画一个圈后，又回到抛出点附近。其实，小小的飞镖蕴含着空气动力学的原理。回旋镖是澳洲土著人在漫长狩猎中的伟大发明。

略微下蹲不会倒

当人在下蹲的时候，重心就会下降。蹲稳之后，两脚要用力踩地，使地面和脚相互推顶的力量增加，摩擦力也增强，这样承受水平方向的力就会相当大。孩子的冲击力小，人体和地面的摩擦力足以承受。但如果孩子冲过来时，爸爸正往下蹲的话就有可能跌倒，孩子也会受到反作用力的巨大撞击。在做这个游戏时要特别小心。在摔跤比赛或者相扑比赛中，选手都会用微微下蹲的方法来承受对手的冲击。

寻找物体的重心

不管纸棍的形状多么不规矩，只要它能被两根食指支撑起来，可见重心就在两个支撑点之间。一边支撑着棍子，一边让两根手指慢慢往中央的位置移动。最后的重合处就是要找的重心。这个游戏不仅可以用手指，手臂也可以。

谁的速度最快

物体滚动的速度和它重心周围的重量分布有着直接的关系。这种重量分布形成惯性矩，而玻璃弹珠的惯性矩是最小的，因此它滚得最快。惯性矩是相对于围绕旋转的点而言的，所以圆形物体的惯性矩是最大的，滚得最慢。

旋转的玻璃小球

当物体快速转动的时候，受力的作用会有向外运动的趋势，这就是离心力，它可以克服重力。这就是玻璃小球沿着杯壁转动并爬升的原因。

如果让物体保持旋转的状态，就必须不停地给它施加方向不断变化的一个力。没有这个力，物体只会做直线运动。不停旋转的杯子产生了一个朝向中心的力，它就是向心力，它在限制并影响着玻璃小球的运动。当玻璃小球从杯子中出来后，由于自身积累的力量使它能继续运动，但只能做直线运动。

侧面接触桌面

圆柱桶的底部是平的，在桌子上很容易产生滑动摩擦。而圆柱桶的侧面是曲面，与桌子产生的是滚动摩擦，摩擦力自然要小很多。采用第一种方法，圆柱桶受到推力不怎么动；相反，在相同的推力的情况下，采用第二种方法，可以使物体移动更长的距离。

突然剧烈的加速

这个小游戏包含惯性和加速运动两个原理。用细线提着砝码保持静止状态时，线的拉力与砝码的重力正好相等。但向上的加速运动使细线的拉力超过了砝码的重力，细线因为无法负荷于是被拉断。

特殊的椅子

就像坐在椅子上，前面人的重量由后面人的膝盖支撑着。在大家共同形成的结构中，所有的力都抵消了，结构处于平衡的状态，所以没有人摔倒。

听话的弹珠串

在撞击时，初始弹珠的动量从一颗传到下一颗，直到最后一颗。由于最后一颗前方没有任何阻碍，所以它利用获得的动量滚了出去。当撞击球是两颗或者更多的时候，它们的动量更大，会转移到更多的球上。

弹性卡片

把卡片摊开时，卡片就会把橡皮筋的张力拉到最大。但由于橡皮筋有弹性，所以它需要恢复原状。当手放开时，橡皮筋瞬间恢复到弹性的力量，从而使卡片跳起来。这力量必须是瞬间的，才有爆发力。

你会撕纸吗

纸手帕是在金属网上制成的，具有朝着一个方向的纹路，另外的方向并没有连续的平行纹路。我们知道力总是作用在最薄弱的地方，纸手帕上的平行纹路要比另外的地方薄一些。如果没有顺着纹路撕，纸就会在薄弱点处裂开，这样就会形成一个不规则的裂口。如果是布手帕的

话，用剪刀剪一个小口，你再开始撕，裂口的形状就会和手帕的材质以及纹路的方向有关。

给我一个支点

木尺起到了杠杆的作用。杠杆是一种简单的工具，通过杠杆可以不太费劲地抬起重物。三棱柱是一个支点，重物距离它越近，着力点距离支点越远，也就越省力，杠杆的作用便越明显。

塑料梳子的重心

如果物体的中心在桌面外侧，那它瞬间就会掉下去。试着让桌边的物体保持平衡，你就能找到它的重心。

小球的曲线运动

球抛出并向前运动的过程中，由于受地心引力的影响，小球会被拉向地面，球的运动轨迹是一条曲线。和快速抛球不同，将球缓慢地抛出时，更容易看到球的运动曲线。抛球的速度越慢，球的曲线轨迹就越陡。

带图钉的乒乓球

把图钉扎入乒乓球之前，球的重心在球中间。当扎入图钉后，乒乓球的重心从球的中间转移到有图钉的一侧。受地心引力的作用，当有图钉的球面和球拍接触时，整个球就会停止滚动。

肘部的硬币

因为惯性，当你的肘部快速向下移动并离开硬币的时候，硬币暂时还停在原处。因为重力的作用，硬币必然会向地面坠落。但刚开始下落的速度并没有那么快，如果你的手动作快点，就可以抓住掉落的硬币。

第三章　神奇电磁，引爆大脑的潜能

翩翩起舞的爆米花

经过纯毛线的摩擦后，塑料板就带上了负电荷。通过静电感应，这些负电荷使爆米花带上了正电荷。由于距离很近，正负电荷相互吸引，爆米花就会被吸附在塑料板上。当两者接触后，正负电荷中和，爆米花失去电性就会掉下来，看上去就好像爆米花在跳舞。

不倒的圆珠笔

因为磁性相同，牙刷弯处和笔杆顶上的小磁铁相互排斥。于是，圆珠笔就固定在底板上了。

空气的小爆炸

通过摩擦，气球获得了电荷。当钉子的尖头接近气球时，它所带的电荷便向钉子的方向集中。当电荷聚集的数量达到一定量时，气球就会向钉子尖头的一端释放电荷。释放电荷的过程，也是加热空气的过程，空气会发生小爆炸，由此产生"噼啪"声。如果室内干燥，释放的电荷又足够强烈的话，就会看到火花。

醋的另一个用途

在玻璃盆中装上醋，是模拟我们日常用的干电池。干电池内的锌片包含有电解质和带微孔的碳棒，通过化学反应就产生了电。玻璃盆中锌片和铜片，起到传导和化学反应的作用。如果去掉金属片，电解质就不能发挥作用，灯泡就不会变亮。

旋转的牙签

气球和头发摩擦时，头发上的负电荷就会转移到气球上，这样气球就带电。当气球逐渐靠近牙签时，牙签靠近气球的一端堆积着正电荷，另一端堆积负电荷，由于气球上的负电荷多，而异性电荷有相互吸引的作用，使得牙签随着气球转动。

磁场的存在

通电导线的周围，电流会产生磁场。在磁场的一侧产生磁性北极，另一侧产生磁性南极。改变电流的方向，磁性南北两极的位置就会发生改变。指南针的磁性指针就会与磁力线方向产生一致。

强磁铁的魅力

铅笔的笔芯是石墨。石墨中微小的原始颗粒，开始是混乱排列的，通过强磁铁的磁场，石墨变得有序起来，并出现了南北两极。因此，铅笔尖会朝磁铁的方向转去。

屏蔽电磁波

金属物体将收音机完全包裹后，金属会把外界传来的电磁波全部吸收掉。收不到信号的收音机，当然就没声音了。这就是金属物体对电磁波的屏蔽作用。

受热的磁铁

由于磁铁中的铁原子排列很规则，所以磁铁具有一定的磁性。但当磁铁受热后，打乱了铁原子原本的排列规则。因此，磁铁也就失去了原有的磁性。

导电的铅笔芯

因为石墨笔芯能够导电。当你对着火柴盒说话的时候，火柴盒底部会产生振动，从而改变了笔芯间的压力。这使得电流会发生变化，变化的电流在耳机中又转化为同样的振动，因此可以听到说话的声音。

忽变的小磁体

在没有磁化前，铁钉内有很多小磁体。但由于磁力能够相互抵消，所以它没有磁力。当把铁钉按照南北向放好后，通过敲打使它内部的小磁体受到振动。在地磁的作用下，铁钉内部的小磁体就会规矩地排列起来，这样铁钉就有磁性了。把铁钉朝东西向放好后，再敲打时其内部的小磁体又变得乱七八糟，这时铁钉又没有磁性了。

流动的电子

西红柿的汁液是酸性溶液。在酸、碱、盐的水溶液中，铜片和锌片会发生化学反应。由于锌比铜活跃，所以它容易失去电子。失去一部分电子的锌片，会和铜片间产生电位差（即电压）。在电压的作用下，通过导线的电子就由锌片流向了铜片，于是电流也就产生了。

跳跃的电火花

通上电的石墨粉产生了热，从而使石墨粉产生"蒸气"，并在石墨粉间充满。通过石墨蒸气，电流会产生电弧光。因此，跳跃的电火花就产生了。

小勺边的纸屑

所有的东西都带有正、负两种电荷，但多数东西所带的两种电荷一样多，它们能互相抵消。正因为这个原因，我们感觉不到电的存在。当两样东西互相摩擦后，其中一个东西的负电荷就会跑到另一样东西上。这样的结果就是正电荷比负电荷多

的，变成带正电；负电荷比正电荷多的，变成带负电。因为带电体能够吸引轻小的物体，所有纸屑都被吸起来了。

天花板上的气球

一个气球上的电荷排斥另一个气球上的电荷。两个气球上的电荷把它们吸引到硬纸板上。通过摩擦，气球带上了静电，也就是说它接受了毛衣上微小的负电子。带电的气球之所以能贴在天花板上，是因为它的负极和天花板上的正极相互吸引。电子在天花板上不断运动，直到正负电荷取得平衡。因为天花板不是好的导体，在干燥和温暖的室内温度下，两个气球可以持续好几个小时才会飘落下来。

灯管自动亮了

绒布和灯管上玻璃的摩擦使得电子吸附在上面，从而使灯管内气体中的原子失去电子。当这些原子失去的电子尝试返回原来的原子时，它们就会释放出紫外线。这些紫外线激活了镀在灯管玻璃内壁上的荧光粉，从而使这些荧光粉发光，因此灯管变亮了。

复印机的原理

电视屏幕上分布有大量的静电荷，但手指划过的地方电荷便消除了。当屏幕吸附痱子粉时，你写过的字迹就显现出来。复印机的工作原理大致就是这样，复印纸相当于电视屏幕，先让它表面按照复印文件的样子布满静电荷，再让黑色的碳粉吸附在纸上有静电的位置上。当然，复印机实际的工作过程要比这复杂得多。

贴在手上的吸管

报纸和塑料吸管经过摩擦后，吸管上带了大量的负电荷。吸管的绝缘性能很好，使得电荷不会流失，所以吸管吸附在手掌上没有掉下来。

喷泉状的水流

当带电体靠近但不接触导体的时候，导体内部的电荷会发生移动，这就是静电感应。铝环连着正极，当水流通过铝环时，因为静电感应的原因，它会吸引水中的电子，使水流带上了负电。铝盆连着电源负极，由于负负相斥，使得水流在下落时向上散开，成为倒喷泉的景观。

淘气的小鸭子

钢针在磁铁上经过反复摩擦，它们已经带有磁性并相互吸引。因此，小鸭子才会游在一起。

追着气球滚动

用面巾纸摩擦后的气球，带有大量的负电荷。本身易拉罐是一种金属，具有一定的导电性。当带有大量负电荷的气球与不带电的易拉罐靠近时，会出现静电感应现象。易拉罐上靠近气球的部分会带上正电荷，正电荷和气球的负电荷相互吸引，使得易拉罐跟着气球不断滚动。

同极必然相斥

透明胶带可以阻止磁铁的移动。因为同极相互排斥的特性，使得磁铁悬浮在空中。磁悬浮列车就是运用磁铁"同极相斥、异极相吸"的特性，使得磁铁具有抗拒地心引力的能力。

移动的金属片

当金属片在磁铁的两极间不断摆动时，在金属片中会形成涡电流。这种电流与磁铁中电流的方向完全相反，由于两个磁场的相互作用，使得金属片不断减速，最后停下来。在实验中，因为铜比钢的导电性要好很多，所以粘着铜片的木棒停下得快一些。

制作简易罗盘

因为包围地球两极的磁力线贯穿南北两向，所以细铁针始终与南北方向相平行。

带电的梳子

与毛料布摩擦后，梳子的表面会带上很多多余的负电荷。当它靠近乒乓球的时候，就会使乒乓球表面带上多余的正电荷。由于异种电荷相互吸引，再加上乒乓球自身很轻，所以乒乓球就会朝梳子滚动。在移动梳子时，因为梳子和乒乓球的这种"互相吸引"还没有立刻消失，所有乒乓球会跟着梳子跑来跑去。

电流的"味道"

唾液好比电解液。在电解液中，将两种不同的金属放置其中就可以做成电池。金属勺子和铝箔纸在舌头上发生了微量的电解，手握的这一端一接触，就等于接通了电池，使之放电。味蕾受到电流的刺激，便会感觉到苦味。

磁力小船

磁力穿过水，影响到船内的铁钉。当你移动磁铁的时候，小船就会相应地移动。20世纪初，阿姆斯特丹曾展出过一条小船，其内没有任何动力装置或者是推力系统，但却能在水面上不断地转圈。这令所有参观者大为惊奇。它的原理其实很简单，这条船是铁做的，小船游动的水池下有一块强磁铁，用电机带动强磁铁慢慢转动，小船也就跟着一起移动起来。

活泼的铝箔小球

通过摩擦，唱片上所带的静电并不是很均匀，各个铝箔小球吸电并放电，但又被唱片上带电的不同部位重新吸引。具有同样电极的铝箔小球相遇，它们相互排斥又分开。这个小游戏是利用带电体"同极相斥、异极相吸"的原理完成的。

可以发光的方糖

在自然界中，一些固体介质经过挤压或者拉长，晶体会产生极化。在相对的两面上产生异号束缚电荷。糖的晶体就具有这种特性，每个糖分子都有一定量的化学能。在摩擦两块方糖的时候，由于摩擦力的作用，可以把方糖的化学能转化为光能。因此，在实验中可以看到方糖发出的火花。

导电的石墨

通过剪刀、蓄电池、铅笔、小灯泡，电流从电池正极流回到负极，形成了一个回路。因为石墨能够导电，所以白纸上铅笔字迹也能产生电流。其实，石墨和金刚石、钻石的化学成分是一样的。金刚石是目前最硬的物质，石墨却是最软的物质之一。

迷路的指南针

通电导线的周围，电流产生了磁力线。在弧形线的一侧产生了磁性北极，另一侧是南极。改变电流的方向，弧形线的两极就会改变位置，使得指南针的磁性指针和磁场方向相同。通过这个游戏，可以了解为什么在矿区，指南针会失去效用，即强烈的磁场影响了指南针的准确性。

简易测电器

与带电体接触后，电子沿着铜丝传到铝箔片的两端。由于两端带着同样的电荷，因为相斥而分开，分开的程度与电流的强弱相当。测电器就是利用同种电荷相互排斥制作而成的。

盐水浸泡的吸墨纸

盐溶液使金属起了化学反应，从而产生电流。通过铜线圈，电流又对指南针发生了磁性作用。在盐这个电解质的作用下，铜币和铝片发生了原电池反应，并产生了电流。通过缠绕的铜线，电流产生了磁场，驱动指南针开始运动。

奇妙的磁力串珠

磁性材料分为软磁和硬磁两种。其中软磁材料容易磁化，也容易退磁，其广泛应用于电工设备和电子设备中。应用最多的软磁材料是铁硅合金，以及各种软磁铁氧体等。硬磁材料是一种铁氧体材料，它在磁化后不易退磁且能长期保留磁性。硬磁材料常用于制作电子电路的记忆元器件、扬声器的磁钢等。

墙壁上的报纸

用铅笔摩擦报纸，就可以使报纸带电。因此，报纸被墙壁吸住了。如果屋内的空气干燥，把报纸从墙上揭下来，能够听到静电的响声。

高级木炭可发电

利用木炭小洞内的氧气接收电子，从而形成了电能，并做成了空气电池。木炭是正极，铝箔纸是负极，其所产生的电流在200毫安左右。这个游戏只有使用高级木炭才能成功。在超过1 000℃的高温下，橡木经过长时间加热才能制成高级木炭。其质地很硬，在敲打的时候会发出清脆的声音。

空中的缝衣针

当用磁铁的S极摩擦缝衣针时，缝衣针也就带有磁性了，成为一个磁铁。缝衣针所具有的磁力，同样遵循着"同极相斥、异极相吸"的特性。由于缝衣针本身的质量很轻，因此磁力使它飘在空中。

电磁波干扰

经过摩擦，气球带上了电荷。在靠近收音机的时候，气球产生了电磁波。这对收音机正常接收信号产生了干扰，从而出现了杂音。电磁波又称电磁辐射，是由同相振荡并相互垂直的电场和磁场在空间中以波的形式移动，它的传播方向垂直于电场和磁场构成的平面，能有效地传递能量和动量。按频率划分，电磁辐射从低频率到高频率，包括无线电波、微波、红外线、可见光、紫外线、X射线等。

地球这个大磁铁

铁棒带上磁性，是因为地球被磁力线包围，使磁力线贯穿南北。在地球磁线的作用下，铁棒中的磁粒子在震动时指向北方，因此它带有一定的磁性。如果把铁棒对准东西方向进行敲打，就可以消除铁棒上的磁性。生铁和熟铁的区别就在含碳量的不同，生铁的含碳量要多得多。

你见过磁力线吗

铁屑有序地排列成弧状线条，从而显示出磁力作用的方向。不同的磁铁有着不同的磁力线，可以分别用长形、马蹄形和圆形的磁铁来进行实验。

陌生的磁偏角

地球南北两极和磁场的南北两极并不是一致的。因为地球的磁极点和地球本身的极点有一定的差别，之间有磁偏角。磁偏角就是地球南北极连线与地磁南北极连线交叉所构成的夹角。

转向磁铁的铅笔

这是因为铅笔中的石墨将磁铁吸引。虽然吸引力没有磁铁强，但原理是一样的。石墨中微小的原始磁颗粒开始是混乱排序的，通过强磁铁的磁场使它具有一定的次序，出现南北两极，随后又被吸引。相对来说，铅笔的磁性很微小。但在科学领域，经过加工后的高纯度石墨常常具有很大的磁力。

舞姿翩翩的小纸人

通过摩擦，使有机玻璃片上带上了多余的负电荷。这些多余的负电荷形成的负电场破坏了小纸人的电荷平衡，使其靠近有机玻璃片的一面呈正电。小纸人的头部比较轻，因此首先会被吸引起来，可见小纸人一下"跳"了起来。

当小纸人和有机玻璃片接触后，一部分负电荷会转移到它身上，使它也带上了多余的负电荷。因此，小纸人便和有机玻璃片互相排斥而倒下去。倒下去的小纸人和金属托盘接触后，会失去多余的负电荷。这时，受到有机玻璃片的影响，小纸人又会"跳"起来，由此变成会跳舞的小纸人。

制造微型闪电

在塑料布上摩擦后，铁盘子带上负电荷。当把硬币靠近盘子时，通过空气多出的电荷会迅速传到硬币上，再传到你的手上，会有一种轻微电击的感觉。电荷在空气中传递的表现为火花，这个游戏制造了微型的闪电现象。

电流周围有磁场

在电流的周围存在着磁场。在接通电源后，同心圆会出现；断开电源后，敲打硬纸板，同心圆就消失了。由此可见，磁力线是以同心圆的形式绕导体分布的，磁场的方向取决于电流的方向。

磁力的大小

磁铁的形状会影响磁铁的磁力：条形磁铁的磁力比圆形磁铁的磁力大，马蹄形的磁铁比条状的磁铁磁力大。形状相同的磁铁，体积越大，磁力也就越强。

水的导电性

蒸馏水是绝缘体，它会阻碍电荷的自由流动。但如果加入盐后，蒸馏水就变成导体。当盐溶解后，它的粒子带电，促使电池和接线端的电荷相通。电路闭合，电也就可以通过了。需要注意的是，湿手或者赤脚站在湿的地面时，千万不要接触开关以及正在运行的电器。另外，家里的水不是蒸馏水，所以是良好的导体，如果电流通过水，会出现严重的电击现象。

磁性消失的磁化针

由于反复扔向坚硬的地板，使磁化针逐渐失去了磁性。每次被扔，组成针的粒子就向磁铁摩擦的相反方向颠簸。这使粒子变得混乱，因此磁性也就消失了。

电能变热能

流过铜丝的电流使铜丝发热。在家庭中使用的很多电器内，都有电阻。当电流经过电阻时，电能会转化成热能。这就是烤箱、电热毯、电锅、电熨斗、电吹风机的工作原理。

磁力的传导

与磁铁接触后，第一根钉子就被磁化了。因此它能像磁铁一样把第二根钉子吸住。磁铁的磁力在它附近也存在，因此在这个实验的两个部分中，我们可以看到磁力被传导给两根钉子。磁铁拿开后，磁力的传导因此而停止。

土豆电池

土豆汁接触两根铜丝和锌丝，形成了原电池，从而产生了微弱的电流。这个现象是意大利医生伽伐尼发现的，这个现象也便以他的名字命名。除土豆外，很多水果、蔬菜都可以被做成电池，比如柠檬、西红柿这些富含果汁的果蔬。这个游戏的关键在于利用水果汁来做电解质。

细钢丝变红了

电流经过电线很容易，但通过钢丝就比较难一些。电流使钢丝变热，并改变了它的颜色。

磁铁两极的方向

由于地球的磁力太强了，受其影响，所有移动的磁铁都会一端指向南极，另一端指向北极。

手指能放电

手指能放电，是由于塑料经过毛料布摩擦，从而带上了负电荷。因为同性电极相互排斥的原理，金属小勺的尖端挤满了电荷。因此，手指刚一触碰，就会发生放电的现象。

旋转的硬币

硬币作为导体，当带电的梳子靠近时，硬币受到静电感应带有正电荷，因为异种电荷能相互吸引，所以硬币会随着梳子的移动而移动。

瓶子里的钢珠

磁铁的磁力能穿透玻璃、纸片、水等非磁性材料吸引钢铁，磁铁靠近杯底就会吸引钢珠，钢珠随着磁铁的移动而移动，最终被吸引出来。

第四章　奇妙光学，走进色彩斑斓的世界

彩色的光环

光不但有反射的特点，在遇到微小的障碍物时，比如实验用的尼龙纱布中的丝，这时光会产生绕射的现象。不同颜色的光，有着不同的波长。在绕射的时候，弯曲的程度也不完全相同，因此形成了彩色的光环。

平日的彩虹

把镜子放到水中的时候，对面墙上看到的彩虹，是由于光的折射作用形成的。阳光在水雾中可以产生折射，并把它的颜色分解为赤、橙、黄、绿、青、蓝、紫。

火柴头的燃点

平行光线通过凹面镜可以反射到焦点上，这使焦点处火柴头的温度升到燃点以上，火柴因此被点燃。

杯底的硬币

硬币并没有消失，它被小碟子挡住了。光线从一个透明物体到另一个透明物体，都会发生折射，这就使得硬币所成图像的位置往上方移动了。在玻璃杯上面放上小碟子后，硬币的图像反射到小碟子上，这使我们没法看到杯子底下的硬币。取下小碟子，硬币又出现了。在做这个游戏的时候，要注意玻璃杯的底部不能太厚，那样容易看到杯底的硬币，会影响游戏的效果。

捕捉红外信号

经过镜子的反射，遥控器发出的红外信号被电视机捕捉到。这时，电视机就会接受控制，从而轻松地转换了频道。

冰糖也可以发光

搅动冰糖的时候，冰糖突然发光了，并且搅动越快，光越亮。这是因为冰糖破碎或破裂的时候，它的表面会产生不稳定的高能分子。这些分子会变回正常状态，因此冰糖会发出荧光。

可见的海市蜃楼

海市蜃楼是在光线作用下产生的幻景。当光线从热空气层照射到冷空气层的分界面时，光线会发生折射。反过来也是这样。热空气就好像一面镜子，它能使光线拐弯，"幻景"就是这样形成的。在浓盐水和清水的分界层面上，光线会产生折射。因此，可以模拟出"海市蜃楼"的现象。

手指数目变多了

电视屏幕和日光灯发出的都是闪烁的光。1秒钟，电视屏幕的光要闪烁50次，

日光灯闪烁100次。平时在日光灯下看书或者看其他静止的物体时，没有闪烁的感觉是因为人的眼睛有视觉暂留。平时看到的东西，会在眼睛的视网膜上停留0.1秒钟左右。在日光灯灭了的瞬间，我们的视网膜还保留着灯亮时的痕迹，之前看到的东西还在同一个地方，人们不会感到灯光的闪烁。

放大镜失效了

放大镜的放大作用与玻璃的曲率，以及光在空气与玻璃中传播的速度差有关。水和玻璃中的光速差并没有空气和玻璃中的大，所以放大镜不能很好地放大图像。

散射较高的蓝光

介质中的微粒可以没有规则地散射光，并且频率越高的光线，被散射得越严重。红光的频率较低，蓝光的频率较高。因此，杯中的液体能够变成浅蓝色。天空呈现出蓝色也就是这个原理。

近视眼镜

光线通过小孔时，会在小孔后面较近的地方重新形成图像。这就好像景物被拉近了一样，这时眼睛近视的人也可以看清稍远的事物。

变形小房子

在凸面镜上，物体发出的光线发生了散射。这样会在镜子的后面聚成一个虚像，这个像比实物小很多，就好像被压缩了一半。当你往后弯凸面镜的时候，镜中的像跟着也会被压缩。镜面弯曲得越厉害，像被压缩得越小。这样，从凸面镜中观察到的范围就越大。

能流动的光

光线是沿直线进行传播的。游戏中，在到达水流与空气交界的地方时，照射到水中的光线会被反射回来。因此，随着水流，光线会不停地反射，而不会跑到空气中。

自制点点繁星

在同种均匀介质中，光是沿直线传播的。通过小孔，游戏中的光线就笔直地投射到天花板上了。

颠倒的蜡烛影像

倒立的蜡烛其实是它的影像。通过黑纸上的小洞，蜡烛的光线被投射到白纸上。在经过小洞时，火苗上端的光线投射到白纸的下方，下端的光线会投射到白纸的上方。所以，在白纸上看到的是一个颠倒的影像，火苗就好像倒立着一样。

穿过两种介质

这是光的折射现象。往脸盆里加水后，穿过空气和水两种介质，光线发生折射。这使得好朋友又可以看到照片的影子。

全反射现象

光纤传输光信号，与实验中塑料丝传输光的原理是相同的。在光纤中传播的时候，光每次到达玻璃丝时，会产生全反射现象。这会使光信号不断地反射传输下去，而且光信号不会被削弱。这是因为玻璃丝与空气的折光率不同。因此，光纤通信是一种高效、稳定、无损又节能的传输方式。

树木的倒影

树木在湖面的倒影是光被水面反射

后映入眼帘的虚像。看到物体在水面的倒影时，物体的光线和其反射的光线处在同一个平面，且入射角和反射角是相等的。树木顶部发出的光线，虽然方向并不相同，但只有符合反射定律的光线才能被人们看到。可见，能看到哪个角度的光与船的位置有很大关系。

随着船不断靠岸，树木顶部光的入射角和反射角都在逐步变小，但不会变成零。基于此，人们能感觉到水面上树木的成像越来越近，但船却永远也划不到成像的上面去。

水滴的放大能力

水和玻璃都是透明的。把水滴在玻璃片上，由于水滴的表面张力，从而形成了底面平、上面凸起的平凸透镜，它和玻璃凸透镜一样，对物体有放大的作用。

羽毛缝中的蜡烛

通过羽毛观察蜡烛时，在均匀排列的羽毛缝隙间，存在着很多锐利的边缘间隙。光线在通过这里时，会被"折断"，即被引开。它会把光谱中的颜色分解开。这就是所谓的"衍射现象"。因为羽毛间有很多条缝隙，所以在人的眼前会出现很多火苗。

太阳下的肥皂液

透过玻璃杯口的肥皂液，阳光照到了杯子内壁上。杯子内壁反射的光与肥皂液表面反射的光产生了叠加，这就造成光的干涉。因为各色光的口径不同，并且长短不一，于是形成了彩虹。肥皂液太厚或者太薄，都不会产生光的干涉现象。

镜中的玻璃球

把两块镜片搭在一起时，物体的光在镜片间不断地反射。镜片间的角度越小，出现的影像就越多。如果将两块镜片面对面平行放置，中间放上玻璃球，这时镜中的玻璃球就会一个接一个出现，没有尽头。当然，也可以把玻璃球换成小铅球，随着镜片角度的不断缩小，会出现不同的多边形。

镜面起雾了

由于水滴在镜子表面引起了漫反射，从而使得镜子起了一层雾。长期使用的镜子，镜面上会有污垢，它们不容易被水沾湿。因为镜面具有疏水性，水蒸气形成水滴后会附着在镜面的污垢上，这就形成了凹凸不平的表面。沿不同方向，反射光线无规则地进行反射。当擦上肥皂液以后，镜面上的污垢就会褪去。在同一平面上，水滴和水滴可以连接在一起，从而形成了一层薄膜。因此，镜子表面又有亲水性了，从而抑制了光的漫反射。

指甲油的色彩

把指甲油滴到水中后，会在水面形成一层薄膜。当阳光和这层薄膜相遇的时候，一部分光线会从薄膜表面直接反射回来；透过薄膜表面，另一部分光线从薄膜底层反射回来。从薄膜表面反射出的光线和从薄膜底层反射的光线，它们重叠在一起，从而使人们看到了不同的颜色。这种彩虹般的颜色就是"光谱"。

眼里有很多灰尘吗

人眼中的尘埃在虹膜上的影子，就是这些絮状的物体。它们比眼中的液体要重一些。在眨眼的时候，这些物体总是向下浮动。如果把头歪向一侧，眼中的灰尘就会向眼角滑去，这说明它遵循着重力法则。

天上星亮晶晶

通过两种介质时，光会发生折射。天上的星星大部分是恒星，星光穿过大气层会一次次地折射，方向也会不断地变化。从肉眼看去，星星一闪一闪的，好似在眨眼睛。

星状放射光带

光在传播的过程中，遇到障碍物时会绕行。这种偏离直线进行传播的现象，就是光的衍射。在这个游戏中，手帕起到了衍射光栅的作用，它能分解入射光线的颜色，布料纹路的空隙也可以分离直线。对光的波长来说，这样的空隙对光还是太大，因此不能把光谱全部分离出来。因为光线的投射方向弯曲或改变，从而产生了放射形状图案。

鸡蛋熟了

扑克牌上的锡纸把阳光反射到小铁罐中，小铁罐内聚集的大量光线产生了很大的热量。因此，鸡蛋很快就熟了。

字体清晰了

这一现象的原理就是光线的衍射。进入小孔后拉长的光线，把报纸上的文字放大了。文字的清晰度来自于小孔成像的原理，这与相机的光圈相似。小孔眼镜就是用这个原理制作的。

光线的反射

潜望镜就是利用镜面反射的原理工作的。前面的光线可以照在上方的镜子上，之后反射到下方的镜子上，下方镜面又把光线反射到人的眼里。这样，从下方的镜子中，人就可以看到上面镜子所对应的物体。

垂直方向的光

光从各个方向射向眼睛，偏光太阳镜可以过滤掉垂直方向射来的光。发光的物体发出的光都是水平的，因此当光线和太阳镜片成直角的时候，偏光太阳镜就会把光线截住。这时，就看不见手表上的时间了。

气体的样子

与空气相比，二氧化碳的密度更大些。通过二氧化碳时，光线被折断。墙上显现的浅色气旋，在光被折射时导向更多光线的地方都有出现；深色气旋一般出现在光线被偏引的地方。

玫瑰色的手

滤镜可以吸收一些颜色的光线，同时可以让其他颜色的光线穿过。皮肤下的红色血液可以起到与滤镜一样的作用，只有红色的光可以透过，其他颜色的光都不可以透过。

折断的吸管

从侧面观察吸管，看到它好像折断了，实际上它并没有断。光线的传播速度在水中要比空气中快很多，从空气中照进水里，光线会产生折射。从光进入水的地方，也就是空气和水的交界处，能够看到吸管好似折断了。

镜中镜

两面镜子互相反射光线后，从而呈现无尽头的镜中镜。因为镜子的表面并不是完全没有颜色的，而是稍有一点绿色。因此，每次反射都会有部分光线被吞噬掉，越是深远的图像越阴暗并模糊不清。

黄色的车前大灯

在所有可见光中，红色光和黄色光的波长是最长的。光在传播的过程中，遇到两种均匀媒质的分界面时，会产生反射和折射现象。但在不均匀媒质中传播时，光的情况就不同了。因为一部分光线不能直线前进，它会向四面八方散射开，形成光的散射现象。波长短的光受到的散射最厉害，因此游戏中红色和黄色的数字是最高的。

绿色的隔墙

列车在运行时，树丛会飞快地从车窗前掠过。对乘客而言，眼前只剩下一片模糊的绿色。从树叶的缝隙反映的各个背景片段，被眼中的虹膜所接受。这些印象作为"余像"瞬间被保留下来，在大脑中拼成一副完整的图片。

射出的细窄光束

透过鞋盒上的正方形开口后，光束会发生扩散。照亮的纸上面积越大，每一单位面积光的强度就会越弱。光照到纸上时，纸分子会把一部分光吸收，另一部分光就会朝四面八方反射，这种现象就是漫反射。人能看清物体的全貌，就是因为漫反射光在眼内成像的结果。

玩偶的影子

光是沿直线传播的，它不能穿过不透明的物体。当有物体挡住光线时，就会形成影子。

反写的字母

通过光的折射，反着写的字母在玻璃棒中呈现出原来的字样。这也算是小小的密码吧。

手指不见了

直着往前看，因为右眼的视野能够越过鼻子，所以可以看到手指尖。但如果在视角里瞳孔向左转，那视野就会发生变化，这时射向手指的目光就会被鼻子挡住。

手可摘月亮

凹面镜反射并拉近了月亮的图像。因为平面镜的镜面不是弯曲的，所以它能够真实反射月亮的图像，并通过放大镜将它反射回去，从而放大了图像。

物体的影子

杯子和书是不透明的物体，它阻挡了光的传播。薄玻璃片和水都是透明的物体，有利于光的传播。薄纸和手帕一类的东西都是半透明物体，它们会阻挡一部分光线，另一部分光线会向外发散，微微地照亮墙壁。

不能转弯的光

因为光是沿直线传播的，它不能绕过某一物体并弯曲，照亮人们看不到的一面。这就可以理解，地球朝向太阳的一面可以照亮，背向太阳的一面始终是黑暗的。

旋转的彩色陀螺

陀螺的飞速旋转，使得卡片上的7种颜色混合在一起，产生了一种白色的感觉。

黑色吸收阳光

黑色几乎是完全吸收阳光的，水面又

反射阳光。这样，被黑布吸收的阳光转化为热量，热量把它周围的空气和下面的水都加热了。因此，杯里的水要比空气中的水热得多。

墨水的颜色

由于水溶解了色素，颜色不同，色素在水中穿行的速度也就不同。也就是说，颜色分解后，各种颜色开始反射它们各自的颜色。

相交的光线

玻璃杯弯曲的表面和玻璃杯内的水使光线发生了折射的现象，使它们彼此相交又分开。

光传播的路径

如果光找不到传播路径的终点，就无法穿过这个小孔。因为光是沿着直线传播的。

烛焰的不同颜色

白光是由7种颜色组成，分别是赤、橙、黄、绿、青、蓝、紫。其中紫、蓝的波长较短，而且色光穿透力差，经过液体时，被其中的水分子和悬浮小颗粒散射，无法通过液体层。黄、红、橙的波长较长，而且后者比前者更长，它们穿透能力一个比一个强，所以水不停变换颜色，水中镜子里的烛光也就会出现多种颜色。

杯子也能骗人

这是因光线折射形成的，因为盛满水的玻璃杯如同凸透镜，光线通过盛水玻璃杯后，除了经过光心的光线没有改变方向外，其他光线都改变了方向。因此，透过玻璃杯会看到玩具汽车的行驶方向发生了改变，也就是变成相反的方向。

变颜色的脸

光线反射会让脸色发生变化。白纸能反射光线，当手电筒照在白纸上时，它会把光线重新反射到脸上，让脸变得更亮。而黑色的纸张无法反射光线，但能吸收光线，所以当光线射过来后，一边脸就会黑很多。

折断的铅笔

光线通过空气进入水中，会被折射成固定角度。在盐水中，光线的折射角会稍大一些，因为盐水的透光密度要大于清水的透光密度，所以就能看到铅笔折成三截的影像。

镜子中的字体

从镜子中看到的影像是经过两面小镜子先后反射所形成的。每面小镜子都能把影像颠倒一次，经过两次反射之后，影像也就被颠倒两次，所以镜子中的字体是正面的。

第五章　妙趣尽享，好玩的声音与振动

喷出的音圈

纸板圆柱筒喷出的音圈熄灭了蜡烛。如果用灯照着烟圈，从黑暗的背景看这些烟圈，会发现每个烟圈上的烟都在迅速地兜着圈子翻滚。对着纸板圆柱筒，用手指一弹，喷出的音圈能使空气产生很强的旋转速度和力量，从而熄灭蜡烛。

声波的高低音

发黏的蜡在手指抽动中摩擦着，这个压力差别传到了杯底。杯底就像薄膜一样

产生着震荡，并在空气中产生了声波。手指慢慢摩擦，声波也低沉缓慢；手指快速摩擦，声波就会短暂间歇，从而发出高音。

把噪声"罩"住

用铁桶把小闹钟盖起来的方法叫隔振。游戏证明，在机器和它的基础间放上具有弹性的物体，就能把固体传出的噪声"罩"住。工程上常用橡皮、软木等材料隔振，各种弹簧也可以隔振。

声音是怎么产生的

声音是由振动产生的。当你对着卷筒口说话时，因为声带振动导致空气发生振动，空气的振动又引发蜡纸的振动，这样声音就产生了。

你的心跳声

人体内部器官发出的声波，经过扩散后变得非常小。因此，即使站得很近，也听不到别人的心跳声。圆台体的作用就是把这些声波的一部分汇集起来，并沿着声筒往前运动，从而可以听到心跳声。

独特的乐曲

手指摩擦高脚杯的时候，因为高脚杯受到轻微的冲击，产生振动后又传到周围的空气中，从而发出声音。如果在两个杯子间搭一根细铁丝，声波可以传到第二个杯子上，从而发出相同的声音。因为在受到声波的冲击时，两个杯子会有同样的振动频率。

悦耳的敲碗声

铅笔上的橡皮头敲击碗，引起振动后形成的声音被小伙伴听到。手指触碰碗的边缘，使得振动消失，自然就听不到声音了。

有趣的声圈

声音的本质是一种声波振动，它是有形状的。它的形状表现在介质的分布变化，通过实验等方法把它展示出来，可以直观地看到声音的振动模式。

硬纸盒喇叭

对着纸杯说话的时候，声波聚集在纸杯中，并通过棉线传递到了另一端。由于声音在固体中的传送速度比空气中快，另外硬纸箱周围竖起的边缘有聚声的作用，所以声音不会扩散变小，反而还会扩大音量。

隔着墙聊天

声音在固体中的传播速度很快，当对着易拉罐讲话的时候，声音经过易拉罐传到细绳上（这时，如果触摸细绳会发现，它有轻微的振动），之后沿着细绳往前传播，直到另一端的易拉罐。这样小伙伴就可以听到你的声音了。

虫子触网了

面包圈和盘子是一个整体。挪动盘子后，它上面的面包圈会使细线产生振动。蜘蛛也是因此而感觉到振动，从而知道虫子触网了。

音调可真高

从嘴里吹出的气流使玻璃纸的边缘产生了振动。因为玻璃纸特别薄，所以它振动得特别快。物体振动越快，它发出的音调就越高。

用手指敲击桌面

声音不仅可以通过空气传播，也可以通过固体传播，比如桌子。许多固体传播声音的效果要比空气好很多，比如木头，和空气中的分子相比，木头中的分子更紧密些。在这个实验中，因为木头传播声音的效果更好些，所以听到的敲击声比平时的声音要响亮得多。

8个玻璃杯

我们知道振动可以产生声音，但声音的高低和振动的频率有关。这个实验中，振动的频率与玻璃杯中水的多少有关。水越多，振动就越慢，玻璃杯中发出的音调就越低。

晃动的光斑

声波使蒙在罐头上的气球产生了振动，气球的振动使反射光也开始振动。因此，墙上的光斑也就晃动起来。

气球内的空气分子

吹气球的时候，你的肺其实起到了充气泵的作用。它迫使气体进入气球中，从而把气球吹了起来。与房间内其他地方的空气不同，气球内的空气分子靠得更加紧密，里面的气体被紧紧压缩着。它们都是很好的声音传导器，传导的声音效果比普通空气好很多。

振动的纸

纸在振动时，会产生声波。耳朵接收到这些声波，也就听到了声音。

茶匙发出的声音

细绳传导声波的效果要比空气好一些，它可以把声波直接传到你的耳朵内。因此，你听到的声音就好像低沉的钟声一般。

对着梳子哼唱

对着梳子哼唱时，你的声音撞击了包装纸，这使它像我们的声带一样振动起来。包装纸分子的振动会改变原本的声波，因此声音就变调了。

声波的波长与频率

广口瓶的高度和直径决定了音调的高低。大号广口瓶又高又粗，瓶内的空间比较大，声波波长较长，频率较低，因此能听到的声音就比较低。小号广口瓶内的空间比较小，声波波长短，频率较高，声音自然就要高一些。

棉花球纸杯

和雪花一样，棉花球内有很多微小的空隙。哨子传来的一部分声波被困在这些空隙间，很难再传播出去。这和冬天围着厚厚的围巾，别人会听不清你说话一样。

衣架上的铁钉

不停地晃动衣架，会使铁钉互相碰撞。因为铁钉的大小不同，所以碰撞后每根铁钉会产生不同的振动，从而发出高低不同的声音。它们相互重叠在一起，好像一支美妙的乐曲。

如果拴着铁钉的线没有绑在衣架上，而是在你手里，那么铁钉就不容易发生和之前一样的声音，就算相互碰撞并同时振动，但它们振动的时间也不会很长，并且，每根铁钉发出的声音也会变小。

自己做吉他

因为宽橡皮筋的振动频率比较低，所以它发出的声音不会太突出。而窄橡皮筋的振动频率比较高，因此它发出的声音较突出。当然，这也不是一定的。声音还与"弦"的松紧程度有关。如果你把宽橡皮筋拉得很紧，那它也能发出很高的声音。你也可以来回拨动"吉他弦"，感受声音高低起伏的变化。

闹钟的滴答声

一般来说，闹钟发出的滴答声会以声波的方式传播。传播的距离越长，能听到的声音也就越小。在这个实验中，声音在纸管内传播，同时纸管还引导声音往固定的方向传播。要是两根纸管间的角度刚好，闹钟的滴答声传到墙壁后，墙壁会把声波再反射到一旁的纸管中。这样，就可以听到滴答声了。与你的助手交换下位置，让他也听听这个声音。

跳舞的糖豆

当桶内的声波振动到某个特定值时，组成桶盖的分子就会依这个频率振动。桶盖开始振动，使得在它上面的糖豆也跟着跳起舞来。当然，桶内声波的振动频率达到这个值之前，糖豆只会轻微颤动，它们不会蹦起来。

放大的声音

人在说话时，声波是朝四面八方扩散的。声音传播的距离越远，音量就越小。当使用扩音器时，会使声音只朝一个方向传播。这样能量损失会大大减少，因此声音可以传得更远。

共鸣腔的大小

吸管被咬扁后，吹入的气流就不能很顺利地通过。气流撞到吸管不规则的内壁，就会产生漩涡，从而引起了共鸣。声音的高低，与共鸣腔的大小，即吸管的长度有关。长吸管可以产生低音共鸣，短吸管可以产生高音共鸣。在吹吸管的同时，一边剪断它，就会听到明显的音域变化。

简易音乐杯

用手指往下捋线的时候，线会振动。当振动传到杯子，杯子和它内部的空气也跟着震动起来，并且声音被扩大。如果没有杯子，声音会小一点。同样，敲击钉子引起的振动传到线上，再传到杯子上，这样声音就被放大了。

从复读机中听到的

原来，复读机发出的声音是直接通过空气振动传播的。我们平时听到的声音，除了这种传播方式外，还有我们自己头骨振动所传播的声音。所以，它们听起来很不同。人说话的时候，声音会沿两条途径传播，一条是通过空气传播，其他人可以听到；另一条是通过头骨传播，只有自己可以听到。

浑厚的鼓声

当用手敲击鼓面，它里面的空气开始振动。空气的振动，通过鼓面传到耳朵中。这跟在屋里说话，屋外可以听到一样。声音在传播中遇到障碍物后，所携带的振动会传给周围的障碍物，障碍物把振动再传给另一侧的空气。同时，另一部分振动返回了。就好似音叉的振动向四面八方传播开，当声音的振动传给障碍物后，障碍物的振动又向两个方向传播。这些声音交织在一起，是非常浑厚的。

相同长度的绳子

晃动瓶子时，系着瓶子的绳子和长绳都会振动。另一根相同长度的绳子也会振动和摆动，但其他长度的绳子不会动。相同长度的绳子，它们有着相同的固有频率。一个物体振动产生的声音，会造成有相同固有频率的物体振动，并发出声音。

巧手做发音盒

当小绳带着铅笔振动时，线的振动会传到杯子上，纸盒内的空气也随之振动起来。这种有节奏的振动，使纸盒发出好似动物的叫声。纸盒的空间大小，以及挥动绳子的频率都会影响纸盒内空气的振动，从而影响发出声音的大小。

棕色三角形的威力

向下抖动胳膊，空气一下冲到了厚纸三角形的底下。随着一声较大的响声，棕色三角形被顶了出去。这个声音是纸撞击空气，并且在空气产生急速冲击波的振动中发出来的。

汽车的马达声

从马达传来的声波，它的速度是一样的。汽车行驶在声波的后面，声波在车前受到挤压，这是因为波长变小了。也就是说，每秒钟的声波数量提高了，所以听到的是高音。当汽车驶过之后，听到的是车后面的声音，声波之间的距离变大，频率减弱，声音也就低沉下来了。

处于振动状态

风车的转动是由于细铁丝摩擦吸管的锯齿状部分产生的振动造成的。如果摩擦吸管锯齿状部分的方法不对，那风车就不会转动，多练习几次就会成功。在平滑的桌面上，振动的手机或剃须刀在振动的同时都会不停移动。它们的原理都是一样的。

摆动的次数

摆的摆长越长，它摆动的周期越长，但摆幅和摆锤的重量不会影响摆的周期，这就是摆的等时性。在这个实验中，摆重量的改变不会影响摆的周期，但摆绳的长短会影响摆的周期。

跳动的茶叶末

通过空气微粒的振动，声波在空气中传播着。敲打圆铁盒会引起周围空气微粒的振动，当振动的声波向外传播时，便碰到了圆铁盒上的塑料薄膜。受到声波的能量冲击后，塑料薄膜也跟着振动起来，之后又把能量传给了茶叶末。茶叶末很轻，在能量的冲击下，便会随着敲打声跳起来。

笛子的声音

当吹笛子时，流动的空气被强行切成两路：一路流到笛子内部，另一路流到笛子外部。空气因此产生了摩擦音，这就是笛子的发声原理。

音调的变化

吸管前端吹出的气流撞到胶卷盒内壁和底部时，有漩涡产生。气流漩涡发生的声音在盒内产生共鸣，从而发出了声音。挤压盒口，共鸣腔的形状发生改变，随之音调改变。

声音有预兆吗

物体的结构即将崩溃或遭到破坏时，会发出一些声响。对这些现象的熟悉，可以避免事故的发生。

简易吸管风琴

吹奏吸管风琴时，嘴里的气流会振动敞口吸管内的空气，从而产生驻波。吸管越长，产生的驻波越长，波的频率越低，发出的音调越低。

相同的铃铛

把燃烧的纸条放到瓶内后，由于气体膨胀，里面的空气有部分溢出，另外燃烧也会消耗瓶中的一些氧气，空气变稀了，声音的传播自然受到影响。

果然摆动了

在3枚铜钱中，较长的线摆动的周期长，速度慢；较短的线摆动的周期短，速度快。不同频率的作用力，可以使长短不一的线摆动，这就是共振现象。

手指弹灭蜡烛

物体产生振动时，会让周围空气也随之振动。振动的空气会传出声波，当声波传到耳朵中，就能听见声音。当敲击硬纸筒另一端的胶膜时，胶膜会产生振动，这个振动会沿着硬纸筒的空气进行传播，最终通过小孔，从而吹灭蜡烛。

纸杯发出的声音

纸杯能发出声音，其原理和小提琴相似。小提琴的琴弦靠琴弓的摩擦产生振动，进而发出声音，最后经过共鸣箱发出声音。牙线上的蜡油和小提琴上的松香是同样道理，为了增加摩擦力，能让牙线产生振动，纸杯作为共鸣箱能有效增强振动。

鸟儿的叫声

纸杯能发出鸟鸣般的声音，是因为黏合在一起的两个纸杯形成一个密闭的共鸣箱。由吸管把空气通过三角形小孔传入杯内。杯中空气受到震动产生声波，而声波在密闭空间里就能产生共鸣，声音强度较大，于是出现了"鸟叫声"。

第六章　日常现象，我们身边的冷与热

玻璃杯的导热效果

当热水倒进第一个杯子后，热水和杯子间开始进行热传递。这使得杯子的温度升高，热水的温度降低。这样下去，水的温度就会越来越低。这是因为玻璃杯的导热效果比较好。

蜡油蒸汽的功效

两支蜡烛在这么近的距离燃烧时，由于每支蜡烛会产生蜡油蒸汽，当一支蜡烛熄灭后，它所释放的蜡油蒸汽会把另一支蜡烛点燃。这样，两支蜡烛都会燃烧起来。

闪亮发光的字

黑纸上的盐水烘干后，水分被蒸发掉，这时会留下盐的白色结晶。液体变为气体的过程就是蒸发，液体的分子朝不同方向、以不同速度不停地运动着。受到温度升高的影响，液体分子冲破分子间的引力，从而使得气体分子飘散到空气中。

漂浮的水滴

水滴接触到加热后的铁皮锅盖后，接触面的水分会蒸发。因为蒸汽的压力很大，便把水滴托起来了。由于水滴自身拥有一定的重力，在重力和蒸汽压力的作用下，使得水珠来回穿梭。

盐的分子数目

一般来说，水溶液浓度越高，它的凝固点就越低。虽然水中加入的蔗糖和食盐的体积相同，但同样一勺盐的分子数目要大于糖的分子数目。因为盐溶液的浓度

更大，所以水最先结冰，糖次之，盐水却很难结冰。

不同的结冰点

无论是橙汁还是水，都会从液体变成固体。由于橙汁内含有大量其他物质，比如膳食纤维等，它们完全结冰在零度以下，所以橙汁结成的冰块并不是很坚硬，很容易被咬碎。

吹来凉爽的风

水在蒸发时会吸收周围很多热量，这个游戏便利用了水分蒸发吸热的特性。毛巾上的水蒸发时，从电风扇的风中可以吸收热量，这样风就变得很凉爽了。

瞬间结冰的水

这是由于液体的冷却现象造成的。液体的凝固需要一定的固体颗粒作为凝结核，经过降温，不饱和的液体就会达到饱和，析出溶质并凝固起来。如果液体中没有凝结核或液体没有受到扰动，过饱和现象就会出现。

这时温度继续下降，低于液体的凝固点时，液体仍然不能凝固，就会形成过冷却现象。水在零度以下不会结冰，但在受到扰动后，这种冷却的液体会立刻从上到下结冰。

变黄的报纸

报纸是由木浆做成的。通过除去水分的层层工序，只留下了柔韧的纤维素。在制造工艺中，报纸本身就带有黄色，它是通过二氧化硫漂白的，所以它的稳定性不是很好。这就使得空气中的氧气和纤维素逐渐产生了化学反应。由于二氧化硫不断挥发，使得报纸变成了黄色。

松香和琥珀

松香是从松树树干内流出的油。经高温后，它会溶化成水状，干结后会变成块状固体。松香颜色焦黄深红，是重要的化工原料。焊电路板时，常用松香做助焊剂。

倒空热水的塑料瓶

受到热膨胀后，塑料瓶内的空气会变轻。它对瓶内壁产生的压力，要比瓶外空气对外壁的压力小。因此，受塑料瓶外空气的挤压，瓶子变扁了。

钓起的冰块

冰盐融化过程的吸热有两种作用，即冰融化吸热和盐溶解吸热。因为温度急剧下降，使得液体很快重新结冰。冰盐将落在上面的线头在冰块上冻住，这样就可以将冰块钓起来了。

不会破的肥皂泡

肥皂泡是由于水的表面张力形成的。冷冻室内的肥皂泡有水，在破裂前它会结冰。这样就看到了不会破的冷冻泡泡。

冰块融化后

根据常理思考，可知浮在水面的冰一旦融化，杯中的水肯定会溢出来。但事实并不是如此，水结冰的时候会比原来的体积大出1/11，即冰块融化的时候体积回缩，占据的正好是冰块原来占据水的空间。

被粘住的手

从冰箱内刚拿出的冰棍，如果很着急吃，就会使舌头粘在冰棍上。在冰棍上粘的白霜便是水蒸气凝华成的小冰晶。

迸有火花的细铁丝

可以说，这个游戏并不容易做，理想的状况是在纯氧气的条件下进行。高速氧化时，产生的温度比铁的熔点还要高，因此铁就燃烧起来了。铁与空气中的氧气生成了四氧化三铁。

乙醚燃烧起来

乙醚的燃点很低，快速推动注射器的活塞时，空气被压缩，使得注射器内的温度升高。当温度高于乙醚燃点时，棉花上的乙醚会燃烧起来，从而点燃棉花。

横切冰块的细线

使用细线摩擦冰块时，它下面的冰块很快就会融化，从而使细线切入冰块内。当细线切入冰块后，线上面的冰又会重新冻结起来。这样，细线切过冰块，一直到冰块底部，冰块也不会有任何破损。

外溢的气体

通过加热，蜡烛产生了可燃气体，聚集在蜡烛芯的附近。与氧气接触后，蜡烛开始燃烧。没有完全燃烧的气体通过管道外溢了。所以在铁管出口点燃一根火柴的话，外溢的气体就会接着燃烧起来。

用棉线切玻璃

这个游戏利用的是热胀冷缩的原理。棉线燃烧过的地方，温度会升高，此处玻璃就会受热膨胀。把玻璃快速放到冷水中后，因为遇冷，玻璃迅速收缩。玻璃不是热的不良导体，它内外伸缩的程度并不相同，因此它很容易从棉线的位置断裂开。

在热水的浇注下

小石头在低温冷冻后，又被高温的热水浇注，这样岩石表层和岩石内部就产生了冷热差。这会使小石头表面和内部的膨胀性与收缩性不同，因此岩石劈裂了。

将衣服熨平整

电熨斗调温的原理要归功于双金属片制成的自动开关。双金属片是将长、宽相同的铜片与铁片铆在一起做成的。受热时，铜片会比铁片膨胀得大，双金属片就会向铁片一边弯曲。温度越高，弯曲越明显。

你会做冰激凌吗

用冰块将流体冷冻的时候，会形成冰晶。在冰激凌冷却的过程中，我们不断搅拌会使冰晶变成小冰块。搅拌的时间越长，小冰块就会变得越小，冰激凌就越细滑。随着空气进入其中，冰激凌的口感会更清凉。

以金属滤网为界

燃烧的可燃气体发出的热和光就是火焰。因为金属是热的良好导体，所以它能将火焰中的大量热快速地传送到周围的空气中。经过金属滤网后，没有气体便不能维持燃烧，因此也就烧不起来了。可以说，金属滤网就像一个隔热器，将燃烧限制在滤网下。观察可以发现，蜡烛燃烧时冒出的烟，能够自由地从网眼穿过，但火焰一直限制在滤网下。

含有酒精的湿手套

40%的酒精溶液中，水的沸点比乙醇沸点高。燃烧产生的热量消耗在水分的蒸发上，而湿手套上的水又是由于手指感到热的反应，这需要酒精燃烧一段时间。

瓶底的碎冰

继续加热到达沸点的水或水温超过沸点，就是沸腾。因溶解物以及气压等因素，水的沸点会有所改变。实验中先把瓶壁冷却后，冰使得瓶内水蒸气冷凝，从而导致瓶内的气压下降，沸点降低，使水温高于沸点沸腾起来。

网状的冻豆腐

豆腐的内部有很多小孔，这些小孔中充满了水。结成冰后，水的体积会变大。当豆腐的温度降到零度以下时，它里面的水分就会结成冰，原来的小孔就会被冰撑大，这时整块豆腐就变成了网状。冰融化后，水就会从豆腐中流出来，这样就留下了大量的孔洞。

黑衣服干得快

同等条件下，不同颜色的物体对阳光的吸收能力是不同的。白色物体对阳光的吸收能力最弱，而黑色最强。因此，黑颜色的衣服会先干。

手哪一面凉

这个游戏运用的是蒸发的原理。蒸发的时候，一部分热量会散发到空气中，因此蒸发会使液体的温度降低。由于液体蒸发的快慢和液面水蒸气排出的快慢有关，因此液体迎风的时候比背风时蒸发得快。

有趣的肥皂

肥皂的主要成分是硬脂酸钠，加热溶于乙醇后，形成凝胶状固体物，这种凝胶状固体物很容易燃烧。人们发现一种树，它的果实和皂荚的性能是一样的，也可以洗衣服，但它比皂荚更肥厚丰腴，

人们为它的果实取名为肥皂子，又叫肥皂果。后来，就有了"肥皂"一词。

瓶中的碘酒

火柴燃烧所产生的烟雾中，含有一定的二氧化硫。它使碘变成无色的碘离子，因此瓶中的碘酒溶液会变成无色的透明水溶液。

好喝的汽水

汽水中含有大量的二氧化碳，把汽水倒入杯子后，大量的二氧化碳会被释放出来。这就将氧气隔绝了，因此火柴迅速熄灭。在日常生活中，人们喝的大部分汽水都是碳酸饮料。为了抑制水中滋生细菌，二氧化碳是汽水公司加压充进去的。当然，二氧化碳也有调味的作用。但要注意的是，饮用碳酸饮料要有"度"，大量摄入对身体不好。

鸡蛋表面的气孔

鸡蛋靠它表面的气孔呼吸。往鸡蛋内注入空气，可以加大蛋壳内空气的压力。因此，气压将红墨水从蛋壳内挤到蛋壳外面了。

生锈的钢丝绒

钢丝绒蘸湿后，会与空气中的氧气结合开始生锈。这个过程被称为氧化。在氧化的过程中，会释放一些热量。把杯子中的氧气消耗掉后，杯子内的气压开始降低，杯子外的气压大于里面的气压。因此，水会被吸收到玻璃杯内。需要注意的是，做这个游戏，不要选择不锈钢钢丝绒，因为这种钢丝绒不容易被氧化。

转动的纸

纸旋转的原因是因为我们的手有温

度，这就为它提供了热能，使纸附近空气的温度上升，从而带着纸旋转起来。

罩着塑料袋的杯子

在吸收阳光的同时，物体也在不断地向外辐射散发热量。当阳光停止照射，物体向外辐射散热时，扎塑料袋杯子的热量散发不出去，就会发生温室效应。实验中的塑料袋就是产生温室效应的根本因素。

瓶内的云雾

用冷水冷却瓶子的时候，瓶中会留有水蒸气。向瓶内吹气，使瓶子内的气压增大，松开吸管后，瓶内的气压下降，这会使瓶内的空气温度降低，瓶中的水蒸气附着在烟尘颗粒上，并凝结成极小的水滴，从而在瓶中形成了云雾。

哪个先淌蜡液

蜡烛淌蜡液是因为蜡烛熔化的速度超过燃烧消耗的速度。烛芯短，火焰小，消耗蜡烛的速度慢，但蜡烛熔化的速度基本没变，因此容易淌蜡液。

轻松滑行的杯子

杯子反扣在桌面上，杯中热水倒出，这时就有空气进入，杯壁以及留下的热水所带的热量会使这些空气发生膨胀现象，把反扣在桌面上的杯子稍稍向上托起。这时杯子已经不再和桌面直接接触，它是支撑在一层薄膜上。只要很小的一点外力，杯子就会向前滑行。

遇火不着的纸

因为外面裹着的螺旋铜丝具有导热性，所有纸没有着起来。烛火的热量被铜丝全部吸收了，加上纸没有达到着火点，

所以纸没有着起来。

光彩夺目的星空

接触到空气中的氧气后，铝粉和铁屑开始燃烧。铝粉燃烧的颜色是银白色的，铁屑燃烧的颜色是金黄色的。两种颜色交相呼应，看起来就好像美丽的星空。

冰面的位置

大多数物体都有热胀冷缩的性质，但水是一个例外。遇冷结冰后，水的体积就会膨胀，这样冰就会比水占用更大的空间。因此，冰面会上升。

玻璃杯裂开了

玻璃杯裂开的原理是因为热胀冷缩造成的。把热水突然放到玻璃杯中，玻璃杯内壁会迅速膨胀，但玻璃杯的外壁却没有受热，仍然保持着本来的状态。受内膨胀力的挤压，玻璃杯便破裂了。所以，往杯子内倒热水的时候，把杯子预热一下是很有必要的。

产生的大量气泡

气体在水中的溶解度受温度影响，温度越高，溶解度越小；温度越低，溶解度就越大。二氧化碳溶解在水中制成了碳酸饮料，遇到热水后，温度上升使得大量的二氧化碳溢出；在冷水中的杯子，温度较低，二氧化碳溢出的就少。

铁轨间的空隙

将铁丝的两端固定住，受热后铁丝会出现伸长现象。因为不能向两端延伸，它只能向下弯曲。如果把铁丝的温度降到很低，它又会收缩。超过限度，铁丝就会发生断裂。温度变化会引起铁轨的自由伸缩，所以铁轨之间要留一定的空隙。

不着火的纸杯

水的比热较高，它会不断吸收蜡烛传入纸杯底部的热量。而纸的着火点在100℃以上，水的温度几乎不可能超过100℃，因此，只要纸杯里有水，那么纸杯就不会被燃烧。

蜡烛在水中燃烧

水中的蜡烛之所以没有熄灭，是因为蜡烛的外壁和水相接触，蜡烛燃烧产生的热量经过水传递出去，蜡烛的外壁就避免被融化，最终形成漏斗形状。

水和土的温度

人泡在水里，是向下传导热量的，而在陆地上，太阳无法晒透土壤，所以地表会被晒得很热。因此，水温升高所需的热量要大于陆地温度升高所需的热量，所以陆地上的土壤要比水里更热。

净化水游戏

自来水中加入明矾，可以和水中的杂质发生作用，产生氢氧化铝。氢氧化铝有较强的吸附能力，可以吸附水中的杂质，最终形成沉淀，澄清水的上层。在游戏中，经过净化的自来水蒸发之后，试管壁上就会残留一些杂质。

瓶口冒出的冰

大部分物体都有热胀冷缩的性质，而水这一种物质例外。当水遇冷结冰后，体积反而会膨胀。因为冰比水占用的空间更大，所以水结成冰后，会从塑料瓶中冒出来。

水中的墨水

当分子处于低温状态时，其运动速度相对较慢，而在高温状态下，其运动速度较快。所以，墨水在热水里很快就能分散开来，而在冷水中还需要一段时间，所以墨水在热水中的分散速度要快于在冷水中的分散速度。

加热的冰块没有融化

加热时，火焰正对试管上部位置。在加热过程中，试管上部的水受热会膨胀，变得较轻而停留在试管上部。因为水的"传热率"较低，热量向试管底部传递的速度慢，所以试管底部的水一直较冷，也就是说这块冰是热水下的冰，因此不会融化。

第七章　化学天地，揭秘生活中的各色现象

弹出的软木塞

小苏打的化学成分是碳酸氢钠。遇到醋后，碳酸氢钠会发生化学反应，产生大量的二氧化碳，使瓶内的压力增大，直到将瓶塞弹出。

来回碾压白纸

松节油和洗涤剂混合后，产生了一种乳胶，这种乳胶可以浸入干燥的油墨和油脂中，将其重新液化，可以使图片或文字印到白纸上。在复印黑白图片时，这种方法效果比较好。

生石灰放热

生石灰变成熟石灰的过程，就是一个放热反应。因为释放出的大量热可以把鸡蛋煮熟。

厚厚的水垢

水垢的主要成分是碳酸盐，食醋中含有的醋酸可以将它溶解。因此，用热

水和醋可以轻易地将热水瓶内的水垢去掉。

当淀粉遇上碘

面粉变蓝是因为在它里面含有淀粉，淀粉遇到碘会变成蓝色。

明矾的熔点

明矾的熔点相对较高，不容易燃烧。因此，浸过明矾溶液的纸，也变得不容易燃烧。火棉燃烧的速度快，大部分的热量散发到空气中，达不到处理后纸的熔点。

头发怎么没了

头发是酸性的，漂白剂是碱性并有较强的氧化性。酸碱相遇会发生中和反应，因此头发就会被溶解消失掉。

彩色温度计

在加热逐渐失水的过程中，氯化钴的结晶混合物会呈现出不同的颜色。运用温度变化呈现不同颜色的特性，可以做成温度计。

鸡蛋壳上的图案

白醋中有醋酸，醋酸和蛋壳中的钙发生化学反应，从而生成了醋酸钙。在蛋壳上彩色蜡笔画过的地方，由于受到蜡的保护，没有醋酸钙的侵蚀，从而保持了原来的模样。之前画上的图案，好似在蛋壳上雕刻的一样。

彩虹鸡尾酒

这杯鸡尾酒所形成的层次，是因为不同液体有着不同的密度。把液体倒入杯中的时候，密度大的会沉在下面，密度小的浮在表面。糖浆、高浓度食盐水、威士忌、麻油、色拉油它们的密度逐渐减小，所以层次很分明。

添加小苏打

小苏打的主要成分是碳酸氢钠。当它溶于水时，会产生二氧化碳。在汽水等碳酸饮料中，都含有二氧化碳。当汽水中的二氧化碳和碳酸氢钠溶解产生的二氧化碳重合后，"火山喷发"的奇观也就产生了。

水中悬浮的杂质

明矾能够在水中溶解，可分解为氢氧化铝。氢氧化铝有很强的吸附能力，它能将水中悬浮的杂质吸附，沉淀后使水变得澄清。

用柠檬汁作画

用柠檬汁画画，柠檬汁会与纸发生反应，使纸失水，这会降低纸的燃点。烘烤后，其中的画就显现出来了。

纸币上的火棉胶

在化学上火棉被称为硝化纤维，它的燃点很低，容易燃烧，碰到火星瞬间被点燃，并且它的燃烧速度极快，甚至还没来得及引燃纸币，燃烧产生的热量就把它全部烧光了。因此，纸币能完好无损地显露出来。

银饰品中的铜

银可以溶解于浓硝酸中，在硝酸银溶液中加入过量的盐酸后，会生成白色的氯化银沉淀。如果滤液中含有铜离子，含量少时不容易发现溶液颜色的变化。在加入大量氨水后，它会生成深蓝色的铜氨络离子，这样很容易判断其中是否含有铜。

蔗糖粉和镁粉

氯酸钾和浓硫酸发生反应产生氧气，释放出热量达到一定温度后，蔗糖粉和镁粉就会燃烧起来。

一层光亮的铜

铜币内的铜和柠檬汁中的酸发生了化学反应，从而形成一种新物质，即柠檬酸铜。在柠檬汁中放入铁钉后，铁会把柠檬酸铜中的铜置换出来。这时，铁钉表面附着上一层铜，看上去像是一颗铜钉。

竹片上的字

加热时，稀硫酸会变成浓硫酸。浓硫酸有很强的脱水性，它使纤维素因失水而炭化，从而使竹片呈现出黑色或褐色。将多余的硫酸洗去，在竹片上就得到了黑色或褐色的字。

红糖内的有色物质

红糖中含有一些有色物质。如果要制成白糖，必须将红糖溶解在水中。加入适当活性炭，可以将红糖内的有色物质吸附掉，经过过滤、浓缩、冷却后，就得到了白糖。

衣服上的血迹

血液中含有血红蛋白，遇热后会发生化学变化，血迹易溶于水，但受热后就很难了。同样的道理，血迹在空气中暴露时间久了，也会发生这种化学变化，所以陈旧的血迹不容易洗去。

大豆油变色了

因为油和水不相容，用水质食用色素给油染色很难。由于蛋黄中的磷脂有乳化作用，它能使油分子和水分子混合，所以油变成了红色。

你会做豆腐脑吗

豆浆中含有丰富的蛋白质。溶到水中后，蛋白质就会变成一种胶体溶液。蛋白质胶粒在水中带有同种电荷，而同种电荷是互相排斥的。在豆浆中放入食盐，食盐会电离成带正电的钠离子和带负电的氯离子。电解出的离子紧紧依附着蛋白质，如果蛋白质带正电，那负离子就会跑到蛋白质周围与正电荷中和；如果蛋白质带负电，那正离子就会跑去和负电荷中和。最后，大量的蛋白质胶粒会合在一起，越合并越大，最后从水溶液中沉淀出来，就成了豆腐脑。

茶水变"墨汁"

茶水中含有鞣酸，它与三氯化铁反应会生成黑色的鞣酸铁沉淀。因此，茶水很快就变成了"墨汁"。草酸与鞣酸铁反应生成无色的可溶物，这时"墨汁"又变成了"茶水"。当然，这时的茶水不能再喝了。

画中的蜡烛

樟脑球的主要成分是含碳和氢的有机化合物——萘，这种物质容易燃烧也容易升华。因为隔着布一点就能燃烧起来，燃烧时释放出的热量，有一部分被发生的升华现象所吸收，因此，棉布不会烧坏。

跳舞的小木炭

小木炭刚放到试管中时，试管里的硝酸钾温度比较低，还不能使木炭燃烧起来。对试管加热温度上升后，小木炭达到燃点，与硝酸钾发生化学反应，释放出大量的热，小木炭立刻就燃烧起来。

了不起的果酸

苹果中含有果酸，刚切开的苹果表面的果酸含量更多。用苹果擦拭盘子，果酸会与盘子上的油污发生化学反应，生成可以溶于水的物质。

白胶状的牛奶

牛奶中的固体颗粒十分均匀地扩散在全部液体中，食醋使牛奶中漂浮的不溶解小颗粒凝结成被称为"凝乳"的固体，其余被称为"乳浆"。乳浆是一种有机化合物，利用牛奶中的有机化合物就制成了固体牛奶制品。

盐水中的黄豆

加入黄豆的原因是因为黄豆的水分少，黄豆外面的皮相当于一个半透明的薄膜。当把黄豆放到清水中煮的时候，穿过黄豆皮后，水分子就会浸入黄豆中，黄豆就会发胀。经过一段时间蒸煮，黄豆的细胞就会涨破，从而把黄豆煮烂。

如果用盐水煮黄豆就是另一种结果了，因为盐水的浓度高，它不容易渗透到黄豆中，还会耗干黄豆自身的水分，所以黄豆会煮不烂。

水面的方糖

方糖在水中溶解的快慢和水的对流有很大关系。放在杯子底部的方糖溶解时，它所形成的糖溶液密度要比水大，所有的糖溶液都会沉到杯子底部，饱和后就不会再溶解了。处于水面的糖块溶解时，形成的糖溶液渐渐沉到杯底，这样糖块会不断地向下填充，所以它溶解得比较快。

凉爽的冰镇饮料

小苏打溶于水，和柠檬酸反应产生了二氧化碳。当二氧化碳从人体排出时，会有一些热量被带走，因此喝碳酸饮料使人感到消暑解渴。当把碳酸饮料放入冰箱后，由于饮料的温度比较低，二氧化碳就更多。因此，喝冰镇饮料感觉更凉爽。

手帕表面的酒精

浸泡手帕的酒精中含有水和纯酒精。以酒精为燃料，火焰在它表面燃烧。尽管手帕有的部位酒精燃尽了，但因为手帕中的水会蒸发，这就使得手帕表面的温度不会达到燃点。因此，手帕不会烧坏，燃烧的只是手帕表面的酒精。

巧手做松花蛋

草木灰中含有氧化钙和氧化钾，生石灰是碳酸钙，纯碱是碳酸钠。把生石灰、纯碱、草木灰、食盐、红茶叶混合在一起，会产生一系列化学反应，生成氢氧化钠、氢氧化钾、碳酸钙，电离出氢氧根离子、钾离子、钠离子和钙离子。

把鸡蛋放入料泥中，这些离子会渗入蛋壳内。在氢氧根的作用下，蛋白中的蛋白质开始凝固，与水形成胶冻，同时钠离子、钾离子、钙离子会促使蛋白质凝固和沉淀，使蛋黄凝固和收缩。另外，蛋白质还会分解出多种氨基酸，从而分解出氢、氨和微量的硫化氢等。再加上渗入的咸味、茶叶香使蛋内有特殊的风味和较高的营养价值。氨基酸与渗入的碱发生化学反应，生成了氨基酸盐，并使蛋白结晶，形成一朵朵美丽的"松花"。

用相纸拍照

相纸有两层基本结构，一层是能够感光并有明暗表现的感光层，一层是负载影像的纸基。在受到明暗不同的光照时，感光乳胶中的氯化银使相纸产生明暗交替的图案，也就形成了照片。

白糖变黑了

白糖是一种碳水化合物。遇到浓硫酸后，白糖分子中的水分子立刻与其结合，失去了水分。浓硫酸将白糖中剩下的一部分炭氧化，生成了二氧化碳。由于反应后生成的二氧化碳和二氧化硫气体跑出，使得体积越来越大，最后白糖变黑了。因为浓硫酸遇水也是个释放热的过程，所以发出了"嗤嗤"的响声。

不稳定的甘油分子

布料放入瓶中，很快就会沾上甘油。因为甘油中的分子很不稳定，它的挥发性很强，因此，带着布料上的油，甘油挥发到空气中。布料也变得干净无比。

变胖的鸡蛋

因为蛋壳的主要成分是碳酸钙，杯子内冒出的气泡是醋和碳酸钙产生的二氧化碳。鸡蛋的体积会增大，是因为渗透压的原因。鸡蛋薄膜两边的物质浓度不相等时，就会产生渗透压。透过薄膜，浓度较低物质内的水会渗入另一边，以达到薄膜两边物质浓度相等。因此，杯中的醋会一直向鸡蛋内渗透，把鸡蛋撑大直到两边浓度相等。

盐的结晶

经过太阳的照射，充分浸湿盐水的细绳内水分蒸发了，盐水中的盐分留在了绳子上，形成了结晶。

食用碱与桃毛

桃上面的毛毛和它的表皮连接得不是很稳固。放入食用碱后，因为碱水浓度比较大，所以就破坏了它们的附着关系，使得桃毛掉落下来。

又白又皱的手

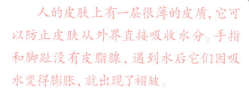

人的皮肤上有一层很薄的皮质，它可以防止皮肤从外界直接吸收水分。手指和脚趾没有皮脂腺，遇到水后它们因吸水变得膨胀，就出现了褶皱。

非常柔软的骨头

骨头中含有碳化合物，它使骨头变得非常坚硬。醋作为一种酸性物质，在与骨头结合后，就会产生一种可溶性物质。这种物质溶解在醋中。于是，剩下的就是骨头中非常柔软的成分了。

墨迹没有了

消毒液中含有氯酸钠，它具有漂白的作用。墨水的成分是鞣酸亚铁。当墨水被漂白后，我们也就看到了透明的液体，从外面观察就好像清水一样。

新衣服上的异味

刚买回来的新衣服要用盐水浸泡后再穿。因为新衣服上可能含有防皱处理时残留的致癌性化学药品——甲醛。新衣服上的异味就是这种化学物质，它可以防止棉布的易皱性。在高温及高压的环境下，甲醛分子与棉纤维分子相结合，起到防皱的效果。如果处理过程不够严谨，或者处理后清洗不干净，都会造成甲醛单体从布料中释放出来，对人体有害。

强烈的灼热感

皮肤没有味觉，辣味肯定是感受不到的。之所以皮肤对辣有反应和感觉，是因为"辣味素"可以溶解在水中。辣味素是产生辣味感觉的成分，通过皮肤的毛孔、汗腺等吸收到皮肤内，并刺激到神经末梢，带给人一种火辣辣的刺痛感。

小苏打遇到醋

当小苏打倒入瓶内时，它与瓶内的醋发生化学反应，产生了二氧化碳。这些二氧化碳气体促使气球自己膨胀起来。

如此活跃的铝

铝是很活跃的一种化学物质。无论是酸性物质，还是碱性物质，都会与它发生化学反应并生成其他物质。因为生活中有很多具有酸性或碱性的物质，所以不适合用铝制器皿。

破损细胞的氧化

水果的果肉暴露在空气中，其破损细胞内的化学物质会与空气中的氧发生氧化反应。它会改变水果的颜色和味道。如果在切面撒上维生素C，果肉就会与氧气隔开，果肉也不会变颜色。

方糖加烟灰

游戏中，烟灰起到了催化剂的作用。方糖和烟灰本身都不能被点燃，放到一起后，却可以燃烧。催化剂在化学反应中所起的作用，叫催化作用。

蚊虫叮咬后

皮肤被蚊虫叮咬后会变得红肿，感觉很痒。这是因为蚊虫给皮肤注射了蚁酸。肥皂水是碱性的，擦在皮肤上后便与蚁酸中的酸性中和。在蚂蚁分泌物和蚊虫分泌物中都含有蚁酸。因为在蒸馏蚂蚁时制出蚁酸，因此而得名。蚁酸，也称甲酸，它无色但有刺激性气味，具有腐蚀性，人类皮肤接触后会起泡红肿。

用烟雾点燃蜡烛

吹灭蜡烛后，蜡烛芯上的蜡质还保持较高温度，并以烟雾的形式散发出来。散发出来的烟雾一遇到明火就能被点燃。

不稳定的颜色

漂白剂中含有次氯酸盐，这种物质能释放氧气，而氧气和颜料中的有色化学物质能生成无色化合物。当漂白剂放入水中后，红色之所以消失就在于漂白剂逐渐包围红色素，并使其失去原本的颜色。

铜币变色了

醋的主要成分是醋酸，醋酸中的醋酸离子和铜币中的铜发生反应，最终产生绿色的醋酸铜，所以铜币表面会变成绿色的。

神奇的气

生石灰就是氧化钙，生石灰遇水能生成熟石灰，也就是氢氧化钙，当通过吸管向里面吹气时，气体含有二氧化碳。第一次吹气，氢氧化钙和二氧化碳发生反应产生碳酸钙，所以液体变浑浊；继续吹气时，碳酸钙和二氧化碳再生成碳酸氢钙，因为碳酸氢钙能溶于水中，所以杯中液体再次变成无色透明液体。

变换颜色的液体

游戏中的紫叶甘蓝汁含有一种染料，这种染料会受酸碱性影响而改变颜色。当酸碱度小于7时，这种染料会变成粉红色；当酸碱度大于7时，就会变成绿色。因为醋和橙汁的酸碱度小于7，而肥皂水和牛奶的酸碱度大于7，所以就会改变颜色。

漂起来的弹珠

弹珠能悬浮在紧闭的瓶口位置，主要是因为柠檬水中加入了苏打粉，两者发生化学反应生成二氧化碳，弹珠正是被二氧化碳的气泡带到瓶口位置。

第八章　生物百态，你不知道的另一个世界

少见的"吊兰"

在萝卜的根和洋葱的茎中，都含有大量的营养物质。当有充足的水分和阳光时，它们就会进行光合作用，从而使得"吊兰"健康成长。

正面还是背面

在叶子的背面有很多气孔，氧气和二氧化碳就是从这样的气孔中进出的。当叶子背面涂有凡士林时，气孔都被堵住了，叶子所需要的二氧化碳无法进入叶子内部；同时，堆积在叶子内的氧气也无法排出来。这样，叶子就枯萎了。叶子正面没有气孔，因此在叶子正面涂凡士林对叶子的生长没有影响。

泡泡和水草

鱼缸内的泡泡是因为有水草的原因。在阳光下，水草要进行光合作用，吸收二氧化碳，并释放出氧气。可见，那些泡泡是水草释放出的氧气。

你会发豆芽吗

温度对豆芽的生长很重要，室温在20℃左右最好。太冷了豆芽不长，太热了会坏掉。从营养上说，大约2.5厘米长的豆芽最好，里面的维生素比较多，口感颇佳。

不变红的西红柿

西红柿能够变红，是因为果实里面含有酵素。这种物质会产生乙炔，从而使西红柿变红。开水浸泡后，把果实内的酵素破坏了，没有了它的作用，西红柿就一直保持青色。

从白玫瑰到蓝色妖姬

植物多数都通过其根、茎内的毛细血管吸收水分，然后向其他器官输送。当白色的玫瑰放入蓝色墨水中时，玫瑰茎部的毛细血管就会吸收墨水，然后向其他部位输送，所以就能看到白玫瑰变成了"蓝色妖姬"。

仙人掌的净化作用

仙人掌的汁液能起到净化水的效果，是天然的净化剂。所以，加入仙人掌汁液后，原本浑浊的水就变得清澈了。

茎部吸水变弯曲

蒲公英中水分都储存在茎内的肉质细胞里，肉质细胞充满水分就会变得有力，以此支撑整个花朵，维持生存。当撕开蒲公英的茎，并放入水中，茎内部的肉质细胞就会吸满水分，发生膨胀，它就会比外部茎细胞长。当柔软物体一侧比另一侧长时，就会产生弯曲。所以，吸水后的蒲公英茎就会卷曲起来。

细微的导管

从根部输送有营养的水分，植物不是通过树里面的木质部分，也不是通过树皮，而是树皮下最外面的木质层。也就是说，在最新的年轮里，有一种细微的导管生长着，它会承担从根部向上输送和从树叶向下输导汁液的任务。

不发芽的种子

食醋是一种酸性物质，它对种子的萌芽具有很强的抑制作用。因此，食醋中的种子不会发芽。

让孩子更聪明的科学游戏

瓶内的大苹果

把苹果装到瓶子里，和种植在大棚内的蔬菜是一样的。只要有充足的阳光、水分和氧气，苹果就会顺利地成长。当然瓶子内部要有足够的空间，不然会影响苹果的成长。

樱桃浸泡后

通过樱桃表皮细微的小孔，水便进入樱桃内。吸收这些水分后，樱桃的糖分并不会流失。随着樱桃自身的压力增大，就会出现开裂的现象。

叶子中有淀粉

因为光合作用的原因，没被包裹的叶子产生了淀粉。淀粉遇到碘酒后，就变为蓝色。包着锡箔纸的叶子因为见不到阳光，这样也就不会有淀粉产生，叶子不会变颜色。游戏中，把叶子放在酒精中煮，就是为了把叶子中的淀粉解析出来。

把花香留下

花瓣中有一种油细胞，它能分泌出芳香油，这是我们闻到花香的源头。在有花瓣的水中加入酒精，就可以提取出花瓣中的芳香油。把这种带有花香的液体涂在手上时，具有挥发性质的酒精就会将花的香味散发出来。

不会腐烂的黄瓜

黄瓜细胞内的水分子穿过细胞壁，进到被黄瓜表面水分溶解的浓盐水中，这使盐水浓度降低，被挖空并撒食盐的黄瓜因大量失水变得干瘪。另外，盐水可以抑制微生物的生长，所以这根黄瓜没有腐烂。没有挖空撒食盐的黄瓜因为水分充足，有助于有害微生物的滋生，因此容易腐烂。

体积膨胀了

干黄豆吸水后，会变得膨胀起来。这会产生很大的压力，从而促使玻璃瓶破裂。

长在苹果上的字

苹果内含有叶绿素、叶黄素、花青素等色素。叶绿素是绿色的，等果实成熟时，叶绿素就会分解消失；叶黄素使果实呈现出黄色，在植物体内它又转化为花青素，在酸性溶液中花青素表现为红色。在阳光的照射下，苹果生命活动很旺盛，酸性物质增加，花青素变成红色，苹果因此呈现出红颜色。纸片遮住的地方，因为缺少阳光的照射，花青素仍然保持淡青色，这样，字就长在苹果上了。

叶子颜色变浅了

植物生长需要阳光的配合，这样才能够生成植物生长所需的养分。这其中，叶绿素是必不可少的。没有阳光的地方，植物中的叶绿素因为无法补充而消耗殆尽，叶子颜色变浅。长期没有阳光照射的话，植物最终会枯死。

又细又长的葱

光照不足时，植物就会长得高而细。在这个游戏中，为了获得阳光，葱长成了又细又长的样子。

橘子皮内的植物油

橘子皮中有丰富的植物油，这种油有很强的挥发性。当橘子皮靠近蜡烛的火焰时，用手指挤压橘子皮流出来的油，遇到火后就会出现游戏中的情况。

果实中的酶

柠檬上的霉菌可以释放乙烯，这种气

体会与果实中的酶发生化学反应，从而改变了果实内蛋白质核酸的合成，调节并加速了果实的生长。在新陈代谢的过程中，果实本身也能分解出乙烯气体，这也是果实存放时间长了自动成熟的原因。

种子的呼吸

出现这种现象，是因为玻璃瓶内的种子在呼吸。在游戏中，大玻璃瓶内的种子吸收瓶内的氧气并释放出了二氧化碳。但是，它释放出的二氧化碳被小玻璃瓶中的烧碱溶液吸收了。因此，大玻璃瓶内的空气密度变小了，相应的空气压力下降了。由于大玻璃瓶内的气压比外界的气压小，水杯中的水就顺着塑料管上升了。

用大蒜溶液浇花

大蒜中的一些成分可以杀死虫卵，大蒜浓烈的气味会将害虫驱走。

长出了胚芽

在潮湿的环境，种子发芽后长出了胚芽。之后，胚芽在土壤中继续扎根生长。在根生长的过程中，会不断吸收水分和营养。就这样，植物的根逐渐从蛋壳中钻了出来。

绽放的睡莲

纸的主要材料是植物纤维，那是一些极细的管道。当纸沾水后，通过分子间的相互作用，水会慢慢渗透到这些管道中。之后，纸就会膨胀，睡莲的花瓣就会竖起来并绽放开。

变颜色的花

花瓣中有一种叫花青素的色素，当其遇到酸性物质，就会变成红色。这就是粉红色的康乃馨在醋水中变红的原因。因

为花青素遇到碱性物质会变成蓝色，所以红色喇叭花的颜色在碱性的肥皂水中会变为蓝色。

光滑的葡萄干

在渗透的过程中，通过植物的细胞膜，水分子从溶液浓度小的一侧向溶液浓度大的一侧移动。干瘪的葡萄干中水分少，它们的溶液浓度很大。穿过葡萄干的细胞膜，杯子中的水会进入葡萄干的细胞中。当葡萄干的细胞充满水时，葡萄干就会膨胀起来。

斜靠在书堆上

植物体内的生长素会使植物的细胞变长。因为重力的作用，植物生长素会向下聚集在茎的底部。植物生长素的浓度增高，会促使茎的细胞伸长，从而使茎向上弯曲。

芹菜变蔫了

植物细胞通常是充满了水分的。这些水分使细胞变硬并与细胞紧密相连，让植物很直挺。植物缺少水分后就会变软，细胞缺水逐渐萎缩，植物的茎叶低垂。

分离出叶脉

粗的维管束及导管构成了叶脉。因为氢氧化钠有很强的腐蚀性，它能将树叶的叶肉完全破坏掉，但对叶脉没有太多影响。这样，就可完整地分离出叶脉。

大量的小水滴

因为油层阻碍了水的通过，水只能从叶子中蒸发出来。事实上是植物吸收的水分，通过叶面上的细小毛孔向空气中蒸发。阳光照到玻璃罩上，里面的空气湿度饱和后，就会出现蒸发的现象，从而内壁

上聚集大量的小水滴。

筑巢的飞鸟

鸟儿筑巢的时候只有它们的爪子和嘴。通过在巢里看它们父母筑巢，多数鸟儿便学会了这项重要的技能。

鱼儿呼吸的次数

周围温度降低时，动物体内的热量就会消失，等于是在消耗热量。这种情况下，动物就会减少运动或动作变慢，以此来储存热量。

没有热量的冷光

萤火虫发出的是冷光，并没有热量。它的体内含有"荧光素"和"荧光素酸"这两种化学物质，当"荧光素"和"荧光素酸"结合后，会发出光来。游戏中有萤火虫的瓶子内温度高一些，是由于萤火虫的体温造成的。

蜘蛛网的图案

通过观察发现，类型相同的蜘蛛结出网的图案是一样的，不同类型的蜘蛛结出的蜘蛛网并不相同。

黑黑的小蝌蚪

青蛙在水中产卵，蛙卵孵化成小蝌蚪。小蝌蚪渐渐脱掉细长的尾巴，又长出四肢，就变成了蹦蹦跳跳的青蛙。蝌蚪在水中以水草为食，也吃蚊子的幼体或其他生活在水中的昆虫幼体。成年的青蛙以肉食为主。

蚂蚁求生记

微波炉的微波驻波能力的密度分布并不是很均匀的，这与放食物的位置及性质有很大关系。开动微波炉，里面的蚂蚁很容易分辨哪里热哪里不热，它们会躲

到不热的位置。因此，在微波炉工作的时候，蚂蚁不会受到丝毫伤害。

猫眼睛的变化

猫的眼睛括约肌的伸缩能力非常强。光线强的时候，眼睛会缩得很小；光线弱的时候，眼睛就会变得很大。因为猫的眼睛括约肌的强大伸缩能力，使它们对光线的反应要灵敏很多。不管是强光、弱光，还是在黑暗中，猫都能看清楚物体。

成绺的鸡毛

鸭的尾部有尾脂腺，可以分泌油脂。鸭总是把头转到身体后部，用嘴取油脂，涂抹在羽毛上。虽然鸡也有尾脂腺，但鸡不用嘴去刮取油脂涂抹羽毛。因此，鸡毛很容易被水浸湿。

跑直线的绵羊

动物的天性，跟它们长期的生活习惯相关。在被狼、虎等大型动物残杀和追赶的过程中，绵羊的祖先渐渐总结出了一条经验，那就是如果它们本身拐弯的话，大型动物就很快抓到它们。这是因为那些大型动物总是能找到更便捷的途径把绵羊截住，因此绵羊都会一直往前跑。

同属鳞翅目

蝴蝶和飞蛾的头部都有触角，但蝴蝶的触角是细长的，呈棒状或锤状；飞蛾的触角呈羽状或丝状。蝴蝶的腹部细长，飞蛾的腹部粗短。同样是休息，蝴蝶合拢翅膀，飞蛾平放翅膀。蝴蝶喜欢白天活动，飞蛾喜欢晚上行动。另外，它们翅膀的挥动方式也有很大不同。

蚂蚁的触角

在蚂蚁的触角上，有一个味觉感受

器。通过触角，蚂蚁可以触摸、品尝食物以及嗅气味。蚂蚁选择糖水，是因为天然糖的分子更适合蚂蚁的味觉感受器。蚂蚁没有人工甜味剂的味觉感受器，因此不会光顾糖精的滴液。

窝在洞中不出来

阳光直射到地面时，地表温度会上升。阳光照不到洞中的泥土，所以温度很低。沙漠中的动物在土中挖洞，白天在洞中可以躲避地表的炎热。

吸附在岩石上

吸盘压到石头上时，它里面的空气就被挤出来了。吸盘上的水把它周围的空隙封住，空气就不能进去。这时，吸盘外的空气压力大，会压着吸盘的外侧，因此吸盘可以紧贴在石头上。海洋生物就是用这样的原理吸附在岩石上的。

特意吃点沙子

鸡没有牙齿，吃的食物直接进入它的体内，很难消化。因此，鸡会吃些沙子，帮助消化吃进去的食物。

蚯蚓辨别方向

蚯蚓没有眼睛，它的前端有非常灵敏的嗅觉器官。通过这个，蚯蚓来辨别方向和探路。

厚厚的脂肪

企鹅的身上有一层厚厚的脂肪，尤其是它的皮下脂肪层特别厚。因此，企鹅能在南极生存。在游戏中，黄油含有脂肪，所以握有黄油的手感觉没有那么冷。

无所畏惧的蜗牛

在蜗牛的脚上有很多腺体，它们向外排泄一种黏液。爬行时，蜗牛是在黏液中滑行前进。因此不管多么锋利的刀片，蜗牛都丝毫不惧。

鸟儿的翅膀

向纸条吹气，会使纸条上方的气流加快，空气压力变小。这时纸条下面的空气压力没变，因此它会向纸条上方施加压力，从而使纸条飘起来。鸟儿的翅膀可以使其上面的空气快速流动，这样就产生了向上的推力，使它飞了起来。

沙漠中的骆驼

人呼出的气体中含有水蒸气，凝结在镜子上的水蒸气最终使镜子变得模糊起来。和人一样，骆驼呼出的气体中也有水蒸气。呼吸时，一部分水蒸气跑到空气中，一部分留在鼻呼吸道内。人的鼻呼吸道短且直，但骆驼的长又弯曲。因此，骆驼呼出的大部分水蒸气会留在鼻子内。这样，就算很长时间不喝水，骆驼也可以在沙漠中行走。

鱼鳞的秘密

数出的数目就是鱼的年龄。天气暖和的时候，饵料丰富，鱼生长的速度就快，鱼鳞的条纹比较宽，颜色较浅。冬天，鱼长得慢，鱼鳞条纹窄并且颜色较深。不同种类的鱼，鱼鳞的条纹也不同。

各有所好的蜂蝶

蜜蜂看不到红色，所以红色花朵只有蝴蝶停留。在黑暗的森林，红色、暗色不容易被发现，但黄色和白色这样的浅色花朵非常明显，因此可以吸引蜜蜂等昆虫。

掉下来的蚂蚁

蚂蚁掉不死，是因为下落时它受到了

空气阻力的作用。物体越小，它的表面积大小和重力大小的比值就越大，阻力越容易和重力平衡。因为阻力和重力接近平衡，蚂蚁下落时速度很慢，所以一切正常。

苍蝇受到威胁

苍蝇在秋天会受到一种真菌的威胁。通过真菌的孢子，它会传染给无数的苍蝇，并在苍蝇体内生长，这会造成苍蝇死亡。当然，少数雌性苍蝇会逃过这一劫，安全过冬后，第二年夏天重新繁殖。

蚯蚓的头尾

电流的通过可以使蚯蚓准确地判断自己的处境。如果蚯蚓的头部和电池正极相连，尾部和电池负极相连，感到危险的蚯蚓就会把自己收缩起来。把电极调换下，蚯蚓感觉安全，就会伸展自如。因此可以判断，游戏中蚯蚓的头部在右端，尾部在左端。

它已恭候多时

蜜蜂能够进行几何级数的运算。也就是说，数字在前面的基础上变化同样的百分比，蜜蜂可以对这一系列数字进行"运算"。

金鱼的反应

和很多动物一样，金鱼的条件反射也是后天形成的。

海洋动物与塑料制品

各类塑料制品对海洋动物是致命的，海洋中的动物比如海豹、海鱼等，想要摆脱掉身上的塑料圈非常困难，最后只会悲惨地死去。

尾鳍的再生

靠近尾鳍的基部是新组织，生长得快；尾鳍的尖端是老组织，生长得慢。泥鳅的鳍刚被剪不久生长得快，因为刚剪去的时候生长部位是新组织，慢慢就变成了老组织，生长速度变慢。做这个游戏时，要不断给泥鳅添加饵料，适量加水，帮助泥鳅完成尾鳍的再生。

冻不死的小龙虾

小龙虾是一种冬眠动物。冬眠时，它的血液停止循环。温度升高后，它才会苏醒过来。

站着睡觉的鸟

鸟脚跟上的肌腱很奇妙。从大腿长出的屈肌腱向下延伸，经过膝再到脚，绕过踝关节，直到各个趾爪的下面。这就保证鸟睡着了，还可以稳稳地站在树枝上。

和萤火虫一起玩耍

通常来说，萤火虫每隔1~4秒钟就会发出亮光，但是种类不同，间隔时间也会有所不同。

青虾变色的秘密

虾壳中含有很多色素，这些色素大部分是青色。因为当把虾放入锅中煮，在高温状态下，这些色素也会被破坏，只留下不惧怕高温的红色素，所以青虾煮过之后就变成了红虾。

复活的苍蝇

大部分掉入水中的苍蝇都能活，因为它们并非真正死去，而是休克了。苍蝇的身体、翅膀和腿上都有一些细小的呼吸管，掉入水中，各个器官就会缺氧。而食盐能吸附水分，能把苍蝇呼吸管中的水分给吸出来，从而让苍蝇死而复生。

让孩子更聪明的科学游戏

第九章　顽皮气体，一起和空气做游戏

蛋壳和蛋白

物质遇冷后都会有不同的收缩。把煮好的鸡蛋放到冷水中，由于蛋壳和蛋白的收缩程度不同，使它们能很好地分离开，这样就很好剥了。

开盖后结冰

汽水中含有大量的二氧化碳，因为冰点比较低，所以即便把它放到冰箱中，也难以结冰。打开瓶盖，二氧化碳气化，冰点随之升高；同时二氧化碳在气化时会吸热，使汽水的温度进一步降低。于是，瓶内结出了冰块。

贴瓶壁而过

从嘴里吹出的气流贴着瓶壁分开，在瓶子后面又重新聚集。虽然风力有所减弱，但吹灭后面的蜡烛还是可以的。

热的对流与传递

因为鞋盒的纸和里面的棉花都是热的不良导体，减少了空气流通，热的对流和传递也减少，所以鞋盒内的水温高。

向下的空气

除了看到的水流，还有被水流带动向下流动的空气。根据伯努利定理，乒乓球和水流间的大气压强，小于乒乓球另一边的压强。这样，水流就会把球吸进去，实际上是被空气吸进去的。贴近乒乓球的水，流速大、压强小；外层的水，流速小、压强大，并且四周的压力基本相等。因此乒乓球只能在水里不断翻滚，永远不会脱离，除非关闭水龙头。

气流变弱

苍蝇身上的细毛，可以帮助它灵敏地感应到周围空气的变化。用有孔的苍蝇拍打苍蝇时，空气从小孔中透过去。因为气流的流动变弱，苍蝇觉察不到，所以就很容易打到它。

美丽的冰花

和玻璃片类似，玻璃窗隔开了居室内外，玻璃的两面处于不同的温度和湿度中。室内的空气热又潮湿，室外的空气冷又干燥。冬天，玻璃周围的气温降到0℃以下时，屋内的水汽碰上玻璃后就会缩成一团，贴在玻璃上结成冰，形成冰花。

空气间的距离

向下压活塞时，针管内形成了很大的压力。从堵住针管的手可以感觉到，针管内压缩的空气对外也施加了一个力。松开活塞后，被压缩的空气又膨胀开，把活塞推到了原来的位置。

漏斗失灵了

一方面，瓶内保留的空气阻挡了水的进入；另一方面，漏斗开口处水分子的表面张力不让空气流出。吸管的加入，打破了僵局，从而使水流到瓶中。

淡淡的影子

所有东西都在空气中运动，它们搅动着空气，形成漩涡。这些漩涡会影响它们的运动，但并不能看到。如果可以看到，就能减少空气阻力。通过上述方法，可以看到空气的影子对改进这些运动体的形状很有帮助。

吹气和放气

我们给气球吹气的时候，因为膨胀，气球内部的空气不断被压缩，温度也逐渐升高。给气球放气时，空气会带走一部分热量，温度也就降下来了。做这个游戏要注意安全。

把空气烤热

受热膨胀后，玻璃罐内的部分空气跑掉了。扣上湿布后，里面的空气很快凉下来，罐内的压强比外面的空气压强小。因为这种压强差，罐子把湿布吸起来了。拔火罐就是利用的这种原理。

比空气密度低

汽车内的空气有一定的质量和密度。氢气球内氢气的密度比空气低，车子前进时，空气向后移动，受反作用力的推动，氢气球向前飞。车子急停时，空气往前跑，氢气球向后飞。

瓶内的空气

温度降低，塑料瓶内的空气会被压缩，更多的空气会跑到瓶内。因此，放到冰箱内的塑料瓶比平时进了更多的空气。再有，从冰箱内取出瓶子，往外面倒热水时，瓶内的温度会迅速上升，瓶内的空气便活跃起来。因为温度上升，瓶内空气的体积增大，最终气球鼓起来了。

空气挡住了水

虽然空气无形，但它由细小的分子组成。在倒过来的杯子内，仍然有空气，它把水挡在外面。如果杯子入水更深，会有水进到杯子内。随着水压的增高，会压缩杯子内的空气。根据这个原理，制成了水下作业的潜水钟罩和沉箱。

气球上的玻璃杯

用开水烫热的杯子内充满了热空气，扣在气球上后，密封了杯口。等杯子内的空气冷却了，体积缩小，杯内的空气密度小于杯子外面，在外面大气压的作用下，杯子吸在气球上。用手按一下杯子边沿的球膜，外面的空气进到杯子中，杯子瞬间就会脱离气球。

挤苹果的空气

向两个苹果中间吹气，会使它们中的空气流动起来。由于流动的空气压力比苹果两边静止的空气压力小，这时苹果两边静止的空气会往中间挤苹果。在这个压力下，两个苹果就碰在一起了。

喷射的小水珠

使劲吹气，使吸管切口处的气压下降，促使瓶内的水吸上来。吸上来的水，受到强劲气流的击打，便形成小水珠喷射出去。

与大气不接触

用吸管吸气时，口腔就形成了部分真空。水不能吸上来，是因为盖子密封了瓶内的水，与大气不接触，大气压就不会把水压到口腔内。因此，也就不能从瓶中吸出水。

漏斗中心的压力

运动着的气体，与气流接触的物体表面会形成压力。气流流速越大，压力越小；流速越小，压力越大。向漏斗中吹气，沿着漏斗的内壁，空气向外涌，使漏斗中心的压力变低，火苗就会被别处涌来的空气推向漏斗一侧。

对空隙吹气

吹出的气体使名片下的空气量减少，名片下的压强随之降低。因为名片上方的压强没变化，不管用多大的劲去吹，名片都不会翻。

高低气压的平衡

向瓶口吹气时，瓶内的气压会增高，在瓶口同时会产生低气压。气压平衡的过程中，纸球就反射出来了。

杯内的气压

空气的压力使蜡烛逐渐下沉。平压在水面的时候，杯内的空气不会跑出来，水也不会进到杯子中。杯子继续下沉，受到水压的影响，杯内的空气体积缩小、压强增大。这时候，杯内气体的压强比外面的压强大，杯内的压力会阻止水进入。杯口到达水槽底部时，杯内的气压会使浮在水面的蜡烛往下压，直到沉入水底。

内外气压不同

注入热水又倒掉，热水的水蒸气会把瓶内的空气排空。瓶子冷却后，密封瓶子内的水蒸气会渐渐凝结成水，随之瓶内的气压变小，瓶外的气压变大。因此，手掌轻易地吸起了瓶子。

自由下落的鸡蛋

瓶内的空气把热水的水蒸气排了出去，使得瓶内的空气密度变小，压强随之减小。瓶内的大气压强小于瓶外的大气压强，鸡蛋就会吸进瓶内了。

杯口间的空隙

水具有表面张力，所以会填满两个杯口间的空隙。加上外面大气压力的作用，也就做到了滴水不漏。

与空气共鸣

对大可乐瓶的瓶口吹气时，发出的声音是水面上方空气所产生的共鸣所形成的。瓶内空气所占空间大，会产生低音共鸣；相反，会产生高音共鸣。用筷子敲击杯子时，杯子整体振动产生了声音，它会与杯中的空气产生共鸣。杯子内的水较多时，整体振动变慢，音调较低；相反，音调较高。

空气无法进入

由于压在报纸上的大气压引起的现象，报纸和筷子完全密合时，空气无法进入，有很大的力量压着筷子。猛然敲击，露在外面的筷子就会折断。

冷空气体积小

瓶内的空气温度因沸水而升高，没盖瓶盖时，瓶内的空间被热空气和水占满。倒出水盖上瓶盖后，瓶内的空气很快冷却。相同数量的冷空气比热空气体积要小很多，这时瓶内有一部分空间空出来了。受瓶外气压压强的作用，瓶壁会被压瘪，以填充那部分空间。

失去空气的气球

部分空气从气球中出来，使被空气撑大的气球渐渐变回原来的尺寸，图画也随之缩小。

吹出的气流

吹出的气流经过纸帐篷时，它里面的气压降低。周围较大的气压会把纸帐篷压倒，使它回到原样。

一连串的小气泡

浸泡在沸水中的鸡蛋，它的温度随之升高，使得鸡蛋中的空气分子发生扩张。

由于鸡蛋内没有足够的空间容纳，它们便扩散到蛋壳外，这样也就看到了小气泡。蛋壳上大约有7 000个气孔，因此鸡蛋内的空气分子向外扩散时，不会弄坏蛋壳。

唱歌的气球

气球中的空气从吹气口散出时，会摩擦气球颈的橡胶分子，这样就听到声音了。用手拉动气球颈，橡胶分子的振动频率会发生改变，音调就会产生变化。

水"沸腾"了

透过方布，空气进到玻璃杯中成为小气泡，这样水看起来就"沸腾"了。

给气球扎针

针穿过胶带的时候，就会粘上胶带中的黏合剂。扎进气球后，针上的黏合剂把多余的空隙堵住了，空气不会漏出来。空气快速逸出时，气球才会爆。实验中没有这种现象，因此气球很正常。

气球变大了

受热后，气球内的空气温度升高，使得空气分子加速运动、相互碰撞并扩散，因此，气球变大了。

流动的空气

在杯沿上的硬币，处于完全平衡的状态。很小的摩擦力，就可以使它运动起来。掌握要领后，硬币会飞过杯口，打在对面的杯沿上，这时迅速流动的空气会推动它继续运动，最终落在桌上。

取下瓶盖后

不拧掉瓶盖，塑料瓶内就没有空气，即瓶内没有空气向下挤压水，外面的空气会托住瓶中的水。取下瓶盖，空气进到瓶中，向下挤压瓶中的水，水就从小孔中流出了。

带着纸团飞

快速流动的空气进到瓶中后，瓶内的气压变大。当瓶内的空气冲出来，它会带着纸团一起飞出。

漏斗和乒乓球

乒乓球周围的气体会使它跳动、乱撞，但它不会飞出漏斗。快速流动的气体，从各个方面作用于乒乓球，不仅是把它往上推。乒乓球有跳出漏斗的倾向，但始终跳不出去。需要注意的是，为安全起见，要选用干净的新漏斗。

空气的威力

捏瓶子时，瓶内的空气从瓶盖的小孔中冲出，这样空气会把挡住小孔的绳结顶出去。另外，捏瓶子时，瓶内的气压大于瓶外的气压，内外的差异使绳子从瓶中飞出。

与空气的接触面积

物体与空气的接触面越大，它受到的阻力越大，下落的速度越慢。因此，降落伞越大，下降的速度越慢。如果从很高的地方降落，就需要很大的一个降落伞。

外面的香蕉皮

燃烧的白酒把空气中的氧气都耗尽了，瓶内的压力小于外面的压力。因此，外面的压力把香蕉肉推到了瓶中。因为香蕉皮在瓶外，所以很快和香蕉肉分离了。

烟雾的选择

冷空气的密度比热空气大，因此冷空气会沉到热空气下面，烟雾自然不会升到上面的热杯子中。

"快艇" 向前驶去

气球内的空气向外迅速冲出，这便形成了一股强大的反作用力，从而推动"快艇"向前驶去。

形成了真空

为了旋转时碗能够把空气很快挤出去，用湿棉花把手沾湿，使手心和碗形成一个真空的状态。这样，碗就会紧紧地附着在手心上，不会掉下来。

一个密闭空间

在饼干盒与橡皮手套间，形成了一个密闭空间。拉手套时，这个密闭空间肯定要扩大。但因为外面的空气不能填充进出，使得外面的大气压一直压迫着橡皮手套。

极快速的手法

手指按住吸管口，同时也把空气封在了吸管内。这使脆弱的吸管变得很坚硬，才有力量穿过土豆。

空瓶坏了吗

看似空瓶，其实里面充满了空气。因为橡皮泥密封了瓶口和漏斗间的缝隙，所以从漏斗往瓶内倒饮料时，瓶内的空气不能"逃出来"，其中产生的大气压阻止了饮料的下落。

硬币自动出现了

小纸片燃烧时，部分空气因加热膨胀从杯子中溢出。杯子罩入后，因为缺氧，火焰熄灭了。这时，杯中的气体迅速冷却，压力下降。于是，外面正常的大气压就把盘内的水挤到杯中。

"热气球" 升空了

酒精燃烧后，会有大量的热产生，纸

袋内的空气温度随之升高。因为热空气比冷空气轻，所以我们的"热气球"升空了。

啤酒泡沫溢出了

这个游戏是根据大气压完成的。瓶内所剩啤酒的重量加上瓶内空气产生的压力，正好与大气压推挤杯子水面的力量相平衡。这样，啤酒就不会溢出来了。

水柱中的空洞

转动塑料瓶时，因为塑料瓶和里面水的惯性不同，所以塑料瓶里的水会形成一个漩涡。仔细观察可以发现，水柱中心出现一个空洞，瓶外的空气通过这个洞进到瓶内，到达水面上方。此时，水面的大气压和外面的大气压相等，水很快就流出来了。

气化的干冰

干冰的表面在不断释放二氧化碳。因为它的密度大于空气，因此二氧化碳会在干冰底部聚集。用筷子一碰，干冰就好似浮在桌面上。干冰与桌面的摩擦减少，使得干冰滑动很快。干冰由固体变为气体时，体积会增大好多倍，因此看到塑料袋膨胀起来。

呼出二氧化碳

打气筒往石灰水中打气时，水中有气泡产生，但石灰水还是清澈的；用吸管往石灰水中吹气时，石灰水遇到二氧化碳后变混浊了。因为打气筒打出的气体中没有二氧化碳，所以当时水还是清澈的。

纸玩偶不湿

玻璃杯逐渐往下压的时候，纸玩偶的底部会填满杯口，杯内的空气无法流到外面，阻止水灌入。不管玻璃杯沉到多深的水底，纸玩偶都不会湿。

硬币下的气流

因为气流不能触到硬币表面光滑的边缘，它只能从硬币下的缝隙中通过，因而气压减弱了。上面的大气压没有变，把硬币稳稳地压在大头针上。如果把下颚放到台面上，伸出下嘴唇往前吹气，气流正好吹到硬币下把硬币吹翻了。

探究蟋蟀的鸣叫原理

蟋蟀鸣叫是它们用一侧翅膀的粗糙部分和另一侧翅膀的尖利边缘摩擦的结果，而且摩擦速度越快，鸣叫声越大，就像游戏中锉刀摩擦塑料片一般。

杯子里的白烟

干冰释放二氧化碳的密度比空气大。当杯子倾斜时，二氧化碳就会流出来，火焰瞬间被二氧化碳包围，氧气无法靠近，因氧气不足，火焰很快就熄灭了。

瓶子"吃"鸡蛋

点燃的纸团丢到瓶子里，瓶中空气会产生膨胀，火熄灭后，空气变冷进而收缩。这时瓶中的气压变低，而鸡蛋堵住了瓶口，导致瓶子外部压力比瓶子内部压力高很多，于是鸡蛋被瓶子吞了进去。

水底的蜡烛

杯口压在水面时，杯中的空气就保持一定量。杯子继续下沉，杯内的空气会受到水的压缩。因为杯内空气体积缩小，压强增大，杯内气体压强大于外部压强，所以原本浮在水面的蜡烛也会被杯内压力向下压，直到沉入水底。

跳进碗里的硬币

当在硬币上方吹气时，硬币上方的气流会变得较快，导致气压下降。下面的空气压力就会抬起硬币，之后，随着吹出去的气流，硬币就能跳到碗里。

第十章　水的乐园，在游戏中尽情畅游

石蜡没有上浮

石蜡底部磨得平整，紧贴杯底，杯内的水很难渗入石蜡底部，它的下表面不会受到水向上的压力。因为没有获得向上的压力差，石蜡没有受到浮力的作用，就不会浮上来。

很小的水流

方糖在水中会吸收一些水分，有很小的水流，会往方糖的方向流，牙签也顺着水流移动。肥皂处在水中时，水盆边的表面张力会增强，这股力量会把牙签往外拉。

蒸发的速度

在阳光的照射下，水会迅速蒸发，因此两个容器内的水都有所减少。碗口面积大，蒸发得快；瓶口小，蒸发得慢。

吸管里的水

进到吸管里的水，因为水的表面张力，它和吸管壁之间产生了附着力。在粗细不同的吸管中，这种力承受水的重量是相等的。因此，细吸管内水升得高一些。

一个小水丘

由于表面张力的作用，使得水分子间相互产生了吸引力，从而在杯子上面形成了水丘。

水印上的同心圆

棉花棒触碰时，墨汁会散成一个不规则的圆形图案。在头皮上摩擦后，棉花棒会带有少量油，这会影响水分子互相拉引的力量，水印就会呈现出不规则的同心圆图案。

自动涨成圆形

肥皂会破坏水的表面张力。棉线圈水表面的张力被肥皂破坏后，圈外水的表面张力仍然很大，它会从各个方向拉线圈，棉线圈自动就会变圆了。

自动脱落的盒盖

漏斗提起后，液面的高度增加，罐头盒的底部压强增大。橡皮管伸到一定长度，它下面粘紧的盒盖就脱落了。

不同的击水方法

用手掌的侧面和正面击水，两次的阻力不同。手掌伸开时，因为手和水的接触面变大了，所以水的阻力要大。迅速击水，水的阻力更大。因此可知，水的阻力与面积、速度都有关。

彩珠变大了

保鲜膜上的水形好似一个凸透镜，通过凸透镜看到的物体常常会大于原有形态。因此，看到碗里的彩色珠子变大了。

油不溶于水

洗涤产品有个特性，它可以把油包围住，均匀地分散在水中，这叫"乳化作用"。这种作用下形成的油水混合液叫"乳油液"。洗衣粉与油和水都能溶解，因此能把衣物清洗干净。

蛋壳的朝向

凡是敲开的鸡蛋，上面大头的蛋壳有个气泡。只要气泡没破，这个蛋壳就口朝下；没气泡的蛋壳，口朝上。

脱水的土豆片

清水中的土豆片，它的细胞液中盐的浓度比清水的浓度大，因此它吸收了很多清水；盐水中的土豆片，细胞液内盐的含量比盐水中少，土豆片的水便跑到盐水中了，脱水后土豆片变软。

喷出的水柱

较低水层的水压比较高水层的水压高，下层水柱射出的速度要大些，射得也更远些。

不上浮也不下沉

冰块的密度小于水大于油，因此会出现这种状况。

椭圆形的水

报纸是用植物纤维做成的，因此植物纤维的走向决定了水的走向。浸入这些极小的毛细管后，横向的纸张向人们显示了纸中纤维的走向。有图片和字体的地方，因为大部分被含有油性的油墨吸收，所以这些地方纸张纤维的吸水功能减弱。可见，水有进入植物纤维的特性，水能为植物提供养分。

水中溶解的糖

水分蒸发时，水中溶解的糖会以晶体的形式附着在细线上；水分蒸发后，细线上会出现糖晶体。

滑动的水滴

油纸的表面很光滑，水滴滑动的摩擦小。报纸具有吸水性，表面很粗糙，和水的摩擦大。在滑落时，水滴很快就渗到报纸中。

橙汁变苦了

牙膏中含有一种化学物质，改变了橙汁中柠檬酸的味道，使橙汁变得很苦。

涂蜡的筛子

蜡膜排斥水，在筛孔上形成了微凸又极薄的水膜，它阻挡了水分的进入。因此，涂蜡后的筛子既可以装水，也可以浮在水面上。

激起的水泡

水泡不上来的原因是水的冲击抵消了水泡的浮力。水珠冲入水中是有速度的，所以水泡不会被水冲散。根据流体速度大、压强小的道理，周围静水的压强比水珠底下的压强大，这就把水泡限制在水珠底下了。

盆内的水分子

在水盆里，声音的振动引起了周围水分子的振动。撞击盆壁后，盆内水分子产生了轻微振动，使声音可以传播。所以，把耳朵靠在盆壁上，就可以听到音乐声。因为水面有一层薄膜，声音的振动比较小，不容易越出水面。这样，声音就"关"在了水里。

水和酒精

没滴入酒精前，瓷盆内蓝色水的表面张力是相等的。滴入酒精后，水的表面张力遭到破坏，水的表面张力比酒精的表面张力要大，从各个方面水把酒精拉去了，看上去瓷盆底部露出了一块没有水也没有酒精的"空白地带"。

加入肥皂水后

水中有很多矿物质及其他物质，加入肥皂水后，它们相互结合，变成了不溶于水的白色沉淀。水中矿物质越多，沉淀就越多。凉开水中的杂质比冷水少，加入肥皂水后，沉淀就少。

蓝色的水柱

小瓶内的墨水是热的，和大瓶内的水温不同。热墨水温度高，比大瓶的冷水要轻一些。因此，热墨水在冷水中不断上升、扩散，周围的冷水不断补充过来，形成对流。

水流不出来

由于空气压力的作用及水表面张力的作用，使得纱布可以防水。空气的压力很大，完全可以托住瓶口处水的重力，因此水不会漏下去。还有，水表面的分子紧紧吸引着水面下的分子，使得水渗漏不下去。

是否溶于水

能够溶于水的物质，水分子可以渗入它的分子中，把它们分开，这样就得到了一种水溶液，可溶的物质在水溶液中不会形成沉淀。如果水分子不能渗入物质的分子中，那这种物质就不能溶解，在水中清晰可见。

水分子的运动

暖气的热使盘子内的水蒸发了，就是说水分子的运动加速，分散开后，以水蒸气的形式消散在空气中。暖气的热把固体的冰变成了液体的水。同样的道理，小火炉的热量把固体的巧克力融化，最后变成了液体。

水占的空间

液体水比它的固态状态占的空间少。所以冰块融化时，水没有溢出来。

纸的内部纤维

通过毛细的作用，水渗入纸的内部纤维中，并使其膨胀。折线部分渐渐张开，"纸花"就绽放了。

水从四周喷出

装在瓶内的水对瓶子内壁会产生很大的压力，当水从小孔中喷出时，力量会很大。越靠近瓶底，喷出的水越远。

不透水的隔膜

手绢浸湿后，纤维间充满了水。水的表面张力使得湿手绢变成不透水的一层隔膜。因为纤维间的空隙被水填满，它们相互连接在一起。

水中的苹果

在水中时，苹果排开了和它同样体积的水。被排开的水想回到原来的位置，只好挤压苹果，把它往上面推，苹果受到的推力和它排开水的重量相等。如果500克重的物体排开200克的水，苹果得到的向上推力就是200克。因此，在水中称该物体只有300克。

浮力消失了

这是因为浮力的原因，在水底时水的浮力和我们自身的力量合起来，就能轻松地把砖头拿起来。当把砖头拿出水面，水的浮力消失了，这样就会感觉砖头变重了。

变换了形状

扁平的橡皮泥与平放的锅盖在水中的表面积大，排开的水多，它们得到的向上推力使它们浮了起来。球形橡皮泥和竖放的锅盖与水面的接触面积小，排水量小，得到水的推力小，因此不能浮起来。

手怎么没湿

手上涂了滑石粉后，水就不会与手接触，仿佛戴了防水手套，所以捞硬币出来手没有变湿。

向对面游去

受水分子的吸引，三角形卡片开始不动。在指尖上蘸肥皂水后，肥皂水使三角形卡片后面水的表面张力降低了，但三角形卡片前面水的表面张力仍然很强，所以三角形卡片向对面游去。

染了色的热水

水是由水分子构成的，热量可以加速水分子的运动，使它们分散开，这样水就变轻了。这就是染了色的热水漂在冷水上的原因。随着热量的传播，冷热水的温度慢慢接近，染了色的热水渐渐下沉，与冷水混合在一起。

细密的捞网

普通的渔网空隙大，细小的生物不会落网。而紧身裤制作的捞网比较细密，可以捕获这些小生物。

蛋壳内的水芹

水芹是喜水植物，蛋壳和棉球上的水分为水芹的生长提供了适宜的生长环境。通过茎上的细管，水芹吸收水分，从而旺盛地生长。

又弹起的泡泡

水和肥皂构成了泡泡的表面，弹性很好，可以伸缩，落在毛衣上悬在它的表面，但不会破裂。如果在冷天做这个实验，把所用的物品拿到室外，泡泡会微微冻上，就像水晶球一样。

水面的小洞

水面上的小洞没有闭合，是因为小洞处的肥皂水不能使水分子结合，水面不会恢复到之前的状态。

滴嘴喷出的水

漏斗处的水所受的大气压比橡胶管中水的重量大，这样水就喷出来了。漏斗抬得越高，管内水的落差越大，水也就喷得越远。

快乐的樟脑球

醋和碳酸氢钠混合后，产生了二氧化碳，从而使水中出现了很多小气泡。二氧化碳气泡和樟脑球相遇后，气泡会粘在樟脑球上，并把它带到水面。之后，二氧化碳气泡破裂跑到空气中，使樟脑球变重又沉到水底。新的气泡产生后，小球又会漂起来。

胶水的张力

胶水内的水分子有一定张力，不容易把东西粘牢，但水分蒸发后就完全不同了。

好玩的打水漂

打水漂时，石片会高速旋转，与水面接触时，水面的弹性会给它一个向上的冲击力。石片旋转越快，水漂飞得越高；向外扔石片的速度越快，水漂就越多。

波光粼粼的水面

在水面平静时，它的表面是水平的。出现扰动时，水面就会以波纹的形式移动，从中心位置转移到别的位置。这时恢复水平的回复力有两个，即重力和表面张力。水波中的每个质点都是由纵向和横向两种运动组成。

水枪内的空气

打气是为了压缩水枪内的空气。当水枪内的气压比大气压大时，水就会被压出来。因此，打气时间越长，射程就越远。利用压缩空气，这在日常生活中很常见。洗车中的水枪，就是水通过水泵吸入，压缩后经过水管，之后从水枪中射出。通过控制水嘴的流量，可以控制水的分散大小，这样就形成了水的喷射。

漂浮的小盒子

橡皮泥盒子中间是凹下去的，且含有

空气。它承载其他物体时，形状不变，但重量增大，自身的密度也增大。盒子排开的水重量不变时，只要排开的水重量比小盒子大，尽管吃水会更深，但小盒子还是浮在水面上；当排开的水重量比小盒子小时，它就会下沉到水中。

火柴折弯后

火柴弯曲处滴到水后，管状细胞吸收水分，向火柴内部不断输送。通过分子的吸力，火柴的两端渐渐展开，于是有了足够的空隙，使硬币落到瓶内。

密度与浮力

液体密度不同，里面物体所受的浮力也不同。盐水的密度大，所以它托起了鸡蛋；一半盐水一半清水使得鸡蛋浮在它们的界面处；清水由于密度小，鸡蛋沉到水中。

有黏性的水

水分子间的吸引力很强，靠得足够近时，它们就会粘在一起。这种同种物质分子间的作用力就是内聚力。

只能是圆泡泡

这是表面张力在作怪，它像一层皮肤，把溶液的分子聚集起来，不让分子随意运动。无论吹泡泡的工具是什么形状，表面张力都会把吹出的泡泡拉成圆形，因为圆形可以使分子聚集得更紧密。

活跃的热水分子

因为水受热会膨胀。广口瓶内的水受热后，水分子会不断翻滚，互相撞击，抢占空间。这样，水就从瓶口溢出了。注意，水变凉后，再把广口瓶从中取出。另外，实验中使用燃气灶要让家长帮忙。

冰冻的水分子

水温降到零度以下时，水就会结冰。此时，水分子间的距离变大，这和加热后水分子间的距离变大一样。冰冻的水分子只好寻找更大的空间，在向广口瓶外扩张时，便把硬纸板顶起来了。当把硬纸板换成很紧的瓶盖时，冰冻的水分子就会使劲推广口瓶的瓶壁，结果瓶子就会破裂。这就是水管在冬天会裂开的原因。

后退的蓝色水珠

水和酒精都存在表面张力，可以把液体分子聚集在一起。水的表面张力比酒精的表面张力大，它会把水分子聚集到一起，防止酒精碰到。

清晰的水迹

因为蜡纸不吸水，受水分子间内聚力的影响，彩色的水朝湿牙签的位置移动。

小水珠的掉落

上面那层锅的锅底温度很低，从沸水中蒸发的水蒸气遇到它会冷凝成小水珠。小水珠越来越大、越来越重，到一定程度，就掉落下来，也就看到了"雨"。沸水好像被太阳加热的水，水蒸气像蒸发到空气中的水蒸气。水蒸气上升时，变冷后冷凝成小水珠。小水珠聚在一起，就看到了云。随着小水珠增多，最终它们会以雨的形式落到地面。

高空的雨滴

强风把雨滴抛掷到高空中，那里的

空气使雨滴冻结成冰粒。这些冰粒被风再次吹到高空，在非常冷的高空，一层新的冰在冰粒外形成，将原有的冰粒包裹住。冰粒一次次下落，又一次次被吹起。最后，它们太重了，风再也不能把它们吹起，这时只能落到地面，这就是冰雹。

线圈变圆了

肥皂将线圈内水的表面张力破坏了。线圈使得肥皂不能向圈外运动，线圈外水的表面张力就不会破坏。由于线圈外的水依然有表面张力，它会往外拉线圈，线圈绕着肥皂形成了一个圈。